ACCESO AL E-BOOK GRATIS

[+] Diríjase a la página web de la editorial www.tirant.com

[+] En *Mi cuenta* vaya a Mis promociones www.tirant.com/mispromociones

[+] Introduzca su mail y contraseña, si todavía no está registrado debe registrarse

[+] Una vez en Mis promociones inserte el código oculto en esta página para activar la promoción

Código Promocional

AF807593

Rasque para visualizar

La utilización del LIBRO ELECTRÓNICO y la visualización del mismo en NUBE DE LECTURA excluyen los usos bibliotecarios y públicos que puedan poner el archivo electrónico a disposición de una comunidad de lectores. Se permite tan solo un uso individual y privado.

No se admitirá la devolución de este libro si el código promocional ha sido manipulado

LOS NUEVOS DERECHOS DE PARTICIPACIÓN ¿DERECHOS CONSTITUYENTES O CONSTITUCIONALES?

Estudio del modelo constitucional de Ecuador

LOS NUEVOS DERECHOS DE PARTICIPACIÓN ¿DERECHOS CONSTITUYENTES O CONSTITUCIONALES?

Estudio del modelo constitucional de Ecuador

ALBERT NOGUERA FERNÁNDEZ
MARCO NAVAS ALVEAR

tirant lo blanch
Valencia, 2016

En caso de erratas y actualizaciones, la Editorial Tirant lo Blanch publicará la pertinente corrección en la página web www.tirant.com

EDITA: TIRANT LO BLANCH
C/ Artes Gráficas, 14 - 46010 - Valencia
TELFS.: 96/361 00 48 - 50
FAX: 96/369 41 51
Email: tlb@tirant.com
www.tirant.com
Librería virtual: www.tirant.es
DEPÓSITO LEGAL: V-492-2016
ISBN: 978-84-9086-895-9
IMPRIME Y MAQUETA: Tink Factoría de Color

Si tiene alguna queja o sugerencia, envíenos un mail a: *atencioncliente@tirant.com*. En caso de no ser atendida su sugerencia, por favor, lea en *www.tirant.net/index.php/empresa/politicas-de-empresa* nuestro Procedimiento de quejas.

Índice

ABREVIATURAS

AME	Asociación de Municipalidades del Ecuador
C169	Convenio 169 de la OIT sobre pueblos indígenas y tribales en países independientes
CD	Ley Orgánica Electoral y de Organizaciones Políticas o Código de la Democracia
CPCCS	Consejo de Participación Ciudadana y Control Social
CNE	Consejo Nacional Electoral
COOTAD	Código Orgánico de Organización Territorial, Autonomía y Descentralización
Corte IDH	Corte Interamericana de Derechos Humanos
CRE	Constitución de la República del Ecuador
DDPI	Declaración de la ONU sobre Derechos de los Pueblos Indígenas
DE	Decreto Ejecutivo
DFAPP	Derecho a fiscalizar los actos del poder público
FTCS	Función de Transparencia y Control Social
GAD	Gobierno Autónomo Descentralizado
IPACP	Instructivo para la aplicación de la consulta prelegislativa
MDD	Mecanismos de democracia directa
LAM	Ley de Arbitraje y Mediación
LODC	Ley Orgánica de Defensa del Consumidor
LOCPCCS	Ley Orgánica del Consejo de Participación Ciudadana y Control Social
LOGJCC	Ley Orgánica de Garantías Jurisdiccionales y Control Constitucional
LOFL	Ley Orgánica de la Función Legislativa
LOFTCS	Ley Orgánica de la Función de Transparencia y Control Social
LOPC	Ley Orgánica de Participación Ciudadana

LOTAIP	Ley Orgánica de Transparencia y Acceso a la Información Pública
ONG	Organización(es) no gubernamental(es)
RC	Rendición de cuentas
RDD	Reglamento para el ejercicio de la democracia directa a través de la iniciativa popular normativa, consultas populares, referéndum y revocatoria del mandato
RM	Revocatoria del mandato
RO	Registro Oficial (Diario Oficial del Estado ecuatoriano)
SIGOB	Sistema de Información para la Gobernabilidad Democrática
SNGP	Secretaría Nacional de Gestión de la Política
SPMSPC	Secretaría de Pueblos, Movimientos Sociales y Participación Ciudadana

PRÓLOGO

La idea de desarrollo sostenible, la cual ha constituido la noción central del derecho ambiental internacional e interno desde los años ochenta, se revela cada vez más insuficiente para afrontar los grandes retos que se plantean en la actualidad en la relación entre sociedad y naturaleza. De hecho, las novedades recientes, que giran en torno al concepto de economía verde, incluso pueden considerarse, en algunos casos, regresivas.

En contraposición a esta noción de desarrollo sostenible, durante los últimos años se ha venido abriendo camino, desde la periferia de la economía global, la idea de justicia ambiental.

A diferencia del concepto de desarrollo sostenible, la noción de justicia ambiental no surge del establishment institucional y académico, sino que tiene su origen en los movimientos sociales de base. Concretamente, el término anglófono environmental justice se acuña en los Estados Unidos, a finales de los años 70 y principios de los 80 en el marco de movimientos de protesta de comunidades locales socialmente marginadas, obligadas a soportar desproporcionadamente las consecuencias ambientales negativas de las actividades económicas más contaminantes. Estos movimientos locales se agruparon, en octubre de 1991, en el First National People of Color Environmental Leadership Summit, que aprobó los "Principles of Environmental Justice", que aportan elementos de justicia distributiva, de justicia participativa y de justicia compensatoria.

En consecuencia, la idea de justicia ambiental obliga a poner en interrelación las nociones de justicia social, participación ciudadana y sostenibilidad ambiental, constituyendo una matriz conceptual que permite imaginar una alternativa al actual estado de cosas, partiendo de la necesidad de construir un sistema distinto que permita recuperar las ideas de emancipación humana teniendo en cuenta tanto el carácter limitado y vulnerable de los recursos naturales, como la responsabilidad que la humanidad asume por su desarrollo económico y tecnológico.

La Constitución ecuatoriana de 2008, pese a no incorporar explícitamente la noción de justicia ambiental, es hoy, a nivel mundial comparado, el texto constitucional donde de manera más clara se plasman las ideas subyacentes a este concepto.

El preámbulo de la Constitución expresa la voluntad de "construir una nueva forma de convivencia ciudadana, en diversidad y armonía con la naturaleza, para alcanzar el buen vivir, el sumak kawsay". El Suma qamaña o Sumak Kawsay es una palabra quechua que quiere decir "vivir bien" y que apela a cómo los seres humanos deben darse un sistema de convivencia basado en una relación de respeto y armonía con la naturaleza y en la gestión colectiva y comunitaria de los asuntos públicos. Este principio conlleva la construcción comunitaria de un modelo social que plantee unas bases de participación colectiva, cogestión y co implementación Sociedad-Estado y Sociedad-Sociedad de la igualdad. Estos tres aspectos inherente a la idea de justicia ambiental: sostenibilidad ambiental, participación ciudadana y justicia social, son desarrollados a lo largo del articulado de la Constitución.

El primero mediante el reconocimiento de la naturaleza como sujeto de derecho, que implica la sustitución de la concepción antropocéntrica donde los humanos se conciben como propietarios y gestores de la naturaleza por una concepción biocéntrica que tiene implicaciones y consecuencias de todo orden en el plano político, cultural, social y económico, confrontando abiertamente al modelo de desarrollo económico y productivo hegemónico.

El segundo mediante el reconocimiento de múltiples mecanismos de democracia participativa caracterizados por no limitarse a lo político sino por ampliar la participación ciudadana también a los ámbitos social, económico y ambiental.

Y respecto al tercero, la Constitución no sólo proclama derechos y establece los mecanismos procesales tradicionales para su protección sino que establece también garantías de políticas públicas fijando directrices básicas y mecanismos que condicionan la actividad y las inversiones del Estado para garantizar los derechos sociales de manera progresiva en el corto plazo.

Esta estrecha interrelación en el texto constitucional ecuatoriano de 2008 entre justicia social, participación y sostenibilidad, hace que el análisis de esta Constitución y de su implementación en la realidad ecuatoriana actual sea un caso práctico de obligado estudio en el marco de cualquier proyecto de investigación centrado en la noción de justicia ambiental.

El presente libro, escrito por Albert Noguera Fernández y Marco Navas Alvear, profesores de Derecho Constitucional en la Universitat de València y la Universidad Andina Simón Bolivar de Ecuador, respectivamente, lleva a cabo un estudio del modelo constitucional ecuatoriano de 2008. Concretamente, se centra en el ámbito específico de la participación.

El libro analiza la naturaleza constituyente o transformadora de los llamados nuevos derechos de participación en la Constitución de 2008, establecidos por el constituyente con el fin de superar el modelo de democracia liberal representativa y establecer nuevas formas de articulación entre lo institucional y lo social.

Sin embargo, como describe el libro tras analizar detenidamente cada uno de los nuevos derechos de participación y los límites de su desarrollo legislativo, la no superación por parte de los poderes políticos y judicial de límites políticos, culturales o jurisprudenciales, a la hora de desarrollar legislativamente estos derechos e implementarlos, ha acabado vaciando tales derechos de su carácter constituyente, convirtiéndolos en la mayoría de casos en meros procedimientos técnicos que actúan como complemento a la democracia representativa, e incluso negándolos en otros.

Ello se demuestra a partir del estudio de casos de no reconocimiento gubernamental de consultas populares impulsadas desde los pueblos y organizaciones indígenas en defensa de la naturaleza, de la jurisprudencia del Tribunal Constitucional acerca de la consulta pre-legislativa en el caso de la Ley de Minería, del conflicto entre el movimiento ecologista Yasunidos y el Gobierno acerca de la demanda de convocatoria de una consulta sobre la explotación petrolera del Parque Nacional Yasuní, etc.

Se trata, sin duda, del estudio más completo sobre los nuevos derechos de participación que se ha desarrollado hasta ahora en Ecuador. Su desarrollo se ha enmarcado dentro del proyecto "Del desarrollo sostenible a la justicia ambiental: hacia una matriz conceptual para la gobernanza global" (DER2013-44009-P) financiado por el Programa Estatal de Investigación Científica y Técnica de Excelencia (Subprograma Estatal de Generación de Conocimiento) del Ministerio de Economía y Competitividad. Proyecto del cual, Albert Noguera, coautor del libro, forma parte como investigador.

Este estudio se sirve además, de hallazgos encontrados en el estudio "los nuevos derechos de participación" llevada a cabo por el profesor Navas con el auspicio del Fondo de Investigaciones de la Universidad Andina Simón Bolívar, Sede Ecuador.

El análisis y estudio de experiencias concretas como la ecuatoriana son de especial importancia para llevar a cabo uno de los objetivos principales de este proyecto de investigación: identificar elementos teóricos y metodológicos relevantes que nos permitan superar la vieja idea de desarrollo sostenible y construir un nuevo paradigma basado en la justicia ambiental.

Antoni Pigrau Solé

Director del Centre d'Estudis de Dret Ambiental de Tarragona

Universitat Rovira i Virgili

Investigador Principal del Proyecto del desarrollo sostenible a la justicia ambiental: hacia una matriz conceptual para la gobernanza global

I. INTRODUCCIÓN*

La denominación *derechos de participación* es relativamente reciente en el constitucionalismo contemporáneo. Producto en gran parte de las demandas por cambiar el modelo de democracia liberal representativa, esta denominación agrupa a una serie de instituciones que pretenden modificar la forma de relación entre los ciudadanos y el Estado, buscando al mismo tiempo, dar una mayor visibilidad, espacio e iniciativa a otros actores excluidos en la mayoría de las ocasiones de la comunidad política realmente actuante.

Aunque en las últimas décadas se habían ido institucionalizando en muchos países latinoamericanos una gran variedad de mecanismos participativos, es con las nuevas constituciones latinoamericanas cuando se produce de manera clara una ruptura con el viejo modelo representativo de democracia delegada y se conforma una nueva organización política donde la participación popular en lo político, lo económico, lo medioambiental y lo social adquiere un protagonismo sin precedentes.

1. EL SURGIMIENTO: LOS MECANISMOS PARTICIPATIVOS EN AMÉRICA LATINA

En América Latina la democracia como régimen dominante se reinstala entre finales de los años setenta y los ochenta del Siglo XX. Esto ha sido llamado desde la literatura más difundida en el occidente mundial, la *tercera ola de democratización* luego de dos anteriores en Europa, posterior a las guerras mundiales[1]. Las democracias formales "recuperadas" en esta región, distan sin embargo de alcanzar los requerimientos básicos de lo que para definir operacionalmente una

---

* Los apartados primero y segundo han sido redactados por Marco Navas Alvear. El apartado tercero ha sido redactado por Albert Noguera Fernández.

1 S. P. Huntington, *The third wave: Democratization in the late twentieth century*, University of Oklahoma Press, Norman, 1992.

democracia representativa R. Dahl llamó *poliarquía*[2], pues en su desarrollo persisten varios rasgos propios de las sociedades latinoamericanas entre otros, los caudillismos, clientelismos, prácticas prebendísticas y rentistas, mismos que no pueden entenderse sino en el contexto de una suerte de hibridación constitutiva de la cultura política y de la práctica democrática de la región, y en una suerte de proceso constante de adaptación de formas y de persistencia de modos tradicionales y "modernos" traslapados, mezclados en distintas dosis[3].

Casi a la par de este retorno a regímenes democráticos, América Latina entra en una serie de ciclos de crisis económica que se prolongarían con distintas intensidades durante casi veinte años; etapa en la cual van surgiendo varias demandas de redistribución de bienes y servicios materiales, pero también de reconocimiento[4]. Redistribución como una respuesta demandada desde esa democracia a las extremas inequidades y formas de exclusión. Reconocimiento a la diversidad de identidades étnicas, locales, etéreas y de género entre otras, que han pugnado por visibilizarse en las últimas décadas[5].

Estas demandas a su vez se han expresado en formas de participación que emergen en muchas ocasiones en esferas públicas restringidas, colonizadas por los medios de comunicación, actores estatales o por elites políticas que las copan. Las formas y las demandas de

---

2 El autor propone tras esta noción sus conocidas siete condiciones para afirmar que existe una democracia: elecciones libres e imparciales, funcionarios electos, sufragio inclusivo, derecho a ocupar cargos públicos, libertad de expresión, pluralidad de fuentes informativas y autonomía asociativa (R. Dahl, *Poliarchy. Participation and Opposition*, Yale University Press, New haven, 1971.

3 Sobre esta idea de la hibridación (tomada de los aportes entre otros de N. García Canclini en el marco de los estudios culturales) adaptada a la comprensión de la democracia latinoamericana, véase L. Avritzer, *Democracy and the Public Space in Latin America*, Princeton University Press, Princeton, 2002, cap. 3.

4 Véase al respecto el clarificador debate entre N. Fraser y A. Honneth en *Redistribution or Recongition*, Verso, Londres, 2003.

5 Véase, desde una perspectiva teórica, B. Sousa S., *La caída del ángelus novus: ensayos para una nueva teoría social y una nueva práctica política*, ILSA, Universidad Nacional de Colombia, Bogotá, 2003, cap. 4. Desde una perspectiva empírica es interesante el trabajo de A. L. Magrini, "La efervescencia de la protesta social. De luchas, demandas, narrativas y estéticas populares" en *'Vamos a portarnos mal' Protesta social y libertad de expresión en América Latina*, Fundación Friedrich Ebert, Bogotá, 2011.

participación con frecuencia son objeto de respuestas represivas a pesar de lo cual van ampliando el espacio de discusión de determinados temas[6]. En otras ocasiones, estas demandas y expresiones presionan a los estados a reconocimientos jurídicos.

En este contexto y a pesar del predominio de patrones autoritarios, y numerosas limitaciones, muchos países en la región devienen en verdaderos laboratorios para el desarrollo de experiencias participativas que van desde los presupuestos participativos, formas asamblearias a nivel local y varios tipos de consulta hasta una serie de los denominados mecanismos de democracia directa (MDD), como referéndums o procedimientos de revocatoria del mandato, a diversos niveles.

El concepto de presupuesto participativo se expande con rapidez a partir de 1996 y hasta 2005 es adoptado por casi 180 municipios en Brasil y se extiende a otros municipios en Argentina, Uruguay, Chile, Bolivia, Perú, Ecuador, Colombia y México[7].

El referéndum como mecanismo de democracia directa, permite una mayor participación. Según refiere un estudio al respecto, en los últimos treinta años "los latinoamericanos han participado en votaciones directas en más de un centenar de oportunidades (siempre hablando en la órbita nacional)"[8].

La revocatoria del mandato es también un MDD que ha sido institucionalizado a nivel local ya en Argentina antes de los noventa y luego a nivel constitucional en Colombia en 1991, Perú y Argentina (constitucionalización) en 1994, Ecuador en 1998, Venezuela en 1999 y luego en las más recientes de Ecuador en 2008 y Bolivia 2009[9].

---

6 V. Avritzer, op. cit. Caps. 4 - 7, también M. Navas, *Lo Público insurgente. Crisis y construcción de la política en la esfera pública*, CIESPAL, UASB-E, Quito, 2012, pp. 85-90.

7 BID, *Evaluación del presupuesto participativo en Brasil*, BID, Washington, 2005, p. 3; Véase también B. de Souza S., *Democracia y participación. El ejemplo del presupuesto participativo*, ILDIS-FES, Quito, 2004.

8 D. Altman, "Plebiscitos, referendos e iniciativas populares en América Latina: ¿mecanismos de control político o políticamente controlados?" en *Perfiles Latinoamericanos*, FLACSO, núm. 35, México, enero-junio, 2010, pp. 9-34.

9 Yanina Welp y Uwe Serdült, "¿Jaque a la representación? Análisis de la revocatoria de mandato en los gobiernos locales de América Latina", en Y Welp y L. Whitehead (Eds.), *Caleidoscopio de la innovación democrática en América La-*

Justamente, el desarrollo y reconocimiento alcanzado por estas instituciones de participación es algo que se produce dentro de la tendencia que algunos autores han calificado como "cuarta ola" de desarrollo constitucional, una de cuyas características sería justamente la constitucionalización de procedimientos que permitan complementar la democracia hasta ese momento existente[10].

2. EL NUEVO CONSTITUCIONALISMO LATINOAMERICANO Y LOS NUEVOS DERECHOS DE PARTICIPACIÓN: LA CONSTITUCIÓN ECUATORIANA DE 2008

Los orígenes del llamado nuevo constitucionalismo latinoamericano suelen ubicarse en el proceso constituyente y la Constitución colombiana de 1991 como la primera manifestación constituyente que define un punto de inflexión en la evolución constitucional, no solo latinoamericana, sino en alguna medida, a nivel mundial. En la Constitución colombiana aparecen, aún de forma imperfecta pero claramente reconocibles, algunos rasgos novedosos y diferenciados con respecto al constitucionalismo clásico, que más tarde impregnarán y serán desarrollados por los procesos constituyentes ecuatoriano de 1998, venezolano de 1999, boliviano de 2006-2009 y, de nuevo, Ecuador en el 2007-2008; y que, sin duda, conforman las bases del llamado nuevo constitucionalismo latinoamericano[11].

---

tina, FLACSO, México, 2011, pp. 145169; también, Welp y Serdült, "¿Renovación, crisis o más de lo mismo? La revocatoria de mandato en los gobiernos locales latinoamericanos", en Desafíos, 24, Universidad del Rosario, Bogotá, 2012, semestre II, pp.169-192.

10 Véase, entre otros, desde distintas ópticas, los trabajos de Donna L. Van Cott, *The Liquidation of the Past. The Politics of Diversity in Latin America*, Pittsburgh University Press, Pittsburgh, 2000 y L. Whitehead "Constitutionalism in Latin America: a Long and Winding Road" en A. Barrera, Nolte y Schilling (Eds.) *New Constitutionalism in Latin America from a Comparative Perspective*, GIGA, Hamburg, 2011.

11 Sobre ello, véase A. Noguera y M. Criado, "La Constitución colombiana de 1991 como punto de inicio del nuevo constitucionalismo en América Latina", *Estudios Socio-Jurídicos*, 13(1), Bogotá, 2011.

Uno de estos rasgos comunes que definen el nuevo modelo es, sin duda, su fuerte tendencia participacionista consistente en la redefinición de la relación entre la comunidad y los gobernantes, en una suerte de ensanchamiento de las vías que conducen el poder originario hacia arriba, desde la comunidad política a los niveles y órganos de ejercicio del poder. Conjuntamente con los mecanismos tradicionales de "democracia representativa", esto es, el sufragio activo y el sufragio pasivo, las nuevas constituciones incorporan un conjunto de mecanismos participativos y de control democrático sobre el poder. Ello denota la voluntad de los constituyentes respectivos de dotar al sistema político de una nueva naturaleza y colocar al Estado en una relación intrínseca con la noción de "participación".

En el caso de la Asamblea Constituyente ecuatoriana de 2007-2008 esta tendencia fue promovida, como afirma Andrade, por cuadros políticos y académicos vinculados a ONG y movimientos sociales que actuaron en la Constituyente[12], sin conformar en ese momento un cuerpo necesariamente coherente, sino más bien una amalgama de posturas propias de las corrientes de pensamiento republicano, del comunitarismo, del igualitarismo y de la democracia participativa y radical, y que sobre la marcha ayudaron a producir el componente participacionista. En ese contexto, durante la preparación de una propuesta constitucional concreta sobre este ámbito, cuatro consideraciones fueron sobresalientes como punto de partida. Primero, una constatación acerca de las limitaciones que el modelo de democracia representativa liberal y su sistema de partidos habían supuesto para el proceso político ecuatoriano, las que habrían conducido a severas y frecuentes crisis institucionales. En segundo lugar la idea de que el proceso constituyente (en sentido transformador) no termina con la Constitución sino que es continuo, lo que requiere de una comunidad política participante[13]. En tercer lugar, la necesidad de tomar en

---

12 P. Andrade, "El reino (de lo) imaginario: los intelectuales políticos ecuatorianos en la construcción de la Constitución de 2008" en *Ecuador Debate*, No. 85, abril 2012.

13 Se trataba así con el proceso de la Asamblea, como ha dicho un activista de derechos humanos cercano a esta discusión, Alexis Ponce, en una entrevista de la época "de construir un poder constituyente que vaya más allá del gobierno y la Asamblea...". En: *http://www.llacta.org/notic/2007/not0701a.htm (consulta 12.07.2013).*

cuenta las demandas sociales acumuladas, sobre todo en el sentido de fortalecer e incorporar otras formas de acción política a las ya existentes. Finalmente, la valoración de experiencias exitosas a nivel local sobre todo las desarrolladas por sectores de la izquierda en esta materia, en una suerte de lo que hemos denominado "reapropiación selectiva del pasado"[14].

En este sentido, la tendencia participacionista se refleja con fuerza en los siguientes contenidos constitucionales:

Primero, se reconoce a la participación como principio eje articulador de la vida del Estado y parte de su forma republicana de gobierno[15].

Segundo, bajo la idea de que esa participación tiene que estar basada en el reconocimiento fuerte de *derechos de participación*, se consagra un capítulo específico que bajo la denominación justamente de derechos de participación, incorpora tanto los tradicionales derechos políticos propios de la representación como sobre todo una serie de nuevos derechos, que con diversas características protejan esa participación activa y continua de la comunidad política[16]. Este reconocimiento de derechos además se refleja en un nuevo esquema de descentralización y autonomía previsto en el texto constitucional, estableciendo varios niveles de operatividad e incluso formas próximas al autogobierno.

Tercero, se establecen una serie de mecanismos específicos que potencializan la participación y se reconocen ampliamente diversas formas en que los individuos y los colectivos sociales pueden participar[17], a la vez que el amplio sistema de garantías que establece la Constitución de la República del Ecuador (CRE), refuerza la posibilidad de ejercicio de estas[18].

---

14 Vid. M. Navas, *Lo público insurgente. Crisis y construcción de la política en la esfera pública*, op. cit., pp. 222, 422, 457.

15 Arts. 1 y 95 CRE.

16 Art. 66 CRE.

17 Título IV, capítulo primero, CRE.

18 Véase C. Storini, "Las garantías constitucionales de los derechos fundamentales en la Constitución de 2008", en S. Andrade y otros (Eds.), *La nueva Constitución del Ecuador. Estado, derechos e instituciones*, UASB-E/CEN, Quito, pp. 287-312.

Cuarto, bajo la premisa de reconectar las iniciativas participativas con los espacios de poder y toma de decisiones, se funda una nueva institucionalidad estatal. Así es que conjuntamente con los derechos y los mecanismos de ejercicio y garantía de estos, en una suerte de experimento institucional se crean dos nuevas funciones del Estado[19]. Por un lado, la Función Electoral encargada de tutelar los procesos propios de la democracia representativa y potenciar el ejercicio de los derechos tradicionales de participación política. Por otro, se organiza la Función de Transparencia y Control Social, como instancia encargada de promover el ejercicio de los nuevos derechos y las formas de participación, así como el control de la gestión pública y el combate a la corrupción[20].

Estos cuatro grandes contenidos constitucionales en los que se refleja la tendencia participacionista serán objeto de un mayor desarrollo en el presente trabajo.

3. LOS DERECHOS DE PARTICIPACIÓN EN EL SISTEMA CONSTITUCIONAL ECUATORIANO: ¿DERECHOS CONSTITUYENTES O DERECHOS CONSTITUCIONALES?

A diferencia del anterior artículo 1 de la Constitución de 1998, que señalaba que "*la soberanía radica en el pueblo, (...) que la ejerce a través de los órganos del poder público y de los medios democráticos previstos en esta Constitución*", el texto constitucional de 2008 sustituye el concepto de "medios democráticos" por el de "formas de participación directa". Esto, conjuntamente con el artículo 95 que afirma: "*Las ciudadanas y ciudadanos, en forma individual y colectiva, participarán de manera protagónica en la toma de decisiones, planificación y gestión de los asuntos públicos, y en el control popular de las instituciones del Estado y la sociedad, y de sus representantes, en un proceso permanente de construcción del poder ciudadano*" y la multiplicación de los mecanismos y espacios populares de toma de

---

19 Título IV, capítulos cuarto y quinto, CRE.

20 Art. 204 CRE.

decisiones, denota nítidamente la voluntad del nuevo constituyente de dotar al sistema político ecuatoriano de una nueva naturaleza. La definición del Estado como "participativo" implica que la participación popular impregna todo el articulado constitucional, el cual debe interpretarse en armonía con este fin. Y de hecho, de conformidad con esto, en el caso del texto constitucional ecuatoriano de 2008, la naturaleza participativa del Estado se transversaliza a lo largo de todo el texto. Ejemplos claros de ello son el establecimiento de mecanismos de participación ciudadana en la formulación, ejecución, evaluación y control de las políticas públicas y servicios públicos (art. 85)[21]; en la selección del personal de la administración de justicia (art. 170)[22]; en la creación de instancias de participación en todos los niveles de gobierno para la elaboración de planes y políticas, presupuestos participativos, etc. (art. 100)[23]; la existencia en las sesiones de los gobiernos autónomos descentralizados de una "silla vacía" que ocupará un representante ciudadano en función de los temas a tratarse (art. 101)[24]; la constitucionalización de la participación activa de estudiantes, familias y docentes en los procesos educativos (art.

---

21 Art. 85: "(...). En la formulación, ejecución, evaluación y control de las políticas públicas y servicios públicos se garantizará la participación de las personas, comunidades, pueblos y nacionalidades".

22 Art. 170: "Para el ingreso a la Función Judicial se observarán los criterios de igualdad, equidad, probidad, oposición, méritos, publicidad, impugnación y participación ciudadana. (...)".

23 Art. 100: "En todos los niveles de gobierno se conformarán instancias de participación integradas por autoridades electas, representantes del régimen dependiente y representantes de la sociedad del ámbito territorial de cada nivel de gobierno, que funcionarán regidas por principios democráticos. La participación en estas instancias se ejerce para: 1. Elaborar planes y políticas nacionales, locales y sectoriales entre los gobiernos y la ciudadanía; 2. Mejorar la calidad de la inversión pública y definir agendas de desarrollo; 3. Elaborar presupuestos participativos de los gobiernos; 4. Fortalecer la democracia con mecanismos permanentes de transparencia, rendición de cuentas y control social; y, 5. Promover la formación ciudadana e impulsar procesos de comunicación; Para el ejercicio de esta participación se organizarán audiencias públicas, veedurías, asambleas, cabildos populares, consejos consultivos, observatorios y las demás instancias que promueva la ciudadanía".

24 Art. 101: "Las sesiones de los gobiernos autónomos descentralizados serán públicas, y en ellas existirá la silla vacía que ocupará una representante o un representante ciudadano en función de los temas a tratarse, con el propósito de participar en su debate y en la toma de decisiones".

347.11)[25]; la participación ciudadana y control social en el sistema nacional de salud (art. 359)[26]; la creación de concejos ciudadanos con un papel activo en la planificación para el desarrollo a nivel nacional, regional, provincial y local, lo que supone la generación de estructura comunitaria para la implementación de los planes de desarrollo (art. 279)[27]; la explícita referencia a promover medidas especiales destinadas a facilitar la participación política y social de grupos vulnerables (arts. 39[28] o 50.4[29]); etc.

Parece claro pues que, al no reducirse en el ámbito político sino ampliarse también en los ámbitos social, medioambiental y económico; así como no reducirse tampoco sólo en el momento decisorio sino ampliándose también al momento de la implementación; la participación no se configura como un simple derecho más, sino como un eje procedimental de ejercicio de todos los demás derechos que redefine los paradigmas tradicionales de emisión de normatividad social, los paradigmas de implementación de la misma y el sistema de relaciones

---

25 Art. 347.11: "Será responsabilidad del Estado: (...) garantizar la participación activa de estudiantes, familias y docentes en los procesos educativos".

26 Art. 359: "El sistema nacional de salud comprenderá las instituciones, programas, políticas, recursos, acciones y actores en salud; abarcará todas las dimensiones del derecho a la salud; garantizará la promoción, prevención, recuperación y rehabilitación en todos los niveles; y propiciará la participación ciudadana y el control social".

27 Art. 279: "El sistema nacional descentralizado de planificación participativa organizará la planificación para el desarrollo. El sistema se conformará por un consejo nacional de planificación, que integrará a los distintos niveles de gobierno, con participación ciudadana, y tendrá una secretaría técnica, que lo coordinará. Este consejo tendrá por objetivo dictar los lineamientos y las políticas que orienten al sistema y aprobar el Plan Nacional de Desarrollo, y será presidido por la Presidenta o Presidente de la República. Los consejos de planificación en los gobiernos autónomos descentralizados estarán presididos por sus máximos representantes e integrados de acuerdo con la ley. Los consejos ciudadanos serán instancias de deliberación y generación de lineamientos y consensos estratégicos de largo plazo, que orientarán el desarrollo nacional".

28 Art. 39: "El Estado garantizará los derechos de las jóvenes y los jóvenes, y promoverá su efectivo ejercicio a través de políticas y programas, instituciones y recursos que aseguren y mantengan de modo permanente su participación e inclusión en todos los ámbitos, en particular en los espacios del poder público".

29 Art. 50.4: "El Estado adoptará a favor de las personas con discapacidad medidas que aseguren: (...) la participación política, que asegurará su representación, de acuerdo con la ley".

entre de unos con otros, lo que supone la trasformación estructural del viejo sistema en pos de uno nuevo. Es en este sentido que nos referimos a la participación como un derecho "constituyente".

Sin embargo, esta concepción de la participación que se recoge en la Constitución ecuatoriana de 2008, presenta grandes desafíos para realizarse en la práctica. Requiere un mayor involucramiento y empoderamiento de otros actores más allá de la tradicional "clase política" y la burocracia estatal. Todo ello exige otros modos de gobernar más complejos que las rutinas de la democracia representativa y un mayor compromiso de parte de los ciudadanos. A la vez, estas demandas se han ido articulando de manera difusa, es decir proceden más de aquello que amplios sectores de la sociedad han rechazado de la democracia representativa (y de las prácticas que a pesar de este modelo superviven) que de aspectos concretos. Además, al perecer, estas demandas se incluyen en los nuevos diseños con mayor dosis de voluntarismo que con certeza conceptual. Su institucionalización resulta pues una apuesta fuerte y a la vez un experimento que además tiene lugar en muchos casos en el contexto de importantes transformaciones que hacen relación a un replanteo del rol del Estado y su inserción en un mundo aceleradamente globalizado, y que a lo interno es impulsado por un régimen democrático progresista con un fuerte liderazgo, que por esto último, paradójicamente, parecería constituirse en una amenaza más para su implementación.

Lo referido se traduce en un fuerte escepticismo respecto de estos nuevos derechos y mecanismos de participación, y ha levantado muchas críticas y dudas en torno a que tales derechos se hayan constituido realmente como "derechos constituyentes" como parece desprenderse de la voluntad del constituyente, pues por la forma en que han acabado siendo incluidos en el sistema no han supuesto realmente una trasformación del sistema representativo como eje de la democracia.

Esta es la cuestión que vamos a tratar en este trabajo. Para ello vamos a dividirlo en tres partes:

En primer lugar, vamos a establecer la definición y delimitar las diferencias entre lo que aquí vamos a llamar "derechos constituyentes" y "derechos constitucionales";

En segundo lugar, analizaremos de manera concreta y detallada los más relevantes nuevos derechos de participación, procurando caracterizar el objeto o contenido específico de cada uno de ellos, así como establecer de forma sintética, las tendencias de desarrollo de estos derechos en la normativa infra constitucional y algunos resultados de su implementación[30]. En esta parte pondremos de manifiesto las tensiones halladas entre la voluntad constituyente y el diseño constitucional de estos derechos y su desarrollo normativo y práctico.

Y finalmente, en tercer lugar, una vez visto el análisis concreto de cada uno de los nuevos derechos de participación y los límites de su desarrollo legislativo, nos detendremos en analizar otras limitaciones políticas, culturales, jurisprudenciales, etc. aún no superadas que consolidan la conclusión que proponemos, consistente en afirmar que si bien existe en el texto constitucional de 2008 la base jurídica suficiente para poder desarrollar un modelo donde la participación adquiera un carácter constituyente, su desarrollo normativo, despliegue práctico y condicionantes político-culturales han acabado vaciando tales derechos de su carácter constituyente, convirtiéndolos en estrictos derechos constitucionales.

---

30 Para este trabajo se han usado como insumos fundamentales algunas reflexiones y hallazgos producto de la investigación *Los nuevos derechos de participación en la Constitución ecuatoriana, desarrollo normativo y exigibilidad*, realizada por Marco Navas Alvear y financiada por el Fondo de Investigaciones de la Universidad Andina Simón Bolívar, Sede Ecuador, desarrollada en el año 2014.

II. EL NUEVO CONSTITUCIONALISMO LATINOAMERICANO Y LA PARTICIPACIÓN COMO DERECHO CONSTITUYENTE*

En este capítulo demostraremos como la voluntad de los constituyentes estatales en el marco del nuevo constitucionalismo latinoamericano fue diseñar los mecanismos de participación no como unos derechos constitucionales más, sino como auténticos derechos constituyentes. Examinaremos esto sirviéndonos del caso de Ecuador.

Para ello, partiremos de ver a qué llamamos derechos constituyentes y derechos constitucionales, cuáles son las diferencias entre ellos, qué derechos pueden ser unos u otros y finalmente, el carácter constituyente que las nuevas constituciones latinoamericanas dan a la participación como eje sobre el que construir un nuevo proyecto programático de sociedad.

1. EL ESTUDIO DE LOS DERECHOS

La historia de los derechos es siempre una histórica dinámica. Ésta puede estudiarse desde varias perspectivas distintas. Una es desde un punto de vista cuantitativo, otra desde un punto de vista cualitativo.

1.1. El estudio de los derechos desde un punto de vista cuantitativo

Esta perspectiva es la que analiza el proceso histórico de acumulación, ampliación y complementación de derechos para intentar responder la pregunta: ¿existen hoy más o menos derechos que ayer y más o menos que mañana?

---

* Los apartados primero, segundo, tercero y cuarto han sido redactados por Albert Noguera Fernández.

La "historicidad", entendida como los fenómenos sociales en flujo y reflujo, así como las estructuras y coyunturas en las cuales se expresa, ha actuado, en algunas ocasiones, maximizando progresivamente los derechos humanos (ampliación de derechos) y, en otras, minimizándolos (regresividad de derechos), y ello independientemente del desarrollo económico-productivo del territorio en cuestión[31].

En consecuencia, debemos negar la existencia de derechos naturales, la concepción iusnaturalista o "estática" de los derechos, caracterizada por su falta de capacidad para asumir la historicidad de los derechos y su génesis en la realidad social, es inaceptable, en ella la evolución, la ampliación, la regresividad y la especificación de los derechos tanto en lo referente a sus contenidos como a sus titulares, no sería posible.

Los derechos son respuestas históricas a problemas de convivencia, a conflictos concretos y luchas sociales o a diferentes carencias o necesidad humanas, las cuales aparecen también como históricas, relativas, instrumentales y socialmente condicionadas. La prueba inequívoca de la historicidad de los derechos humanos está en la evolución, la transformación, la desaparición o aparición constante de nuevos derechos a lo largo de la historia. Durante las últimas décadas han aparecido nuevos derechos (derechos de la naturaleza, derechos de los pueblos indígenas, derechos de participación, etc.), pero además, se trata de un proceso no acabado sino abierto en su evolución a la aparición de nuevos derechos, reivindicados por nuevos y alternativos movimientos sociales urbanos, vecinales, ecologistas, campesinos, feministas, LGTBI, etc., no reconocidos todavía por el derecho oficial, así como abierto también al desmantelamiento de derechos existentes.

A. Podgórecki[32] diferencia entre los que denomina "crippled Human Rights" y los "complete Human Rights". A diferencia de los segundos, los primeros son meramente verbales, existen en el nivel de las demandas y reivindicaciones pero todavía son ignorados por los

---

31 En este sentido, levantamientos como el indígena en 1990, en Ecuador, rebeliones como la zapatista indígena de Chiapas en 1994, o como la indígena-popular en Bolivia a partir del 2000 generaron, en su momento, ampliación de derechos, en unas zonas de las más atrasadas y con menos desarrollo productivo del planeta.

32 A. Podgórecki, "towards a Sociology of Human Rights", en V. Ferrari (ed.), *Laws and Rights. Proceedings of the International Congress of Sociology of law for ninth Centenary of the University of Bologna*, Giuffré. Milán. 1991. p. 421.

aparatos legales oficiales, sin perjuicio de que el día de mañana pasen a formar parte del derecho positivo. Un ejemplo de este tipo de derechos podría ser, en la actualidad, el derecho a la identidad sexual, del que deriva la reivindicación de la gratuidad de las operaciones de cambio de sexo. Se trata de un derecho reivindicado por el movimiento LGTBI aún no reconocido oficialmente.

Si bien es cierto que en algunos países el sistema público de salud presta esta operación, la Comunidad Autónoma de Andalucía en España es un ejemplo de ello, el planteamiento que allí se hace de la operación de cambio de sexo es totalmente diferente al que se deriva del derecho a la identidad sexual.

En Andalucía se presta la cirugía de cambio de sexo dentro del marco del derecho a la salud. Así, partiendo de los estudios de C. Chiland[33], se entiende que el transexualismo representa la forma más grave de los Trastornos de la Identidad de Género. Concretamente se asocia al concepto de "Disforia" creado por Norman Fisk en 1973, en el sentido de que la transexualidad es un trastorno que produce ansiedad asociada al conflicto entre la identidad sexual y el sexo asignado[34]. En consecuencia, la transexualidad debe incluirse en las clasificaciones internacionales de las enfermedades y es un problema de salud grave pero poco frecuente, precisamente por eso, la operación de cambio de sexo debe prestarse de manera gratuita en tanto parte del derecho a la salud. El reconocimiento que el movimiento LGTB propone hacer de la transexualidad y de la cirugía de cambio de sexo es no desde el punto de vista de una cuestión de salud sino de identidad.

El derecho a que el Estado ponga al servicio de la persona los medios necesarios para el cambio de sexo se incluiría como parte de los "derechos de identidad", no del "derecho a la salud". Por tanto, se reconocería el derecho a la identidad sexual como un derecho subjetivo y autónomo del que se deriva el derecho, mediante decisión libre, informada, voluntaria y responsable, a proceder a un cambio de sexo y a que el Estado te lo garantice de manera gratuita y en condiciones seguras.

No cabe duda pues, que la historia de los derechos es una historia dinámica, en continuación proceso de ampliación, complementación, acumulación o también, de vaciamiento y retroceso.

---

33 C. Chiland, *Cambiar de sexo*, Biblioteca Nueva, Madrid, 1999.
34 Ibíd.

Seguramente, una de las tesis más conocidas dedicadas al estudio de los derechos desde un punto de vista cuantitativo es el criterio histórico de clasificación de los derechos en generaciones establecido por K. Vasak en 1979[35], mediante la que se sistematiza el proceso histórico de ampliación cuantitativa de derechos que atraviesa los últimos dos siglos y medio. Tesis ampliamente criticada por su excesivo simplismo lineal.

1.2. *El estudio de los derechos desde un punto de vista cualitativo*

Ahora bien, en su proceso histórico de acumulación, ampliación y complementación, cada uno de los derechos puede jugar funciones distintas en la ordenación de la sociedad. Los distintos derechos pueden jugar papeles más o menos determinantes en la organización, funcionamiento y legitimación del sistema de relaciones sociales, políticas y económicas existente en cada momento.

El estudio de los derechos desde un punto de vista cualitativo es el que intenta responder la pregunta: ¿Qué papel o función juega este o aquel derecho en el seno de una formación económico-social histórico-concreta? ¿Puede este o aquel derecho jugar algún papel en la transformación estructural de las formas de organización y distribución del poder político y económico?

En este sentido y en función de cuál sea para el caso de cada derecho la respuesta a estas preguntas, diferenciaremos entre los que llamaremos *derechos constituyentes* y *derechos constitucionales*.

2. DERECHOS CONSTITUYENTES Y DERECHOS CONSTITUCIONALES

Denominamos derechos constituyentes a aquellos o aquel derecho "fundante" a partir del cual se ordena una sociedad históricamente determinada y la vida de los individuos que viven en ella, en tanto se

---

[35] Vid. K. Vasak, *The International dimensions of human rights; textbook for the teaching of human rights at university level*, UNESCO, Paris, 1979.

vuelve la clave constitutiva e interpretativa fundamental de la organización social, política y económica. Estos son "derechos-totalidad". Se trata de derechos base alrededor de cuyo reconocimiento se construye y articula la totalidad interconectada de relaciones económico-sociales propias de la sociedad en cuestión. El derecho no sólo regula lazos directos entre personas sino que de él se desprende una regulación independiente que le sobrepasa y se constituye en criterio de ordenación de toda la sociedad. Dos de los principales ejemplos de este tipo de derechos son la propiedad en el siglo XIX y el trabajo en el siglo XX.

Por el contrario, denominaremos derechos constitucionales al resto de derechos. Estos son "derechos-fragmento" que regulan relaciones simples de la realidad social constituidas por las vinculaciones de individuos a individuos o entre una pluralidad de ellos. Se trata de derechos cuyo reconocimiento es valioso en tanto implica una ampliación de libertad, pero no afecta estructuralmente a la base del sistema. Su reconocimiento o no reconocimiento no altera la vida del sistema. Su reconocimiento, despeina al sistema, arrancándole paulatinamente reformas que amplían la "tolerancia" hacia los nuevos sujetos sociales, pero no lo transforman estructuralmente. Dos ejemplos de derechos conformados durante las últimas décadas como derechos constitucionales son: el derecho al aborto o el reconocimiento o equiparación jurídica con las demás de las parejas de un mismo sexo.

En consecuencia, derechos constituyentes y derechos constitucionales se diferencian en función de su interrelación con y afectación sobre el sistema político, económico y cultural de una sociedad.

Detengámonos en los dos ejemplos de derechos constituyentes que hemos puesto: la propiedad y el trabajo.

2.1. *La propiedad como derecho constituyente del Estado liberal temprano*

Si tuviéramos que ubicar los orígenes del Estado Constitucional podríamos hacerlo en el siglo XVII inglés, momento en que la burguesía se proyecta constitucionalmente a partir del sustrato teórico, sobretodo, de Locke.

En su Segundo tratado, Locke hace un alegato en defensa del derecho natural individual ilimitado a la propiedad de cada hombre sobre los frutos de su trabajo. A continuación, establece que los hombres entran en la sociedad civil y se colocan bajo la autoridad de un gobierno, para la conservación de su propiedad. Locke usa el concepto de propiedad de manera ambigua, en dos sentidos. La propiedad para cuya defensa los hombres se someten a la sociedad civil se formula en algunas ocasiones, en un sentido amplio, identificando propiedad con el derecho "a la vida, la libertad y haciendas de las personas"; y, en otras ocasiones, en un sentido más restringido o tradicional, entendiendo la propiedad como un derecho a la tierra y a los bienes.

Cuando la propiedad se considera consistente en el derecho a la vida y la libertad, todos los hombres (salvo los esclavos), pueden ser miembros de la sociedad civil. Cuando se considera que sólo se trata de la tierra y los bienes, únicamente pueden ser miembros de ella los poseedores. Habría, en consecuencia, dos tipos de contratantes. Todos, tuvieran o no propiedades en sentido estricto, quedaban incluidos por tener un interés en conservar su vida y libertad. Al mismo tiempo, solamente quienes tenían tierras y bienes podían ser miembros de pleno derecho (ciudadanía) por dos razones: solamente ellos tenían un interés pleno en la conservación de la propiedad, y solamente ellos eran plenamente capaces de aquella vida racional —la sumisión voluntaria a la ley de la razón— que es la base necesaria de la participación plena en la sociedad civil. En resumen, los no propietarios quedan sometidos a la sociedad civil pero no son miembros de pleno derecho de ella[36].

Sobre esta base teórica y moral de Locke, las revoluciones liberal burguesas constituyeron el Estado liberal temprano. En el interior de este Estado, la diferencia lockeana entre dos tipos de contratantes a la que acabamos de hacer referencia se expresa constitucionalmente a través de la diferenciación entre los principios de "igualdad frente a la ley" e "igualdad de derechos".

El principio de igualdad frente a la ley era un principio aplicable a todas las personas. Uno de los rasgos constituyentes de las revolucio-

---

36 Véase J. Locke, *Segundo tratado sobre el gobierno civil: un ensayo acerca del verdadero origen, alcance y fin del gobierno civil*. Alianza. Madrid. 2000.

nes liberal burguesas fue su ataque a los privilegios y a la esclavitud, oponiendo frente a ellos las nociones de similitud e independencia de los individuos. El elemento clave que determinó el paso de una sociedad con una nobleza que gozaba de privilegios a una situación de similitud o igualdad natural de todos los hombres fue la transformación de la noción de dignidad, pasando de una noción de "dignidad heterónoma"[37] a una de "dignidad autónoma"[38], entendiendo esta como un conjunto de atributos comunes a todos los seres humanos, como algo autónomo, inherente e igual en cada hombre. Concepción que se consagrará definitivamente en la famosa afirmación "todos los hombres son por naturaleza iguales" y en el principio de igualdad frente a la ley incorporado inicialmente de distinta manera en la Declaración de derechos de Virginia de 1776 o en la Declaración de Derechos del Hombre y del Ciudadano de 1789 y presente, explícita o implícitamente, desde ese momento en adelante, en todos los textos constitucionales.

Sin embargo, la "igualdad frente a la ley" aplicable a todos los individuos era algo diferente de la "igualdad de derechos". Los sujetos iguales frente a la ley e independientes se les tienen que aplicar la ley y tienen capacidad jurídica propia, pero puede ser que la ley reconozca derechos a unos y a otros no, o que establezca límites en los derechos de algunos, con lo cual no son iguales en derechos.

Durante el Estado liberal temprano, el elemento que determinaba el acceso a los derechos era la propiedad. La legislación regulaba las

---

37 Este es un concepto acuñado por Peces-Barba. Según este autor la "dignidad heterónoma" era una dignidad de origen externo, la dignidad del hombre era algo que le venía otorgado desde un exterior, en unos casos se consideró que era asignada por Dios, en otros por el honor o títulos nobiliarios, dándose, en todos estos casos, una desigual dignidad entre los hombres en función de su posición social (G. Peces-Barba, *La dignidad de la persona desde la Filosofía del Derecho*, Cuadernos Bartolomé de las Casas, Dykinson, Madrid, 2003, p. 27).

38 En contraposición a esta concepción de dignidad, ya en la misma Edad Media y enfrentada a la posición agustiniana, empezó a aparecer un humanismo religioso que defendía una dignidad propia, autónoma o inherente al ser humano, confiriendo un valor absoluto e igual a todos los hombres. Aunque más allá de la visión cristiana, fueron las teorías jurídicas y filosóficas (Sieyès) y antropológicas y biológicas (Georges Louis Leclerc, conde de Buffon) de la igualdad natural del siglo XVIII, las que jugaron un papel fundamental en la consolidación de una concepción antropológica de la dignidad (Ibíd.).

relaciones individuales y atribuía a cada cual sus derechos en relación con la propiedad. La estructuración de los dos ámbitos del espacio público (Sociedad Política y Sociedad Civil) se hace en él alrededor del concepto de propiedad. La Sociedad Política era un espacio donde sólo tenían sufragio activo y pasivo los individuos propietarios y la sociedad civil se concebía como aquel espacio donde los individuos propietarios desarrollaban su actividad mercantil[39]. En consecuencia, la estructuración de la esfera pública, integrada por el ámbito político y civil, alrededor del concepto de propiedad, supuso que, aquellos sujetos no propietarios quedaran excluidos del mismo. En palabras de Sieyés, los no propietarios no son más que "una inmensa muchedumbre de instrumentos bípedos, sin libertad, sin moralidad, que no posee sino manos de exigua ganancia y una alma devastada".

---

[39] El surgimiento de la idea de sociedad civil fue el resultado de la crisis en el orden social, que se vivió en Europa a partir del siglo XVII, con el ciclo de revoluciones sociales iniciado por la revolución inglesa y continuado por la de las trece colonias y la francesa. Expresó el intento de resolver la crisis ideológica provocada por la quiebra de los paradigmas de la idea de orden. Los procesos sociales acaecidos en esta época condujeron al cuestionamiento de los modelos de orden social y de autoridad. Tradicionalmente, el fundamento del orden social se localizaba en alguna entidad externa al mundo social (Dios, el Rey o la tradición). Todo esto empezó a cuestionarse en el siglo XVII. La idea de sociedad civil surgió para proyectar una imagen ideal de cómo debía ser el funcionamiento de la sociedad, con la que se intentó teorizar la concepción del *contrato* como base de toda autoridad política y social. Esta idea de sociedad civil expresa la autonomización de lo social con respecto a lo político y lo estatal. En la sociedad civilmente organizada, "civilizada", los seres humanos son entendidos no como miembros de una comunidad, sino como individuos, sujetos autónomos (véase J.L. Acanda, *Sociedad Civil y Hegemonía*. CIDCCJM. La Habana. 2002. pp. 136-137). Esta es la idea de sociedad civil que presenta Hegel en su *Filosofía del Derecho*. Para este autor, el concepto de *Bürgerliche Gesellschaft* (que podemos traducir como "sociedad civil burguesa") ya no designa a la *societas civilis* separada del "estado de naturaleza", sino a la imbricación mutua de los individuos en la prosecución de sus intereses privados. Es decir, su relación como *burgeois* (burgueses) y no como *citoyen* (ciudadanos). Hegel comprende la sociedad civil como una sociedad de individuos propietarios, iguales ante la ley, y poseedores de una libertad igual y general que interactúan en el espacio de mercado en beneficio propio, la aceptación de la tesis liberal de la propiedad como principio y fundamento de la libertad esté plenamente presente en Hegel. Para Hegel la sociedad civil burguesa es el "sistema de las necesidades" donde los hombres se relacionan entre sí como propietarios, por medio de sus relaciones con cosas; ver párrafo 40 de: G.W.F. Hegel, *Principios de la filosofía del derecho*. Edhasa. Barcelona. 1987.

La concepción de Locke que considera a todos los hombres como miembros al objeto de ser gobernados y solamente a los hombres poseedores como miembros al objeto de gobernar, como "ciudadanos", se expresa en el Estado liberal temprano en la diferenciación entre los principios de "igualdad frente la ley" aplicable a todos los sujetos y el acceso a los "derechos" limitado sólo a los propietarios. Todos los hombres están obligados a cumplir la ley pero sólo los propietarios, o "ciudadanos", son los que pueden, a través del poder legislativo, gobernar y decidir si tienen o no tienen que pagar impuestos y, en su caso, cuáles; así como beneficiarse claramente de la protección de los derechos, puesto que el reconocimiento del derecho ilimitado de propiedad conlleva el no respeto de los derechos y libertades de los no propietarios.

El derecho a la propiedad constituye el centro de gravedad del sistema constitucional, mientras que el resto de derechos son considerados como aquellos que organiza el Estado, con el fin y la misión de salvaguardar y garantizar el primero. Se establece un papel preponderante del derecho a la propiedad sobre los otros derechos cuya función es simplemente: en primer lugar, una función de *coexistencia*, de ser elemento de coordinación o mediación en una sociedad de privados propietarios; y, en segundo lugar, una función de *garantía*, de constituirse como la forma bajo la cual el derecho de propiedad pueda ser reconocido y respetado universalmente.

Hardt y Negri[40] ponen un ejemplo del efecto del derecho de propiedad sobre el resto de disposiciones de la Constitución norteamericana al referirse al modo en que en el texto constitucional se transforma el significado del derecho a portar armas. En la tradición angloamericana de los siglos XVII y XVIII, el derecho a portar armar era concebido como el derecho colectivo de resistencia a obtener y defender la libertad frente al poder despótico, llamando a la constitución de ejércitos populares o milicias populares en contraposición de los ejércitos permanente, considerados como necesariamente tiránicos. Con la aprobación de la constitución norteamericana y de la segunda enmienda, esta tradición fue eliminada dando al derecho a portar armas un significado totalmente opuesto al originario: cada cuál es enemigo

---

40 M. Hardt y T. Negri, *Common Wealth. El proyecto de una revolución del común*, Akal, Madrid, 2011, pp. 26-27.

de todos los demás; cada cual debe estar atento a aquellos que quieren robar su propiedad. El derecho a portar armas se convierte en un derecho individual de conservación de la propiedad[41]. Como señalan Hardt y Negri, de la transformación del derecho a portar armas en defensa de la propiedad privada se desprende una inversión generalizada de todos los conceptos constitucionales centrales.

Asimismo, el propio concepto de libertad en toda su integralidad, que en su libro *Sobre la Revolución*, Hannah Arendt[42] estableció como un concepto propio de los orígenes de la revolución norteamericana la cual funda su legitimidad en la evidente capacidad de los actores de la revolución para actuar libremente, asegurando el poder y la libertad por la vía de la fundación de diferentes espacios físicos e institucionales de poder y contrapoder para el ejercicio continuado de la libertad política, termina siendo eliminada y reducida a una libertad de mercado funcional a la propiedad y el capitalismo.

En el caso de la Revolución francesa, construida inicialmente alrededor del concepto de igualdad, se produce también un proceso similar caracterizado por la progresiva adquisición de centralidad del derecho a la propiedad, en paralelo a una progresiva formalización y funcionalización al mismo de la noción originaria igualdad. Por un lado, el derecho a la propiedad es redactado en términos idénticos en las tres primeras constituciones (art. 2 de la Constitución de 1789 y art. 1 de las de 1793 y 1795), aunque si bien en 1789 y 1793 el derecho a la propiedad está vinculado al derecho de "resistencia a la opresión", en 1795 ya sólo está relacionado con la "seguridad". Y, por otro lado, en cuanto a la igualdad, si bien en el art. 6 de la Constitución de 1789 y el art. 4 de la de 1793, la igualdad es definida como un derecho básico de todo sujeto (y por tanto, se aplica también a la propiedad), en el art. 6 de la de 1795 el mandato de igualdad está subordinado a la ley de la mayoría de los "ciudadanos" o de sus representantes. La igualdad se torna cada vez más formal y definida como una estructura legal que protege la riqueza y refuerza el poder apropiativo y posesivo del individuo propietario[43].

---

41 Ibíd. p. 27.

42 H. Arendt, *Sobre la revolución*, Revista de Occidente, Madrid, 1967. Reeditado por Alianza, Madrid, 1988.

43 M. Hardt y T. Negri, op. cit. pp. 27-28.

En resumen, no cabe duda que en el Estado liberal temprano la propiedad no se convierte en un derecho más sino en un derecho-totalidad a partir del cual se estructuran el resto de derechos y se ordena la sociedad, en tanto se vuelve la clave constitutiva e interpretativa fundamental de la organización social, política y económica.

2.2. El trabajo como derecho constituyente del Estado social

Cuando aquí hablamos de Estado Social nos referimos a la forma de organización jurídico-política de los estados del capitalismo central a partir de la Segunda Posguerra Mundial[44].

La consolidación del Estado social implicó: a. una extensión de los procesos participativos y de representación; y, b. el reconocimiento de derechos y prestaciones sociales destinadas a reducir las desigualdades sociales y garantizar unos mínimos de bienestar social y económico a todas las personas.

Ahora bien, aquello que definió al Estado social, que hizo de éste un modelo auténtico y diferenciado de otros modelos organizativos anteriores o de otras áreas geográficas que compartían con él ciertos caracteres (mayores niveles de participación, providencialismo, papel activo del Estado en la economía, etc.), es que el Estado social construyó y organizó la extensión de la participación y la representación, así como el reconocimiento y garantía de derechos y prestaciones sociales, en torno al trabajo. El trabajo productivo se conformaba en el componente fundamental que constituía y estructuraba la ciudadanía política y social. Constituciones como la de la República española de 1931 empieza su primer artículo señalando "*España es una República democrática de trabajadores de toda clase*", o como la de la República italiana de 1947, establece también en el art. 1: "*Italia es una República democrática fundada en el trabajo*". El trabajo es, en el Estado

---

44 Diferenciamos esta forma plena o madura de Estado social de otros modelos y que, por diferentes razones no alcanzaron a estabilizarse sostenidamente en el tiempo y para los que suelen reservarse otras denominaciones como estado providencialista, estado asistencial, etc. (Sobre los orígenes y definición del Estado social puede verse: A. Noguera y A. Guamán, *Lecciones sobre Estado social y derechos sociales*, Tirant lo Blanch, Valencia, 2014.

social, el elemento fundante y determinante de la ciudadanía y del sistema de relaciones políticas y económicas.

a) La extensión de los procesos participativos y representativos en torno al trabajo.

Las razones que explican, en la primera mitad del siglo XX, el paso del estado monoclase liberal a un estado plural no fueron una convicción moral de los poderosos de la necesidad de abrir procedimientos colectivos de toma de decisiones políticas que incluyeran la participación de todos los ciudadanos considerados como suma de individuos, sino la celebración de un pacto entre los agente sociales que representaban a las dos parte del conflicto central en aquel momento, el conflicto Capital-trabajo.

La coyuntura histórica de amenaza de expansión de las ideas y el movimiento socialista en Europa occidental, por un lado, y el fracaso de las revoluciones centro-europeas, por otro lado, condujo a una situación de "empate catastrófico" entre las dos partes que se saldó en un pacto implícito entre ambas conocido con el nombre de Estado social.

Ello explica que la construcción de la democracia en el Estado social no se hiciera sobre un conjunto de instrumentos participativos que actúen como métrica de la agregación de voluntades individuales (referéndums, consultas, etc.), sino sobre un modelo neocorporativo donde las políticas sociales eran fruto de la negociación y concierto entre Estado, empresarios y sindicatos (o entre partidos organizados a partir de la patronal y los sindicatos).

La construcción jurídico-constitucional de este pacto se plasmó en: a) el reconocimiento del trabajo como sujeto sociológico (libertad de sindicación y de creación de nuevos partidos de masa, organizados a partir de los sindicatos); y, b) el reconocimiento de instrumentos de acción específicos que permitan una procedimentalización del conflicto integrada en el interior del sistema (huelga, negociación colectiva y otros derechos del conflicto social).

El reconocimiento e integración dentro de la Constitución del conflicto capital-trabajo es, por tanto, lo que define la democracia propia del Estado social. La estructuración en el Estado de la participación política no se hace alrededor de los ciudadanos, sino de los agentes representativos del trabajo (sindicatos y partidos políticos de masas organizados alrededor de ellos) en régimen de monopolio.

Este modelo funcionó durante el tiempo (de finales de los años cuarenta a mediados de los años setenta del s. XX) que el llamado "obrero-masa" era el único exponente de asalarización y los grandes partidos socialdemócratas y las grandes centrales sindicales representaron, en Europa, los intereses corporativos de una amplia parte de la población, sin embargo, esto cambia durante las últimas décadas.

Al cambiar, con el paso de las sociedades fordistas a las posfordistas, la forma de organización del trabajo, cambia también las formas de conflicto y negociación y, por tanto, de organización de los trabajadores. La figura clásica del sindicato es, en la actualidad, un instrumento válido de actuación en el ámbito estrictamente industrial-laboral, pero incapaz de abarcar la amplitud y complejidad del nuevo espacio de actuación, "lo social", y sus múltiples formas de trabajo. El trabajo autónomo precario de subsistencia, al carecer de una contraparte colectiva, ha salido de facto de la historia secular de conflictos laborales y del sistema de derechos construido a partir de la legitimidad de esos conflictos[45]. Ello impide que la acción sindical pueda utilizarse para reivindicaciones que vayan más allá de las formas clásicas de asalarización, descartándose, por tanto, su capacidad de abarcar la totalidad del amplio ámbito "lo social".

Asimismo, este fenómeno coincide con la disolución de la conciencia de clase en la población y la progresiva desidentificación clasista de los partidos socialdemócratas, convertidos en meras maquinarias electorales vacías de contenido y programa ideológico, cuyo único objetivo es la simple reproducción de su condición de representantes.

Todo ello ha causado incapacidad de las estructuras clásicas construidas alrededor del trabajo productivo de representar, en la actualidad, a una cada vez mayor cantidad de ciudadanos situados fuera de los marcos del trabajo formal (desempleados, autónomos, precarios, etc.) y que no tienen otros mecanismos de participación, lo que deriva en una crisis del modelo de democracia construido en el Estado social.

b) El reconocimiento y garantía de derechos y prestaciones sociales en torno al trabajo.

---

45 Sobre ello, ver: S. Bologna, *Crisis de la clase media y posfordismo*, Akal, Madrid, 2006.

En el marco del Estado social la condición que determinaba el acceso a la gran mayoría de los derechos sociales era la condición de trabajador oficialmente remunerado.

En el siglo XIX, las leyes de pobres ofrecían un tipo de ayuda social o prestaciones no contributivas. A partir de ellas, las instituciones de caridad daban, a cambio de nada, alimentos o dinero a aquellos más necesitados, normalmente mendigos. En el siglo XX, en cambio, los derechos sociales no fueron prestaciones no contributivas sino, principalmente, contributivas y de base profesional.

El Estado social no fue una actualización de las leyes de pobres del siglo XIX, sino que una forma de organización y gestión del salario diferido de los trabajadores a tiempo indefinido, en una sociedad del pleno empleo.

Los derechos sociales eran fruto de las cotizaciones originadas y financiadas por todos los trabajadores, que más que ir destinadas a ayudas asistenciales no contributivas contra la pobreza u otros casos de extrema necesidad, secundarias en el marco del Estado social, servían para que las agencias públicas estatales establecieran un sistema de indemnización automático o semiautomático de derechos adquiridos por la condición de asalariado como previsión de riesgos que eran considerados, literalmente, como extraordinarios, tanto en lo que se refiere al desempleo (escaso y coyuntural en aquella sociedad del pleno empleo) como a la jubilación (considerada un corto y excepcional periodo después de la vida activa y con escasas opciones vitales en ella)[46].

Fijémonos que el propio concepto de "parado" se consideraba, en este ciclo fordista, como algo totalmente diferente a la pobreza tradicional. Esta era una categoría formal que recogía a los asalariados que, coyunturalmente, se encontraban privados de empleo, pero que, en ningún caso, se podía confundir con la indigencia de la que se debían encargar las oficinas de ayuda social a los excluidos[47].

---

46 L.E. Alonso, *La crisis de la ciudadanía laboral*, Anthropos, Barcelona, 2007, p. 71.

47 R. Salais, N. Baverez y B. Beynaud, *La invención del paro en Francia*, Ministerio de Trabajo y Seguridad Social, Madrid, 1990; citado por L.E. Alonso, op. cit. p. 72.

Así pues, los derechos y la protección social estaban diseñados como un sistema de transferencia y solidaridad entre generaciones y situaciones laborales. Fijémonos que para poder acceder a la mayoría de derechos sociales (prestación de desempleo, jubilación, vacaciones pagadas, seguro de enfermedad, tarjeta de la seguridad social para acceder a la sanidad, etc.) debía ostentarse la condición de trabajador. En España, por ejemplo, no fue hasta la Ley 14/1986, General de Sanidad y el denominado "decreto de universalización" (RD 1088/1989), que se empezó a articular un modelo caracterizado por la progresiva "deslaboralización" subjetiva del derecho a la salud, reconocido a todas las personas con independencia de su participación en el mercado de trabajo.

En consecuencia, lo que otorgaba acceso a los derechos sociales era la condición de trabajador oficialmente remunerado. El trabajo industrial y la forma salario era el mecanismo de integración al Estado social. Los derechos sociales no eran, entonces, universales (aunque sí tenían efectos universales en un segundo circuito asistencial). En una sociedad donde la carrera profesional era, preferentemente masculina, el hombre adulto cabeza de familia era el elemento forjador de la ciudadanía social. La mujer que no trabajaba (o trabajaba en el hogar con un reconocimiento social menor y sin cobrar), al igual que cualquier otra generación familiar se consideraba "a cargo del cabeza de familia" y adquiría sólo garantías ciudadanas de manera derivada o indirecta. Su ciudadanía era una ciudadanía vicaria, fragmentada y dependiente[48].

En conclusión, se diseñan unas instituciones y mecanismos de seguridad social de tipo industrial neocorporativo, donde las políticas sociales eran expresión del concierto entre Estado, empresarios y sindicatos, es decir una seguridad social diseñada sobre las relaciones laborales y sobre problemas del mercado de trabajo. Ello permite entender que no es por casualidad que la transformación del modelo de capitalismo a partir de la década de 1970 en adelante y la llamada crisis del trabajo consecuencia de la transformación de la sociedad fordista de pleno empleo con trabajadores asalariados, por una sociedad

---

48 D. Méda, *Le temps des femmes*, Flammarion, París, 2002; citado por L.E. Alonso, op. cit. p. 72.

posfordista caracterizada por la multifragmentación o multiactividad nómada del trabajo con múltiples formas de trabajado "autónomo" no asalariados, precario y desempleo, haya implicado una crisis del Estado Social, tanto como forma de organización política, como de generación de bienestar. En el momento en que la forma trabajo-salario entra en crisis como forma general de retribución en una relación de trabajo, entró en crisis también el sistema jurídico-social construido a partir de ella. En tanto que el trabajo era el derecho constituyente o fundante a partir del cual se ordenaba en modelo de ciudadanía política y social del Estado social, en el momento en que el derecho al trabajo deja de ser un derecho universal y millones de personas no tienen acceso a éste, el modelo pierde eficacia en tanto sistema capaz de garantizar representatividad política y bienestar social.

3. ¿QUÉ DERECHOS SON CONSTITUYENTES Y CUALES CONSTITUCIONALES?

No hay de antemano derechos constituyentes o constitucionales, la naturaleza de cada derecho puede cambiar en función del papel que cada uno de ellos juega en el entramado de la realidad constitucional. Todos los derechos pueden ser constituyentes o constitucionales.

Fijémonos en el siguiente ejemplo: los derechos de la naturaleza reconocidos en la Constitución de la República del Ecuador (CRE), de 2008[49], ¿son derechos constituyentes o constitucionales?

Pues depende. Ellos, como cualquier otro derecho, pueden ser interpretados y aplicados de dos maneras distintas: desde una concepción de subjetivización y judicialización de la naturaleza (concepción formalista de los derechos de la naturaleza) o desde una concepción

---

49 El 10 de abril de 2007, con 91 de 130 votos, la Asamblea Constituyente de Ecuador introdujo, en el texto de la Constitución de la República que estaba elaborando, el reconocimiento de la naturaleza como sujeto de derechos. El texto constitucional final reconoce, en su art. 10, a la naturaleza como sujeto de derechos autónomos y desarrolla éstos en el Capítulo séptimo del Título II (Derechos de la naturaleza). Además, al otorgar a los derechos de la naturaleza aplicabilidad directa (art. 11.3) e igual jerarquía (art. 11.6) que el resto de derechos constitucionales, ubica los derechos de la naturaleza en posición de plena igualdad con los derechos de los seres humanos.

de transformación integral del sistema y sus modos de vida, constituyéndose como derechos constitucionales en el primer caso y constituyentes en el segundo. Detengámonos un poco en este ejemplo.

3.1. La interpretación de los derechos de la naturaleza como derechos constitucionales: la concepción formalista

En la primera (la concepción formalista de los derechos de la naturaleza), la incorporación de los derechos de la naturaleza en la realidad constitucional, no se hace desde una lógica de ruptura con el modelo de desarrollo económico y productivo dominante, sino desde una lógica de ampliación de los derechos históricamente propios de los humanos a un nuevo sujeto (la naturaleza) pero sin transformar un sistema cultural de relaciones económico-sociales antropocéntrico donde los humanos se conciben como propietarios, ocupantes y administradores de la naturaleza. Ello implica la irrupción de un nuevo sujeto (la naturaleza) con capacidad de operar y defenderse en el marco de relaciones bilaterales, de disputas específicas entre dos partes y cuya victoria se da cuando la autoridad judicial interviene, en un caso concreto, para reconocer su existencia y reparar posibles daños que se le han causado pero siempre en el marco de estructuras culturales heredadas antropocéntricas que hacen que los derechos de la naturaleza sólo puedan constituirse en derechos de resistencia pero no de transformación.

Esta concepción parecería que es la que se está imponiendo en Ecuador donde se produce el doble fenómeno siguiente:

Por un lado, la Constitución, a través del reconocimiento de la naturaleza como sujeto de derechos y de otorgarle garantías normativas y jurisdiccionales, equipara la naturaleza a una persona-ciudadano en capacidad jurídica y capacidad de obrar que puede defenderse frente a una agresión, integrándola en el espacio jurídico de relaciones intersubjetivas. Desde el punto de vista formalista o jurídico constituirse como sujeto de derecho supone, en primer lugar una consecuencia *sustancial*, esto es reconocerle derechos, lo que lleva implícito el establecimiento de una esfera privada de protección [el "mínimo existencial ecológico" (ökologische Existenzminimum)][50] y una obligación de las

---

[50] R. Scholz, "Nichtraucher contra Raucher", *Juristische Schulung*, 1976, p. 234.

autoridades públicas de establecer límites y obligaciones a terceros así como mecanismos de protección de tales; y, en segundo lugar, una consecuencia *procedimental* que implica tres elementos adicionales más: legitimación para interponer acciones legales en su defensa a través de sus representantes[51], tutela judicial efectiva y posibilidad de recibir una compensación, en forma de restitución o indemnización, por un derecho vulnerado.

Pero, por otro lado, la subjetivización de la naturaleza en el marco de un espacio de relaciones de los humanos entre sí y de estos con su entorno, pero sin que este espacio se haya transformado culturalmente para dejar de tener el modelo de desarrollo-crecimiento económico y productivo basado en un, así llamado, "capitalismo extractivista"

---

51 Teniendo en cuenta que los ríos, los parques naturales, el aire o las ballenas no pueden hablar ni interponer un recurso, estos deberán actuar, al igual que se hace con los seres humanos menores de edad o incapacitados, a través de un representante o tutor. De acuerdo con la Constitución, esta vocería o representación de la naturaleza puede ser ejercida por dos actores: la administración pública (a través de una *Defensoría del ambiente y la naturaleza*) o los ciudadanos. El art. 399 de la Constitución dice "El ejercicio integral de la tutela estatal sobre el ambiente y la corresponsabilidad de la ciudadanía en su preservación, se articulará a través de un sistema nacional descentralizado de gestión ambiental, que tendrá a su cargo la *defensoría del ambiente y la naturaleza*". Por otro lado, la Constitución otorga también a los ciudadanos la legitimidad activa para interponer acciones jurisdiccionales en defensa de los derechos de la naturaleza. La anterior Constitución de 1998 restringía la posibilidad de ejercer la acción constitucional sólo a aquellas personas que actuaran "por sus propios derechos" (art. 95), hecho que es difícil de demostrar en el caso de derechos que tienen una dimensión no individual sino colectiva como el medio ambiente. La Constitución del 2008, por el contrario, en su art. 86.1, referido a las garantías jurisdiccionales, dice: "Cualquier persona, grupo de personas, comunidad, pueblo o nacionalidad podrá proponer las acciones previstas en la Constitución". Para el caso concreto de la naturaleza, el art. 97 dice: "Toda persona, comunidad, pueblo o nacionalidad podrá exigir a la autoridad pública el cumplimiento de los derechos de la naturaleza". Y, el art. 397.1 añade: "Para garantizar el derecho individual y colectivo a vivir en un ambiente sano y ecológicamente equilibrado, el Estado se compromete a: Permitir a cualquier persona natural o jurídica, colectividad o grupo humano, ejercer las acciones legales y acudir a los órganos judiciales y administrativos, *sin perjuicio de su interés directo*, para obtener de ellos la tutela efectiva en materia ambiental (...)". De ello se entiende que cualquier persona física, jurídica o grupo humano puede iniciar una acción jurisdiccional para la protección de los derechos de la naturaleza independientemente si están a o no afectados directamente sus derechos propios.

de Estado[52] como modelo imperante, hace que la naturaleza acceda a este espacio en condición no de igualdad sino de dominada, pudiendo sólo aspirar a la resistencia, a ser menos agredida, pero no a la imposición. Ello provoca que el reconocimiento constitucional de los derechos de la naturaleza se haya traducido o minimizado a un aumento de la judicialización o litigiosidad en materia medioambiental[53], lo que implica una ampliación en el grado de protección o control sobre los abusos medioambientales, pero no en una transformación estructural del sistema en intrínseca relación con el concepto de Sumak kawsay[54], ni en una redefinición o refuncionalización medioambiental de los otros derechos, por eso decimos que los derechos de la naturaleza se han acabado constituyendo en Ecuador como derechos constitucionales pero no como derechos constituyentes.

---

52 Sobre ello, véase A. Acosta, "Ecuador: el neoextractivismo al ritmo de la revolución ciudadana", *Revista CEPA*, No. 15. Colombia, 2013, pp. 40-46.

53 Después del reconocimiento constitucional de la naturaleza como sujeto de derechos, los jueces del país han emitido diversas sentencias donde se interpreta el daño ambiental per se, el daño causado a la naturaleza, como un daño autónomo y diferente del daño civil ambiental. Puede verse, por ejemplo, el caso Nelson Alcívar y otros contra oleoducto de crudos pesados (OCP) Ecuador S.A. (2009) [Sala Única de la Corte Superior de Justicia de Nueva Loja. Resolución al Recurso de Apelación, dictado dentro de la causa 218-2008-S-CSJNL, el 29 de julio de 2009, dentro del juicio por daños y perjuicios seguido por Nelson Domingo Alcívar Cadena y Ab. Ernesto García Fonseca, Procurador Judicial de los señores José Amaguay y otros; en contra de Oleoducto de Crudos Pesados (OCP) Ecuador S.A.]; o Marcelo Franco Benalcázar vs. Oleoducto de Crudos Pesados (OCP) Ecuador S.A. (2010) [Sentencia dictada el 26 de enero de 2010 por el Juez Vigésimo Segundo de lo Civil de Pichincha]. Y, otras donde se resuelve a favor de ríos y en contra de la Administración pública. Un ejemplo de ello es sobre todo, la sentencia de la Sala Penal de la Corte Provincial de Loja, de 30 de marzo de 2011, donde se resuelve a favor del río Vilcabamba y se condena al Gobierno Provincial de Loja por el impacto ambiental producido por la obra de ensanchamiento de la carretera Vilcabamba-Quinara que depositó grandes cantidades de piedras y material de excavación sobre el río.

54 Vid. M. Navas, "Buen Vivir, desarrollo y participación en la Constitución ecuatoriana. Encuentros y desencuentros con el paradigma del Estado social", en G. Pompeu, M. Carducci, M. Revenga (Coords), *Direito Constitucional nas Relações Económicas: entre o crescimento e o desenvolvimento humano*, Lumen, Rio de Janeiro, 2014, pp. 421-462.

3.2. *La interpretación de los derechos de la naturaleza como derechos constituyentes: la concepción sistémica*

La interpretación y aplicación de los derechos de la naturaleza desde la segunda de las concepciones planteadas, como transformación integral del sistema, hubiera implicado una redefinición de la acción del Estado y del concepto y operar de todos los demás derechos como forma de relación de las personas entre sí y con su entorno. Esta era la voluntad del constituyente ecuatoriano.

Cuando en el preámbulo de la Constitución de 2008 se señala: "Celebrando a la naturaleza, la Pacha Mama, de la que somos parte y que es vital para nuestra existencia (...) decidimos construir una nueva forma de convivencia ciudadana, en diversidad y armonía con la naturaleza, para alcanzar el buen vivir, el *sumak kawsay*", no se hace referencia a la inclusión de la naturaleza en el espacio humano como una pieza más que se relaciona individualmente en el marco de relaciones intersubjetivas protegiendo su interés individual (concepción formalista de los derechos de la naturaleza). La concepción de la naturaleza como un sujeto aislado más, de acuerdo con la concepción kantiana del derecho, que protege su interés individual en el marco de relaciones intersubjetivas no es válida, ni es tampoco la que estableció el constituyente. Esta puede llegar a ser válida para piezas individuales (los individuos) pero no para bienes públicos colectivos. En las relaciones intersubjetivas cada sujeto se comporta egoístamente, un árbol no se puede individualizar y pensar que tiene un interés individual.

Por tanto, cuando en el preámbulo de la Constitución se establece la frase señalada, se hace referencia a la inclusión de la naturaleza en el espacio humano, no como un átomo individual que protege su interés en el marco de relaciones intersubjetivas, sino como un nuevo marco de convivencia. Se trata una virtual "relocalización del centro desde el Estado hacia la naturaleza" o lo que Carducci ha denominado "un viraje biocéntrico"[55], que tiene implicaciones y consecuencias de todo orden en el plano político, cultural, social y económico, confrontando abiertamente al modelo de capitalismo y consumo des-

---

[55] Ibíd., p. 452, citando a M. Carducci, "La Constituzione come 'ecosistema' del nuevo constitucionalismo delle Ande", en Silvia Bagni (Coord.) *Dallo Stato del bienestar allo Stato del buen vivir*, Filodiritto Editore, Bologna, 2013, p. 13.

enfrenado y redefiniendo el concepto y operar de todos los demás derechos y políticas públicas.

De manera inmediata se nos viene a la cabeza como el derecho a la propiedad de la tierra quedaría redefinido y limitado cuando la conducta del propietario altere los procesos regulativos (deforestación, pesticidas altamente tóxicos, etc.) o cuando con monocultivos perjudiquen la biodiversidad, pongan en peligro especies o agoten a la tierra; como el derecho a la propiedad intelectual también replanteando el patentamiento de animales y plantas, porque éstos no pertenecen a ningún humano, sino a la naturaleza; o como el derecho a la libertad de empresa quedaría también redefinido limitándose aquellas actividades industriales que causen mayor daño medioambiental; sin embargo, como señala Zaffaroni[56], la interpretación y aplicación de los derechos de la naturaleza desde la segunda de las concepciones aquí planteadas, como transformación sistémica integral, abre un nuevo capítulo en la historia de redefinición de todos nuestros actos y relaciones cotidianas, respecto del cual nuestra imaginación es pobre, porque nos movemos aún dentro del paradigma que niega derechos a todo lo no humano.

Interpretados y aplicados desde esta concepción, los derechos de la naturaleza sí se configurarían en auténticos derechos constituyentes.

4. LA PARTICIPACIÓN COMO DERECHO CONSTITUYENTE EN EL NUEVO CONSTITUCIONALISMO LATINOAMERICANO

Al igual que los demás derechos, los nuevos derechos de participación recogidos en las nuevas constituciones latinoamericanas pueden desempeñar dentro del sistema constitucional una función de derechos constituyentes o de derechos constitucionales. Veremos a continuación, cuales son aquellos elementos que hacen que los nuevos mecanismos de democracia participativa operen de una u otra forma, y cuál de estas dos formas pretendían darles los distintos constituyentes estatales en el marco del nuevo constitucionalismo latinoamericano.

---

56 E.R. Zaffaroni, "La Pachamama y el humano". En A. Acosta y E. Martínez (eds.), *La naturaleza con derechos. De la filosofía a la política*, Abya Yala-Universidad Politécnica Salesiana, Quito, 2011, p. 136.

4.1. Los elementos que determinan la forma de los nuevos mecanismos de participación como derechos constituyentes o constitucionales

Aquellos elementos que determinan el carácter constituyente o constitucional de los nuevos derechos de participación son: la motivación de los derechos de participación; las fases de las políticas públicas en que opera la participación; y sus consecuencias en la organización y conformación social. Si bien los presentamos aquí por separado con una única intención analítica, en la práctica los tres elementos aparecen mezclados de manera indisociable entre ellos, determinándose los unos a los otros.

4.1.1. La motivación de los nuevos derechos de participación: motivación ideológica y motivación técnica

En el caso de los derechos de participación como derechos constituyentes, se basan en una motivación ideológica. Toda ideología implica la suma de "conciencia" y "acción", en correspondencia con estos dos elementos, respectivamente, la defensa de los mecanismos de democracia directa con motivación ideológica está estrechamente vinculada a dos aspectos:

Uno, a la crítica al orden estatal y económico liberal. Aquí los procesos participativos no son solamente la construcción de un sujeto colectivo participante como "cuerpo electoral" formal con la finalidad de "ser consultado en" o "formar parte de" los procesos decisorios del Estado, sino que son movimiento donde el sujeto colectivo se construye a partir del conflicto estructural con los propios principios de organización política de la sociedad y formas de distribución de la riqueza social. El sujeto colectivo se construye a partir de un antagonismo estructural contra el sistema.

Y otro, a la concepción de la participación como estrategia de transición. Ello implica entender la participación como "desbordamiento" de las estructuras estatales, las instituciones políticas y sus relaciones de distribución, para reorganizar formas alternativas de apropiación, gestión, organización y dirección de recursos y procesos sociales y políticos.

En resumen, la participación con motivación ideológica es la politización de los diferentes tipos de escasez o precarización social, de la que emana una acción colectiva participante que desborda los espacios institucionales estatales para crear nuevas realidades.

Por el contrario, los nuevos derechos de participación concebidos como derechos constitucionales tienen una motivación técnica. Aquí los mecanismos participativos se conciben, básicamente, como técnica de corrección frente a las desviaciones de la democracia representativa. El desgaste y deslegitimación de esta última ha puesto periódicamente sobre la mesa el debate de los mecanismos de democracia participativa. La participación se concibe en este sentido no tanto como una alternativa totalizante al modelo de democracia liberal-representativa sino como a instrumentos técnicos que posibilitan parchear este modelo con elementos tomados del área de la democracia directa. Por tanto, se trata de elementos técnicos correctores capaces de revitalizar los desgastados esquemas del modelo liberal-representativo[57].

Para poner un ejemplo, podemos ubicarnos en la Constitución de la República de Weimar. La fuerte crisis por la que estaban atravesando los esquemas parlamentarios, hizo que diversas técnicas de la democracia directa, como el referéndum, reaparecieran entonces como uno de los correctivos más adecuados a la tarea de reconstrucción racionalista del parlamentarismo ("parlamentarismo racionalizado"). Max Weber se refería, en *Economía y Sociedad*, al referéndum como "un instrumento de desconfianza frente a Parlamentos corrompidos". Esta era pues la nueva intención instrumental o la nueva funcionalidad correctora, no trasformadora, con que empezaban a ser pensadas tales técnicas de participación[58].

4.1.2. Las fases de las políticas públicas en que opera la participación: decisión e implementación

Los mecanismos de participación toman la forma de derechos constitucionales cuando sirven para "completar" o "perfeccionar"

---

57 Sobre ello, ver A. Garrorena, "Teoría y práctica española del referéndum", *Anales de la Universidad de Murcia*, Vol. XXXI, núm. 3-4, p. 88.

58 Ibíd.

una decisión tramitada e implementada por el Estado. La participación abarca aquí, por tanto, la fase decisoria pero no la de implementación de políticas públicas que se considera algo despolitizado propio del ámbito técnico-administrativo. En el marco de un Estado social intervencionista, la participación, entendida de esta forma, implica reproducir un modelo estatal de implementación de políticas públicas basado en la idea de *Daseinsvorsorge*, propio del constitucionalismo europeo de posguerra.

Por el contrario, los mecanismos de participación en su forma de derechos constituyentes abarcaran tanto la fase decisoria como la fase de implementación de políticas públicas, sustituyendo la idea de la *Daseinsvorsorge* por un modelo de construcción deliberativa y comunitaria del bienestar. Detengámonos en ello.

Para la teoría constitucional de mediados del siglo XX, y utilizando dos de los conceptos creados por E. Forsthoff (1938)[59], el principal elementos novedoso y definitorio del Estado social fue la concepción del Estado como servidor de la idea de *Daseinsvorsorge* y, por tanto, la configuración de la Administración pública como una *leistende Verwaltung*. El concepto de *Daseinsvorsorge* es difícil de traducir literalmente, pero podríamos decir que expresa una actividad que tiene relación con el cuidado de existencia o con la vida humana en su sentido más pleno. Mientras que la otra expresión, *leistende Verwaltung*, es ya de más fácil traducción, en cuanto que *Verwakung* significa Administración, y *leistende* es un adjetivo derivado del verbo *leisten*, que quiere decir abastecer, proporcionar. Se trata, pues, de la Administración que abastece, que proporciona, que actúa directamente para poder abastecer y proporcionar bienes y servicios a los administrados. En consecuencia, el Estado social se caracterizó por la procura existencial de los ciudadanos desde y por la Administración pública.

---

59 Sobre los conceptos de *Daseinsvorsorge* y *leistende Verwaluing*, vid. L. Martín-Retortillo, "La configuración jurídica de la administración pública y el concepto de *daseinsvorsorge*", *Revista de Administración Pública*, No. 38, Madrid, 1962, pp. 35-65; ver también Roman Ringwald, *Daseinsvorsorge als Rechtsbegriff: Forsthoff, Grundgesetz und Grundversorgung*, Peter Lang Verlag, Frankfurt, 2007.

Aquí la creación de bienestar viene de arriba, el Estado es el sujeto emisor de políticas públicas y la estructura social el objeto de las mismas. Este fue un modelo que depositó todo el peso de la implementación de políticas bajo la arquitectura directa del Estado, haciéndole responsable solitario del *Daseinsvorsorge*. Había una relación vertical entre políticas públicas y estructura social. La participación se reducía a la toma de decisiones mientras que la implementación de las políticas públicas se consideraba, como hemos señalado, algo despolitizado propio del ámbito técnico-administrativo. En este contexto los mecanismo participativos pueden adoptar la forma de derechos constitucionales pero no la de derechos constituyentes.

Frente a este modelo, cuando la participación opera como derecho constituyente, la construcción social del Estado no se hace bajo la responsabilidad solitaria del aparato estatal sino a partir de la generación de una estructura social activa, deliberativa, comunitaria y autogestionada, que opera como espacio colectivo de construcción e implementación de las políticas de bienestar. La participación actúa en el plano decisorio macro, interviniendo en los procesos decisorios políticos, económicos, medioambientales, etc. de los distintos niveles de gobierno, pero también en el plano micro, donde los ciudadanos asumen el papel de organización, implementación y autogestión colectiva de las políticas públicas[60].

Existen múltiples experiencias de construcción desde el Estado de estructuras comunitarias de implementación y autogestión colectiva de las políticas públicas, ya sea bajo la forma de cooperativas o de estructuras comunitarias barriales.

Las misiones en Venezuela son ejemplo de implementación de programas sociales rompiendo con la vieja organización administrativa asistencialista. El asistencialismo viene caracterizado por una red estatal de donaciones materiales sin retorno y sin interacción. Donaciones que se hacen individualizadas y adscritas en los casos más agudos

---

60 Sobre ello, véase F. Palacios, "Constitucionalización de un sistema integral de derechos sociales. De la *Daseinsvorsorge* al *Sumak Kawsay*", en R. Ávila, A. Grijalva y R. Martínez (eds.), *Desafíos constitucionales. La Constitución ecuatoriana de 2008 en perspectiva*, Ministerio de Justicia y Derechos Humanos, Quito, 2008, p. 53.

de clientelismo. Sin embargo, las Misiones en Venezuela tienen como objetivo generar estructura comunitaria en los fines y en los mecanismos técnicos para su implementación, configurándose como elementos pro-activos para el desarrollo[61].

En Cuba existen también experiencias históricas y recientes. La Campaña Nacional de Alfabetización desarrollada en Cuba en 1961, coordinada y controlada desde la Comisión Nacional de Alfabetización y Educación Fundamental e implementada por Brigadas de alfabetización que integraban miles de jóvenes y maestros desplazados a todos los rincones del país con el manual *Alfabeticemos* y las cartillas *Venceremos* bajo el brazo, es un ejemplo de ello. Más recientemente, durante los 90, transcurren en la isla importantes experiencias comunitarias, en su mayor parte acciones comunitarias al interior de agrupaciones barriales.

Respecto a estas últimas experiencias, se trata de proyectos de desarrollo comunitario que se extienden en el escenario de la crisis económica de los 90, y que tienden a llenar espacios de coordinación y gestión que el Estado ya no puede satisfacer con eficacia. Sin embargo, no podemos definirlos como contestatarios al Estado, al contrario, en la mayoría de los casos, el Estado les ha prestado apoyos vitales para su existencia. Dos factores contribuyeron decisivamente a la creación de tales proyectos: 1) la nueva demarcación territorial definida por los Consejos Populares, la cual propició el redescubrimiento del barrio o la creación del mismo. Los barrios tradicionales o nuevos constituyen un nuevo espacio local que es, a la vez que una extensión del sistema político, el espacio de los movimientos comunitarios; y, 2) el desarrollo de los *Talleres de Transformación Integral de Barrio* (TTIB), creados, de modo experimental, en 1988 por el *Grupo para el Desarrollo Integral de la Capital* (GDIC) y después extendidos en numerosos barrios de la ciudad de La Habana y del país, y los *Grupos Gestores Comunitarios* (GGC). Tales Talleres o Grupos, compuestos por sociólogos, arquitectos, trabajadores sociales, técnicos de la construcción, líderes naturales del barrio, etc. tienen por función: organi-

---

[61] Sobre estas últimas, vid. F. Palacios. "La ruptura constitucional del Estado precario: los derechos sociales en el nuevo constitucionalismo iberoamericano. La especificidad del modelo venezolano", Àgora. Revista de Ciencias Sociales, No. 14, Fundación CEPS, Valencia, 2006, pp. 116-117.

zar y movilizar a la comunidad, promoviendo su participación en la solución de problemas comunitarios desde su etapa inicial; introducir soluciones alternativas aprovechando las potencialidades de las instituciones docentes, investigativas, culturales, etc., del barrio; coordinar con los diferentes actores sociales para la solución de los problemas comunitarios; asesorar técnica y metodológicamente al Consejo Popular en el diseño de su plan estratégico.

Realizan su trabajo a partir del planeamiento estratégico comunitario, como planificación flexible a mediano plazo, con la participación popular que estimulan a través de métodos de educación popular, técnicas grupales y participativas que permiten la identificación, análisis y toma de decisiones sobre los problemas comunitarios; así como las acciones a realizar y su evaluación, lo que posibilita elaborar la estrategia de transformación sobre la base de la acción de los vecinos[62]. Sobre algunos ejemplos de movimientos vecinales barriales: el Proyecto "Nuevo Horizonte" en el barrio la Timba, el movimiento de los horticultores de Santa Fe, el proyecto de la Manzana de Holguín, el Proyecto Comunitario del barrio El Condado de Santa Clara, el proyecto comunitario del barrio de Atarés en La Habana, etc.[63]. Éstos han servido por ejemplo, para que el fomento de la actividad constructiva en la ciudad de La Habana se llevara a cabo a través del fomento de las microbrigadas vecinales de construcción de viviendas.

4.1.3. Las consecuencias en la organización y conformación social

No cabe duda que cuando en la historia reciente de América Latina se ha producido una des-identificación de la política con las instituciones del Estado y su re-identificación con la acción colectiva de

62 Sobre el movimiento comunitario en la Cuba de los 90, vid. H. Dilla, A. Fernández y M. Castro, "Movimientos barriales en Cuba: un análisis comparativo", en A. Vázquez y R. Dávalos (compiladores), *Participación social. Desarrollo urbano y comunitario. I Taller de Desarrollo Urbano y Participación*, Ed. Facultad de Filosofía e Historia/Departamento de Sociología, Universidad de La Habana, diciembre de 1996, p. 66.

63 Para un análisis detallado de cada una de estas experiencias comunitarias, ver A. Noguera, *Derecho y hegemonía. Un estudio socio-jurídico de la Cuba actual*. Ediciones Cooperativas, Buenos Aires, 2007, pp. 275-286.

los movimientos sociales y la sociedad civil organizada, han resultado inevitablemente procesos de transformación. Ello es así puesto que las formas y los lugares de la política se han constituido siempre en estrecha relación a las formas de redistribución de los recursos económicos y materiales. Mientras que los lugares tradicionales de la política (instituciones del Estado) y sus sujetos (partidos políticos institucionalizados) han sido siempre la forma que articula la producción y reproducción del *statu quo*; los lugares "salvajes" de la política (espacios de auto organización ciudadana) y sus sujetos (movimientos sociales y sociedad civil organizada) son, en cambio, la forma que problematiza la reproducción del *statu quo*, y la transforma[64].

Cuando los mecanismos de democracia participativa tienen una motivación técnica y operan sólo en la fase decisoria pero no en la de implementación de políticas, la consecuencia que se produce no es nunca una des-identificación de la política con las instituciones del Estado y su re-identificación con la acción colectiva sino más bien, una reproducción de lo contrario: la subsunción de los mecanismos participativos en la mecánica del Estado.

Como señala Pedro de Vega, al actuar los mecanismos participativos como instrumentos a través de los cuales se perfecciona un acto, que sin la intervención popular no existiría como acto jurídico, lo que en realidad se está haciendo es integrar la voluntad del pueblo como voluntad de Estado. Dicho más claramente, la voluntad del pueblo expresada mediantes las múltiples formas de participación no es una voluntad autónoma y libremente ejercida, sino un requisito más del procedimiento técnico estatal que, conjuntamente con otros, se incorpora a esa realidad superior que es el Estado. Con lo cual la contradicción entre democracia representativa y democracia participativa queda resuelta a través la subsunción del pueblo en el Estado[65].

Esta concepción organicista de los mecanismos de participación implica la conversión de la soberanía del pueblo en soberanía estatal. La negación de toda lógica autónoma a un sistema político asimilado íntegramente por el Estado convierte la expresión de lo social en lo

---

64 L. Tapia. *Política Salvaje*, CLACSO / Muela del Diablo, La Paz, 2008, pp. 53-69.

65 P. De Vega, *La reforma constitucional y la problemática del Poder Constituyente*, Tecnos, Madrid, 1985, p. 111.

estatal. La soberanía, el pueblo, encuentra en el Estado no ya un instrumento, sino su consagración, transfiriéndole sus propios atributos.

Así pues, la consecuencia de esta concepción organicista de los instrumentos participativos no es la autonomización de la política del aparato de Estado sino su fortalecimiento, lo que ratifica la condición de los derechos de participación como derechos constitucionales pero no constituyentes.

Al tratarse de un paradigma participativo con tendencia centralista, este introduce ciertas modificaciones en los procedimientos decisorios pero sin implicar una ruptura con la lógica de creación, aplicación y funcionamiento de normatividad social tradicional, estructurada en tres niveles:

- El primero, el de los órganos y personas autorizadas para dictar la normatividad en una sociedad. Si bien se complementa y perfecciona con la intervención popular las decisiones de los órganos representativos, no hay una ruptura con el imaginario social de quiénes "están autorizados" y quiénes no (autoridades-súbditos), para imprimir sentido jurídico a sus actos y palabras y, por tanto, a determinar lo que está permitido y prohibido en la sociedad.
- El segundo, el de los órganos y personas autorizadas para interpretar, opinar y aplicar la normatividad dictada por el primer nivel. Al continuar la implementación de las políticas públicas como una cuestión no política sino técnica, en manos de órganos técnico-administrativos, consagra los mitos y ficciones entorno a quienes son sujeto y quienes objeto de las políticas.
- Y, el tercero, el de las interacciones entre los usuarios de la normatividad social. La participación concebida no como acción sino como simple manifestación periódica de opinión acerca de la acción estatal no implica la consagración de nuevas formas de organización societal capaces de transformar lo "público" en lo "común".

A la inversa, cuando los mecanismos participativos tienen una motivación ideológica y operan en la fase decisoria pero también en la fase de implementación desde la autonomía y la acción comunitaria autogestionada, las consecuencias que se producen son totalmente distintas, dándose aquí sí, una redefinición de los tres niveles alrededor de los cuales se estructura la lógica de creación, aplicación y funcionamiento de normatividad social:

- El primero nivel se redefine mediante la reordenación del espacio público participativo en el contexto de las nuevas formas de organización y participación social de las que emergen nuevas concepciones del sujeto de referencia en la vida pública. Se deja atrás el individuo ciudadano sobre el que se construye el concepto abstracto de nación, entendida, de acuerdo con la concepción francesa, como un contrato entre individuos que disponen del derecho individual al sufragio y a la opinión, ejercido ocasionalmente en las elecciones o más periódicamente mediante mecanismos participativos como referéndums o consultas, pero siempre en una lógica verticalista; para construir nuevos sujetos colectivos participantes que empoderan los ciudadanos y los ubican, en los procesos decisorios, de igual a igual frente al poder, rompiendo la distinción autoridad-súbdito en la producción de normatividad social.
- El segundo nivel sería también redefinido mediante la construcción de una acción colectiva comunitaria que saque la implementación de políticas públicas del restringido ámbito de actuación de técnicos y profesionales y lo pase a la deliberación y práctica popular. Entonces serían los miembros de la comunidad en sus luchas por sus reivindicaciones quienes participarían directamente en la solución de sus necesidades y en la construcción social de lo común;
- Y, finalmente, habría una redefinición del tercer nivel, mediante la aceptación como fuente generadora de normatividad de nuevas prácticas sociales infra-estatales propias de los movimientos sociales (prácticas de economía popular o de democracia asamblearia basadas en la búsqueda de consenso de las que se deriva una dinámica fluctuante en la praxis de lo cotidiano asentadas sobre nuevos valores como la denominada "ética de la alteridad"66, etc.); lo que conllevaría la redefinición de la ordenación práctico-procedimental de las relaciones entre unos y otros sobre la base de una nueva acción política comunitaria y autogestionada.

---

66 Véase E. Dussel, *Ética Comunitaria*, Ediciones Paulinas, Madrid, 1986.

Parece claro pues, que una participación colectiva energizada con motivaciones ideológicas, operativa en la fase decisoria e implementadora de las políticas públicas y programas sociales y trasformadora de la organización y conformación social, no se configura como un simple derecho más, sino como la clave de bóveda de la que emana el ejercicio universal en plenas condiciones de igualdad de los demás derechos y la creación de nuevos patrones de interacción social y económica. En este sentido, los nuevos derechos de participación rompen la indistinción Estado-gobierno y se configurarían como auténticos *derechos constituyentes*.

4.2. La voluntad constituyente en los recientes procesos latinoamericanos: la participación como derecho constituyente

Como hemos explicado hasta aquí, la constitucionalización de la participación en los recientes textos constitucionales de la zona andina de América Latina podría haberse hecho de maneras distintas.

Sin duda, una manera hubiera podido ser un reconocimiento de mecanismos de democracia participativa que no rompieran con el sujeto universalizado de referencia en el constitucionalismo liberal: el individuo como unidad libre y autónoma; concibiendo la participación como la simple posibilidad de incorporar los intereses propios de los ciudadanos a la decisión de los poderes públicos estatales sin la acción mediadora de los partidos políticos. No obstante, tanto por la experiencia vivida en el propio desarrollo de las Asambleas Constituyentes, como de la lectura de las Constituciones resultantes, se evidencia que la voluntad constituyente en estos países iba mucho más allá de esta concepción.

A lo largo del texto, las nuevas constituciones latinoamericanas, pero más en particular las recientes de Venezuela, Ecuador y Bolivia, subjetivizan y empoderan a una multitud y plural variedad de sujetos colectivos, descentralizando, incluso, en ellos distintas competencias de decisión e implementación que tradicionalmente han correspondido al Estado y adaptando la estructura económica y productiva a la organización de lo colectivo. Ello debería llevar a consecuencias importantes sobre la organización política y económica de la sociedad y de ellas, los constituyentes eran plenamente conscientes haciendo de los mecanismos de participación verdaderos derechos constituyentes.

4.2.1. Subjetivización y empoderamiento de los sujetos colectivos

En la historia del constitucionalismo liberal, la construcción de la identidad jurídica, la construcción del sujeto, se ha hecho siempre alrededor de una noción de sujeto puramente individual. Ni los pueblos, ni las comunidades, ni las naciones sin Estado, ni la clase social, no han sido nunca subjetivizados constitucionalmente como sujetos de referencia alrededor de los cuales se ha ordenado social, política y económicamente una sociedad históricamente determinada y la vida de los individuos que viven en ella. El sujeto de referencia del constitucionalismo liberal, tanto en la vida privada, como en la vida pública, ha sido siempre, el individuo: en la vida privada, el individuo propietario que inter-actúa en el mercado. Y, en la vida pública, el individuo ciudadano sobre el que, de acuerdo con la concepción surgida de la Revolución francesa, se construye el concepto abstracto de nación entendida como un contrato entre individuos que disponen del derecho individual al sufragio.

La razón de que el sujeto de referencia en el constitucionalismo liberal sea el individuo entendido como unidad libre y autónoma, es obvia. Como todos sabemos, para poder celebrar un contrato se tienen que dar dos características: la igualdad y la libertad.

En primer lugar, cualquiera puedo celebrar un contrato con otra persona de su misma condición, pero no puede con un menor de edad o un incapacitado, por qué no están en una situación de igualdad jurídica.

Y, en segundo lugar, para que uno pueda celebrar un contrato de compra-venta, éste debe tener libre capacidad de obrar y disponer sobre el objeto del contrato. Cualquiera puede vender su coche, pero no el de otro, ya que no tiene libre capacidad de obrar y disponer sobre el último.

Si esto lo aplicamos a la sociedad. En una sociedad conformada por individuos iguales jurídicamente y con libre capacidad de obrar y disponer, estos pueden constituirse permanentemente en parte de contratos. En consecuencia, el contrato se convierte en la categoría fundamental de la vida social. Tenemos una sociedad conformada por piezas aisladas (los individuos titulares de sus derechos naturales individuales) que se interrelacionan entre ellos a través de contratos, lo que constituye la base del proceso de acumulación del capital. La subjetivización, en el constitucionalismo liberal, del individuo como sujeto de referencia[67] determina una forma concreta de organizarse política y económicamente y no otra.

Sobre este esquema es totalmente posible incorporar mecanismos de democracia participativa, capaces de generar procesos de participación de los ciudadanos en el ámbito decisorio estatal, manteniendo intacta la separación entre estado, mercado y sociedad propia del modelo político-económico liberal. Suiza, en cuya Constitución se incluyen muchos instrumentos de democracia directa, es ejemplo de ello.

Ahora bien, en contraposición a esta visión individualista, las nuevas constituciones latinoamericanas, aunque en distintos grados, harían una apuesta fuerte por articular la participación no alrededor de los individuos sino de los sujetos colectivos organizados, llevando a cabo: 1. el reconocimiento constitucional de la pluralidad de sujetos colectivos como sujetos con capacidad de intervenir activamente en los ámbitos político, económico, medioambiental y social; y, 2. descentralizando competencias decisorias, de gestión, implementación y

[67] Quizá, los únicos intentos, en la historia del constitucionalismo capitalista, de subjetivización, en la Constitución, conjuntamente con el individuo, de un sujeto colectivo como actor político con capacidad de intervención en el proceso de decisión política general, fueron la Constitución de Weimar de 1919 y la Constitución italiana de 1947. Estas constituciones, que fueron las que establecieron el Estados social en Alemania e Italia, aparte de reconocer el trabajo simplemente como derecho, recogían, también, una concepción de "trabajo" de matriz sociológica, entendiendo el trabajo como una de las estructuras asociativas que conforman la sociedad. Por tanto, reconocían el "sujeto trabajo", esto es, la clase obrera organizada en sindicatos, como sujeto político colectivo participante en las decisiones políticas estatales. A la vez que le otorgaban instrumentos para que pudieran participar: los consejos en Alemania, la huelga política, la negociación colectiva, etc. Sin embargo, en Alemania, la Constitución de Weimer fracasó, y en Italia, esta subjetivización constitucional de la clase obrera como sujeto colectivo, nunca fue desarrollada legislativamente, nunca fue dotada de contenido y, por tanto, se quedó en papel mojado (Sobre ello, véase G. Maestro, *La Constitución del Trabajo en el Estado Social*, Comares, Granada, 2002).

control de políticas públicas y programas sociales en ellos, adaptando la estructura productiva y económica a la organización de lo colectivo y otorgándoles competencias procesales para la acción colectiva en defensa de intereses ante el sistema judicial.

a) El reconocimiento constitucional de los sujetos colectivos participantes

El referido ya art. 95 de la Constitución ecuatoriana de 2008 establece: "Las ciudadanas y ciudadanos, en forma individual y colectiva, participarán de manera protagónica en la toma de decisiones, planificación y gestión de los asuntos públicos, y en el control popular de las instituciones del Estado y la sociedad, y de sus representantes, en un proceso permanente de construcción del poder ciudadano. La participación de la ciudadanía en todos los asuntos de interés público es un derecho, que se ejercerá a través de los mecanismos de la democracia representativa, directa y comunitaria". Además, dentro del Título IV (Participación y organización del poder) capítulo primero (Participación en democracia), se incluye una sección segunda denominada "organización colectiva" donde se especifica expresamente: "se reconocen todas las formas de organización de la sociedad, como expresión de la soberanía popular para desarrollar procesos de autodeterminación e incidir en las decisiones y políticas públicas y en el control social de todos los niveles de gobierno. Las organizaciones podrán articularse en diferentes niveles para fortalecer el poder ciudadano y sus formas de expresión; deberán garantizar la democracia interna, la alternabilidad de sus dirigentes y la rendición de cuentas".

De manera similar, el art. 26. I de la Constitución boliviana de 2009 dice: "Todas las ciudadanas y los ciudadanos tienen derecho a participar libremente en la formación, ejercicio y control del poder político, directamente o por medio de sus representantes, y de manera individual o colectiva". Este artículo es desarrollado por la Ley No. 341 de participación y control social, de 5 de febrero de 2013, que en su art. 6 señala como sujeto principal de la participación y el control social a la "sociedad civil organizada", en el interior de la cual identifica, el art. 7, los siguientes tipos de actores: "1. Orgánicos. Son aquellos que corresponden a sectores sociales, juntas vecinales y/o sindicales organizados, reconocidos legalmente; 2. Comunitarios.

Son aquellos que corresponden a las naciones y pueblos indígena originario campesinos, las comunidades interculturales y afrobolivianas, y todas las reconocidas por la Constitución Política del Estado, que tienen su propia organización; y, 3. Circunstanciales. Son aquellos que se organizan para un fin determinado, y que cuando el objetivo ha sido alcanzado, dejan de existir".

El texto constitucional venezolano de 1999 articula también la participación en lo que en varios de sus artículos denomina "sociedad civil organizada" o "comunidad organizada" (arts. 84, 166, 182, 185, 293.6, etc.), refiriéndose a las organizaciones sindicales (art. 95), asociaciones de carácter social y participativo como las cooperativas, cajas de ahorro, mutuales y otras formas asociativas (art. 118), organizaciones vecinales (art. 182), organizaciones no gubernamentales (art. 184.2), organizaciones indígenas (art. 119) y un largo etcétera. Además, la Constitución de Venezuela (arts. 173 y 184.6) establece el mandato al legislador de crear nuevos sujetos de la descentralización a nivel de las juntas parroquiales, los barrios, las vecindades y las organizaciones inframunicipales que se creen en ejercicio de la libre auto organización vecinal, así como la creación de organizaciones, cooperativas y empresas comunales (art. 184.5).

b) El empoderamiento de los sujetos colectivos participantes

Como decimos, este reconocimiento constitucional va acompañado de:

- Por un lado, de la transferencia o descentralización de competencias decisorias, de gestión, implementación y control de políticas públicas y programas sociales en las distintas formas de la organización colectiva. En el caso venezolano, por ejemplo, el art. 70 de la Constitución dice que "son medios de participación y protagonismo del pueblo en ejercicio de su soberanía, en lo social y económico: las instancias de atención ciudadana, la autogestión, la cogestión, las cooperativas en todas sus formas incluyendo las de carácter financiero, las cajas de ahorro, la empresa comunitaria y demás formas asociativas guiadas por los valores de la mutua cooperación y la solidaridad". A la vez, el art. 184 prevé que la ley reguladora del nivel municipal deberá promover la transferencia a la sociedad civil organizada en sus múltiples y plurales formas de competencias en materias tan diversas como salud, educación, vivienda, deporte, cultura, programas sociales, ambiente, prevención y protección vecinal, construcción de obras y prestación de servicios públicos, así como su participación en la formulación de propuestas de inversión. En consecuencia, las competencias no se descentralizan a la estructura estatal descentralizada sino directamente al pueblo para su auto organización y autogestión. Se establece por tanto, en el texto constitucional, las bases de un proceso mediante el cual las competencias estatales y el mercado son absorbidas por la organización colectiva comunitaria y autogestionaria.

- Por otro lado, de la adaptación de la estructura económica y productiva a la organización de lo colectivo. A modo de ejemplo, dentro de la sección primera (Formas de organización de la producción y su gestión), del capítulo sexto, del Título VI de la Constitución ecuatoriana, el art. 319 reconoce como formas de organización de la producción en la economía a las comunitarias, cooperativas, empresariales públicas o privadas, asociativas, familiares, domésticas, autónomas y mixtas, estableciendo el mandato de "promover" aquellas formas de producción que garanticen el "buen vivir" de la población y "desincentivar" las otras. Teniendo en cuenta que el "buen vivir" o "Sumak Kawsay" es un concepto de origen quichua que apela a cómo los seres humanos deben darse un sistema de convivencia basado en una relación de respeto y armonía con la naturaleza y en la gestión colectiva y comunitaria de los asuntos públicos, la Constitución fija el mandato al Estado de adaptar la estructura económica y productiva a las formas colectivas de organización (cooperativas, comunitarias, etc.). Ello viene reforzado por el siguiente artículo (art. 320) que dice que "en las diversas formas de organización de los procesos de producción se estimulará una gestión participativa, transparente y eficiente".
- Y, finalmente, del reconocimiento de competencias procesales que permitan la penetración de lo colectivo en el sistema judicial para su autodefensa. Por ejemplo, la Constitución de Bolivia de 2009, en el mismo sentido, también señala en su art.

14.3, como titulares de los derechos a todas las personas y a todas las "colectividades", ya sean pueblos indígenas u organizaciones sociales. Y, dentro del Título cuarto sobre las garantías de los derechos, permite que estas puedan ejercerse individual o colectivamente.

4.2.2. Consecuencias sobre la organización política y económica de la sociedad

La distinta naturaleza de aquellos sujetos colectivos organizados que han integrado la sociedad civil durante las décadas de los 80, 90 y 2000 en Europa y América Latina, ha provocado que la transferencia-delegación del protagonismo en la implementación de políticas públicas a la sociedad civil, haya tenido o tenga resultados muy distintos en ambas regiones. Un resultado mercantilizador y por ende desdemocratizador en la Europa de los 90 y un resultado democratizador en la América Latina actual.

En Europa, durante los 80-90 se abandona el modelo trabajo-centrista del estado social de posguerra donde el trabajo se concebía como categoría única y central para entender la sociedad y como lugar de integración social; y empieza a surgir nuevos procesos de desconcentración de las políticas públicas hacia nuevas y diversos ámbitos de desigualdad (políticas públicas de igualdad de género, medioambientales, de derechos de los extranjeros, de lucha contra la exclusión social, etc.).

Los autores de corte neoliberal agrupados bajo el llamado modelo de *Welfare mix* o de "división social del bienestar"[68], defendieron que tal restructuración de los sistemas de protección social sólo podía funcionar si se hacía también y a la vez, una restructuración del sistema institucional que debe intervenir para implementar la protección social.

---

68 N. Johnson, *El Estado de bienestar en transición. La teoría y la práctica del pluralismo de bienestar*, Ministerio de trabajo y seguridad social, Madrid, 1987); P. Hirst, *Associative democracy. New forms of economic and social governance*, Oxford Polity Press, Oxford, 1994; P. Hirst, *From statism to pluralism. Democracy, civil society and global politics*, UCL Press, Londres, 1997.

Las viejas instituciones y sus mecanismos de seguridad social de tipo industrial neocorporativo, donde las políticas sociales eran expresión del concierto entre Estado, empresarios y sindicatos, es decir una seguridad social diseñada sobre las relaciones laborales y sobre problemas del mercado de trabajo, ya no son útiles para intervenir e implementar las nuevas formas de protección social (exclusión, políticas de género, medioambiental, etc.). El nuevo sistema de protección social sólo puede funcionar, afirmaban, si se cuenta con un sistema mucho más amplio, descentralizado, articulado alrededor de una pluralización de las agencias y actores (tercer sector, familia, redes informales, empresa privada, etc.) que elaboran servicios y prestaciones de bienestar de manera conjunta y sin dar prioridad a ninguno de ellos.

Debe darse, según los autores citados, la sustitución del "Estado del bienestar" por una "sociedad del bienestar", donde las políticas de igualdad ya no coinciden con las políticas públicas, la protección social ya no coincide con las instituciones estatales, sino que es implementada por una pluralidad de actores e instrumentos públicos, empresas privadas y asociaciones (fundaciones, ONG, asociaciones, etc.) o redes informales (el "buen vecino", la familia, etc.) que pasan a prestar servicios sobre todo, en materia de asistencia social, protección a la vejez, a los pobres o marginados, etc. Por eso se define a éste como un modelo de *Welfare* mix o de "división social del bienestar".

Tal descentralización o redistribución del poder y responsabilidad de la igualdad entre diferentes actores públicos, privados y particulares, implica varios problemas. Uno es que se abren nuevas oportunidades de inversión para el sector privado que gana terreno en detrimento del Estado, de lo que se deriva una mercantilización de muchos servicios de protección social. Otro, respecto al tercer sector es que muchas veces la frontera entre la intervención asociativa y la mercantil resulta difusa, pero incluso cuando no es así, el tercer sector sólo puede paliar mediante la solidaridad determinados déficits de forma discrecional o parcial, pero sin constituir nunca derechos legales de ciudadanía. Además, en cuanto a la familia o las redes informales, una familia sobrecargada de responsabilidades de cuidado existencial sobre sus miembros le obliga, en la mayoría de casos, a terminar desplazando parte de éstos hacia el mercado. Con lo cual, la idea de un pluralismo de agencias y actores diferentes que elaboran servicios y prestaciones de bienestar-igualdad de manera conjunta y sin dar prioridad a ninguno de ellos fue, en realidad, un falso pluralismo o un "pluralismo sesgado en favor del mercado"[69]. La delegación-transferencia del protagonismo en la implementación de políticas públicas a la sociedad civil, tuvo en la Europa de los 90 un resultado mercantilizador y por ende desdemocratizador.

En América Latina, la naturaleza de los sujetos colectivos participantes ha sido durante las últimas décadas totalmente distinta. Si tuviéramos que definirlos de alguna manera podríamos decir que estos sujetos colectivos comparten algunos rasgos con los que se denominaron "nuevos movimientos sociales" (NMS) altermundistas, nacidos en Porto Alegre, que crearon los fórums sociales y concentraciones inmensas en casi todo el mundo, pero presentan también, una diferencia fundamental respecto a ellos.

La semejanza entre ambos tipos de movimientos sociales la encontramos en que las dos implantan entre sus miembros y en los espacios que ocupan, una nueva cultura alternativa y emancipadora de las relaciones sociales, nuevas prácticas sociales basadas en la democracia de base, la autogestión, la auto-organización, la solidaridad, el respeto a la diversidad, etc., lo que conlleva una redefinición de la ordenación práctico-procedimental de las relaciones entre unos y otros y de todos con la naturaleza.

Pero, sin embargo, la amplia mayoría de sujetos colectivos organizados más activos durante las últimas décadas en Latinoamérica se diferencian claramente de los NMS en su composición sociológica y en el contenido de sus reivindicaciones y prácticas. Mientras los primeros eran movimientos de composición interclasista y cuyos gestos simbólicos parecían constituir su principal finalidad, como es el caso de las sentadas (*sit-in*) y las performances teatrales; los sujetos colectivos latinoamericanos tienen como base social una población claramente empobrecida que reivindica y lleva a cabo, sin la intermediación del Estado, acción directa destinadas a cubrir, de manera comunitaria y autogestionada, sus necesidades materiales básicas y redistribuir riqueza (reapropiación de tierras, de viviendas, de centros de trabajo, etc.).

---

[69] J.A. Noguera Ferrer, "Conclusiones. La reestructuración de la política social en España", en J. Adelantado, *Cambios en el Estado del bienestar*, Icaria-UAB, Barcelona, 2000, p. 487.

Ante la incapacidad de las instituciones y del Derecho oficial de cubrir las necesidades básicas de subsistencia y de una vida digna de los individuos o grupo de personas, desde el marco de la sociedad civil o de su cotidianidad, muchas personas, organizadas y apoyadas en la acción de organizaciones comunitarias o movimientos sociales, se han convertido en instrumentos de auto-institución de nuevos derechos que les permitieran cubrir sus necesidades y materializarlas de manera directa sin la intermediación del Estado, generando así por cuenta propia situaciones de dignidad. Como señala A. C. Wolkmer, estos llamados nuevos derechos (vivienda, tierra, alimentos, cultura, territorio no destruido, etc.) no siempre serán enteramente nuevos, en realidad, a veces, lo "nuevo" es el modo de obtención de los mismos[70], que ya no pasa por las vías tradicionales estatales legislativa y judicial, sino por la vía de la auto organización y la materialización popular (auto ejecutabilidad o auto justiciabilidad).

Esta acción colectiva comunitaria, ha implicado durante las últimas décadas en la región: a) una pérdida de centralidad o declive del poder regulador del Estado (desestatalización de la regulación social); y, b) y la desorganización del Derecho oficial estatal al tener que coexistir con un Derecho popular no oficial dictado por múltiples legisladores fácticos; el Estado continuaba siendo una instancia habilitada para organizar políticamente la sociedad y prestar derechos y servicios a los ciudadanos, pero ahora ya no era la única instancia generadora de bienestar. El derecho ya no emergería sólo de la institucionalidad oficial sino también de las diversas formas del accionar popular, dando lugar por tanto, a una situación de pluralismo jurídico[71].

En resumen, podemos extraer la conclusión que teniendo en cuenta y siendo plenamente conscientes de la naturaleza claramente crítica y transformadora de los principales sujetos colectivos participantes de la región, el mandato constituyente de convertir a éstos en los agentes

---

70 C.A. Wolkmer, *Pluralismo jurídico. Fundamentos de una nueva cultura del derecho*, MAD, Sevilla, 2006, p. 144.

71 Algunos de los autores que más recientemente han teorizado el pluralismo jurídico en el sentido que aquí le estamos dando, como la emergencia desde el accionar comunitario de nuevas prácticas jurídicas autónomas emancipatorias, son, entre otros, Jesús Antonio de la Torre Rangel, Oscar Correas, Peter Fitzpatrick, Antonio Carlos Wolkmer, Boaventura de Sousa Santos, etc.

protagónicos de la participación, iniciando un proceso progresivo de sustitución de los poderes públicos y las formas de organización de lo económico-productivo tradicionales basadas en la propiedad (pública o privada) por los sujetos colectivos participantes y sus formas comunitarias de organización en el desempeño de las competencias, pone de manifiesto una clara voluntad de los constituyentes estatales de hacer de la participación, no un complemento de lo liberal-representativo, sino el principal instrumento de construcción de una nueva sociedad. De ahí que podamos afirmar que la voluntad de los constituyentes en el marco del nuevo constitucionalismo latinoamericano fuera conformar los nuevos derechos de participación como derechos constituyentes.

III. LOS NUEVOS DERECHOS DE PARTICIPACIÓN EN EL SISTEMA CONSTITUCIONAL ECUATORIANO DE 2008*

1. EL CONTEXTO INMEDIATO AL PROCESO CONSTITUYENTE DE 2007

La Constitución de 1998 surge como una respuesta frente a la crisis de representatividad del modelo liberal de democracia reflejada en una constante inestabilidad, así como a las demandas de una sociedad a momentos altamente movilizada. No obstante, la preocupación de las elites de derechas políticamente dominantes en esta coyuntura giraba alrededor de la consecución de la estabilidad política y económica[72]. Así, si bien, como respuesta a las demandas sociales planteadas a través de los sectores de izquierdas, que hicieron minoría en la Asamblea Constituyente de 1997, la Constitución de 1998 introdujo más derechos[73] y fue culturalmente sensible[74], en el ámbito económico, permitió refinar un modelo de distribución de los recursos sociales a cargo de las fuerzas del mercado, mientras que en el campo político preservó el sistema presidencialista y de partidos, con clara tendencia

---

* Los apartados primero, segundo y tercero han sido redactados por Marco Navas Alvear. El punto 3.4.6 ha sido redactado por Albert Noguera Fernández.

72 Según muestra Pablo Andrade en torno a la problematización de la reforma política, se habría producido una suerte de sinergia entre políticos defensores de una reinstitucionalización democrática que no afecte el estatus quo e intelectuales defensores del institucionalismo. El autor analiza por ejemplo el papel jugado por el proyecto "gobernabilidad" de la ONG CORDES liderada por Osvaldo Hurtado en el proceso constituyente del 2008 (P. Andrade, *Democracia y cambio político en el Ecuador. Liberalismo, política de la cultura y reforma institucional*, UASB-E/Corporación Editora Nacional, Quito, 2009, pp. 175-193).

73 En efecto, se amplió el catálogo de derechos económicos, sociales y culturales y se introdujeron los así llamados derechos colectivos de los pueblos indígenas, del ambiente y de los consumidores. Se consagraron además varios procedimientos de garantía, entre otros la acción de amparo frente a amenazas o violaciones de derechos constitucionales.

74 P. Andrade, *Democracia y cambio político en el Ecuador. Liberalismo, política de la cultura y reforma institucional*, op. cit., pp. 260-268.

a proteger el estatus quo de los actores dominantes. En el plano político se introducen sin embargo, algunos avances participativos, más a manera de mecanismos accesorios al sistema representativo que como derechos y bajo una estrategia de ampliación controlada de la participación con miras a contener las demandas sociales. Se incorporan así, la revocatoria del mandato, la iniciativa popular y la consulta como mecanismos restringidos, así como algunos elementos de transparencia e invocaciones a la participación.

La Constitución de 1998 no traería consigo la ansiada estabilidad sino por el contrario regiría la etapa más inestable del último período democrático. Una etapa tan inestable a nivel de la institucionalidad como fructífera a nivel de una sociedad civil que de manera informal iría generando nuevas comprensiones y demandas acerca del modelo de democracia deseable, uno más plural, incluyente y participativo.

Aunque la mayoría de estas comprensiones y demandas se generaron de forma inorgánica y dispersa, es decir por fuera de mecanismos formales de relación con el Estado, también bajo el nuevo esquema institucional inaugurado en 1998 surgen algunas iniciativas de participación que es importante destacar. La expedición en 1997 de la *Ley de Descentralización y Participación Ciudadana* dotó a los procesos participativos de una primera, aunque precaria, base para ser incorporados en distintas instituciones. En ese contexto hubo algunas iniciativas de participación que se desarrollaron por canales formales, con distintos niveles de efectividad, muchas a manera de experimentos. Entre otras, podemos mencionar:

- Dispositivos de deliberación y participación ciudadana aplicados a la democracia local, entre los que se destacan, el "Parlamento Indígena y Popular de Guamote", el "Comité de Gestión del Desarrollo Local" en Cotacachi, o iniciativas tendientes a diseñar un "Plan Participativo de Desarrollo Cantonal" en Saquisilí o Cayambe[75].

[75] Véase P. Castello, P. Muñoz y F. Ramírez, *Trayectorias y conversiones de la multitud de abril*, Documento de discusión, FES-ILDIS, Quito, 2006. Cabe agregar que según un estudio de CEPLAES, citado por Ramírez, se muestra que en 2006 entre el 15% y el 20% de las municipalidades habían desarrollado experiencias de gestión local participativa, aunque con una escasa institucionalización. Según el referido estudio, estas experiencias se localizan sobre todo en la Sierra (66%)

- Foros temáticos y redes sectoriales promovidas por una serie de actores de la sociedad civil participantes en el proceso constituyente de 1998, en asociación con la cooperación internacional y en ocasiones, con segmentos de las burocracias estatales. Entre otros se destacan foros como el "de la niñez", el "ambiental", el de "la deuda externa", el de "mujeres", el de la "política fiscal", el "contrato social por la educación", el foro "debate educación" y la "Coalición Acceso" que promovía la transparencia y el derecho de acceso a la información pública. Según destacan Castello, Muñoz y Ramírez: "Estos foros han dado lugar a redes sectoriales mixtas que producen colectivamente información e insumos técnicos para la elaboración de políticas, a la vez que controlan la acción estatal desde la óptica de los derechos ciudadanos"[76].
- Espacios de institucionalización de políticas de protección ciudadana basadas en derechos, como el de elaboración del Plan Operativo de Derechos Humanos durante los años 1997 a 1999, donde participaron diversos actores sociales como organizaciones negras, pueblos indígenas, personas LGTBI, trabajadoras sexuales, jóvenes, ecologistas y jubilados, entre otros[77].
- Se destaca también la creación de la Comisión Cívica de Control de la Corrupción (CCCC) "que nació —en gran medida por la presión ejercida desde los movimientos sociales y la opinión pública como resultado de las marchas de febrero de 1997— mediante Decreto Ejecutivo en marzo de tal año"[78]. La

---

y en mucha menor medida, en la Costa y la Amazonia (17% en ambos casos) (CEPLAES, *Experiencias de Participación Ciudadana y Defensoría del Pueblo en Ecuador*, CEPLAES, Quito, 2006. Citado por F. Ramírez, "Participación, control popular y poder social en la Reforma Democrática del Estado", documento, s/f).

76 P. Castello, P. Muñoz y F. Ramírez, *Trayectorias y conversiones de la multitud de abril*, op. cit. Sobre el proceso de promoción de la Ley Orgánica de Transparencia y Acceso a la Información (LOTAIP) consúltese, M. Navas "El derecho de acceso a la información pública en el Ecuador: una oportunidad para ampliar la democracia" en M. Navas y E. Villanueva, *Hacia una América Latina transparente, experiencias de Ecuador y México*, Coalición Acceso/PUCE/UNAM, Quito-México, 2004.

77 P. Castello, P. Muñoz y F. Ramírez, *Trayectorias y conversiones de la multitud de abril*, op. cit.

78 Ibíd., también véase A. Andreetti, F. Bustamante y L. Durán, *La sociedad civil en el Ecuador. Una sociedad civil eficaz más allá de sus debilidades*, Fundación Esquel/

CCCC fue luego institucionalizada en la Constitución de 1998 con participación mixta y competencias para investigar y prevenir el cometimiento de actos de corrupción.

- Espacios de deliberación como los "Parlamentos" o "Asambleas de los Pueblos" activados frente a coyunturas como la consulta impulsada por el gobierno de Durán Ballén para implementar reformas neoliberales, a la crisis provocada por la dolarización en el año 1999 y los meses previos a la caída del gobierno de Mahuad, o bien, en los años posteriores, frente a la apertura del Gutierrismo a las negociaciones para aprobar el TLC con los Estados Unidos[79].

Empero, si bien muchas expresiones participativas fueron canalizadas institucionalmente, por una parte gracias al renovado esquema constitucional y por otra a la iniciativa de ciertos actores que vieron en ellas oportunidades para profundizar la democracia, especialmente a nivel comunitario; no se puede desconocer que desde finales de los noventa hasta mediados de la década pasada la inestabilidad política en lugar de aliviarse se acentuó. La situación se agravó, llegando a una irreversible erosión y crisis constante. Es en este marco que ocurren las caídas presidenciales de Abdalá Bucaram en 1997, Jamil Mahuad en 2000 y Lucio Gutiérrez en 2005, luego de fuertes movilizaciones.

Así, a mediados de la década pasada, al irresponsable manejo del problema político por parte de las elites dominantes —con la complicidad de ciertos medios de comunicación y analistas que copaban el espacio de la opinión pública— parece imponerse intempestivamente otra forma de entender y hacer, no necesariamente novedosa sino forjada históricamente. En este contexto, la así llamada Revuelta de los Forajidos, que surge como expresión del hartazgo de la clase media quiteña frente al manejo oscuro y elitista de la crisis institucional y que acaba con la cesación del mandato del presidente Gutiérrez en abril de 2005, parece ser el punto de partida de algunos cambios en las dinámicas políticas[80]:

CIVICUS-Alianza Mundial para la Participación Ciudadana, Quito, 2006, p. 27.

79 M. Navas, *Lo Público insurgente. Crisis y construcción de la política en la esfera pública*, op. cit., caps. 3.6., 4.2.

80 Para profundizar en este fenómeno de acción colectiva conocido como la Revuelta de los Forajidos y sus efectos en el proceso político, véanse M. Navas, *Lo Público insurgente. Crisis y construcción de la política en la esfera pública*,

- Una forma radical de comprender la necesidad de cambio político, que valoriza la participación por sobre el reformismo. Esta nueva manera podría sintetizarse en un nuevo marco comprensivo que hemos denominado *demanda refundacional*[81].
- Aunque por contradicciones de su propia dinámica y errores políticos, movimientos sociales como el indígena que había jugado en el pasado un papel protagónico, declinaron ese protagonismo y fueron arrastrados en la crisis de representación. Estos dejaron no obstante instaladas variadas *demandas de participación* (en la forma de reclamos de justicia, por redistribución o reconocimiento, resistencias a violaciones de derechos, iniciativas de construcción compartida del sentido y del destino común) que son recuperadas por los ciudadanos movilizados.
- Si bien los movimientos siguieron impulsando estas demandas, estas ya no les pertenecían solo a ellos, sino que fueron apropiadas por segmentos sociales más amplios que se fueron politizando en el proceso. Esto pudo apreciarse ya en la campaña presidencial de 2006 y sobre todo durante el proceso constituyente de 2007. Es así que el potencial de movilización se amplificó, implicando no solo a los movimientos sociales sino a otros sectores como los ciudadanos de clases medias, quienes justamente cumplieron un rol protagónico en la Revuelta de los Forajidos en abril de 2005.
- Se transita así, de un ciclo político abierto en la última década del Siglo XX en donde predominó la participación contenciosa, a otro momento de articulación de propuestas y de institucionalización de otro modo de participación en clave transformadora, que inspira el proceso constituyente de 2007.

---

op. cit.; también, F. Ramírez, *La Insurrección de abril no fue solo una fiesta*, El Colectivo/Abya Yala, Quito, 2005.

81 Como hemos podido mostrar con un análisis de los marcos interpretativos manejados por actores que protagonizaron la Revuelta de los Forajidos, en ese espacio se logra articular lo que hemos denominado una demanda por refundar la República o "refundacional" que logra tras esta crisis política colocarse en el centro del debate público y cuyo rastro puede seguirse hasta el proceso constituyente de 2007. Véase M. Navas, *Lo Público insurgente. Crisis y construcción de la política en la esfera pública*, op. cit., pp. 461-464.

Lo que habría incitado en definitiva la movilización de 2005 es una puesta en público de la indignación, pero en el curso de los acontecimientos esta se transformaría en una suerte de *estado de ánimo* favorable al cambio[82], potencial que el candidato Rafael Correa logra capitalizar a su favor. Apoyado por un movimiento político nuevo, *Alianza País* (AP), Correa triunfa el 2006 sobre el populista de derechas Álvaro Noboa, recuperando la propuesta de organizar una Asamblea Constituyente, como espacio en el que se rediseñen las bases del Estado. En la dimensión política, la alternativa pasaba por institucionalizar un nuevo régimen de acceso al poder.

Así, la victoria de Correa en 2006, bajo este *estado de ánimo* parece condensar dos elementos. Por una parte, las demandas producto tanto de las luchas emprendidas por los movimientos sociales como de la recuperación de la conciencia política de los sectores medios. Por otra, una serie de interpretaciones sobre la realidad política distintas a las tradicionales de corte liberal institucionalista, centradas en el ideal de una "democracia participativa"[83]. Todo esto se expresaría en una terminante apuesta porque estas renovadas fuerzas entren a transformar el proceso político ecuatoriano.

Para lograr canalizar la fuerza de ese *estado de ánimo*, rompiendo las rutinas de la vieja política, Correa optó en campaña por no proponer candidatos al Congreso Nacional y en su lugar convocar a la Constituyente[84]. El decreto con la convocatoria lo suscribía el mismo día de su posesión (No. 002 del 15 de enero de 2007). Se trató así de lo que hemos llamado una "apuesta maximalista", alta y no exenta de riesgos, pero que permitió al nuevo régimen pasarse por encima de los grupos de poder tradicional representados en un Congreso que quedaría neutralizado en sus intentos de limitar los alcances del cambio.

---

82 Ibíd. pp. 405, 420, 472.

83 Andrade habla así, de que desde fines de la década de los noventa se había articulado una serie de interpretaciones distintas a las institucionalistas de corte liberal tradicionales sobre la realidad política, esto en torno a la idea fuerte de "democracia participativa" (P. Andrade, *La era neoliberal y el proyecto republicano. La recreación del estado en el Ecuador contemporáneo: 1992 - 2006*, UASB-E/Corporación Editora Nacional, Quito, 2009, p. 83.

84 M. Navas, *El gobierno Correa, entre dos tiempos*, en **¿LatINameriKaS?** *Chávez, Morales, Bachelet… wohin führt ihre Politik?*, Martin Meidenbauer Verlag, München, 2008, pp. 154 y ss.

A la vez, desde este maximalismo, el gobierno consolidaba un espacio comunicativo que le había permitido ganar las elecciones presidenciales y le aseguraría una sintonía directa con la mayoría de la sociedad en torno a la promesa del cambio[85].

En este contexto, el cada vez más ascendente discurso de transformación radical que había sido impulsado por intelectuales "movimientistas" urbanos vinculados al activismo y a los movimientos sociales[86] y catapultado por una indignación ciudadana que lo resemantiza[87], se apuntalaba como la alternativa a los intentos de reforma ensayados a lo largo de esta última etapa del período democrático hasta aquí caracterizada a grandes rasgos. A través de una alianza política más amplia que Alianza País consolida con el nombre de *Acuerdo País*, estos sectores obtendrían "representación política —en el futuro organismo legislativo"[88]. Bajo el epígrafe de *Revolución Ciudadana* acuñado por el nuevo régimen, este discurso se iría estructurando en torno a un proyecto de transformación, que como acertadamente ha señalado Andrade, "puede ser entendido como republicano"[89]. Los contornos de este proyecto pueden describirse de la siguiente manera[90]:

---

85 Dos lecturas acerca de este maximalismo pueden verse en Echeverría, "¿Maximalismo y reformismo en la gestión del gobierno de Correa?", en Revista *Entre Voces* No. 11, Grupo democracia y desarrollo local, Quito, abril - mayo 2007, pp. 16 - 20 y M. Navas, "El gobierno Correa, entre dos tiempos", op. cit.

86 P. Andrade, *Democracia y cambio político en el Ecuador. Liberalismo, política de la cultura y reforma institucional*, op. cit., p. 275.

87 M. Navas. *Lo Público insurgente. Crisis y construcción de la política en la esfera pública*, op. cit., caps. 4-7.

88 Pablo Andrade muestra cuidadosamente en este sentido como fue la participación de los intelectuales (a quienes llama "cierto tipo de profesionales de la creación de imágenes políticas") movimientistas y activistas, que en condiciones especiales y en una serie de ejercicios experimentales, alimentarían el proyecto de transformación (véase P. Andrade, "El reino (de lo) imaginario: los intelectuales políticos ecuatorianos en la construcción de la Constitución de 2008" op. cit., pp. 35-48).

89 Precisa Andrade que: «En el plano simbólico, entonces, el proyecto político republicano sirvió para generar una amplia coalición de fuerzas de izquierda, sectores organizados de clase media disidente y una gran variedad de otros grupos sociales, que a partir de 2006 impulsan la "Revolución ciudadana"» (Ibíd. p. 37).

90 Nos basamos en las descripciones formuladas al respecto por Andrade, Ibíd., y por René Ramírez, "Socialismo del Sumak Kausai o Biosocialismo Republicano" en *Alter Justitia. Estudios sobre Teoría y Justicia constitucional*, Maestría

Se parte de la identificación de una tensión entre dominación y soberanía, reivindicando esta última en sus dimensiones individual y sobre todo colectiva. La meta es construir una comunidad política, una *patria*, un Estado plurinacional, intercultural y no patriarcal, libre de condicionamientos de actores y corporaciones internas y de presiones externas. Para la construcción de esta *patria* se requiere que la relación entre ciudadanos y Estado sea intensa, y cuidadosamente construida e impregnada por libertades negativas pero también positivas (aquellas para cuyo ejercicio hay que crear condiciones).

En lugar de presuponer —como hace el liberalismo— una tensión entre individuo y Estado, se espera que los ciudadanos se articulen participativamente en la comunidad a través de un "comportamiento virtuoso", mismo que también deben exhibir los gobernantes, siendo por lo tanto, su actividad pública la que edifica esta "virtud cívica". No es extraña en este marco, la necesidad de un gobierno que represente la *res pública* y de un Estado fuerte como estructura que soporte este proceso constructivo de la *patria*.

2. LA PARTICIPACIÓN DURANTE LA ASAMBLEA CONSTITUYENTE DE 2007-2008

El 27 de abril de 2007 el gobierno de Acuerdo País gana el referéndum que aprueba la Constituyente con el 81% de los votos. En septiembre de ese año, se realizan las elecciones de asambleístas obteniendo este movimiento la mayoría absoluta de escaños (80 de 130 en total) con lo cual se convierte sin duda en el actor político central de la constituyente, proceso al que este actor llegaba ya fortalecido con una serie de alianzas con sectores de las izquierdas que se habían integrado en él[91] y otros que actuando de forma separada se aliarían a él

---

en Derechos Fundamentales, Universidad de Guayaquil, Guayaquil, 2011. Ver también R. Ramírez, *Socialismo del sumak kawsay o biosocialismo republicano*, SENESCYT, Quito, 2012.

91 Como fue ya referido, diversos actores se congregaron alrededor de este reforzado actor político, entre otros: el movimiento Nuevo País, liderado por Fernando Cordero con vínculos con el ex candidato presidencial Freddy Elhers, el movimiento Ruptura de los 25, quienes se integrarían momentáneamente con intelectuales y líderes barriales de clase media urbana vinculados largamente con

para respaldar temas puntuales[92]. Ese fue el caso también de muchos movimientos sociales.

Este actor político y sus aliados conformaron un espacio donde como referimos, se recuperó gran parte de las demandas sociales generadas en las pasadas décadas por los distintos sectores que respaldaban la Constituyente. De esta manera, estos actores, sobre todo Acuerdo País, respondían —desde su perspectiva— a la gran demanda global y dispersa de refundación del país. En la labor de sistematización de demandas y su conversión en propuestas constitucionales influyeron también intelectuales nacionales —integrados o no dentro de la alianza dominante— y extranjeros que participaron en los debates, como expositores o asesores[93].

El proceso constituyente de 2007-2008 en comparación con anteriores fue altamente participativo. Al complejo de Ciudad Alfaro, sede de la Asamblea Constituyente, llegaron más de mil delegaciones de una gran diversidad de organizaciones sociales. Se implementó además una variedad de mecanismos de deliberación e información como foros, talleres, mesas itinerantes, recepción de propuestas, mecanismos virtuales, cuyo impacto alcanzó a más de cien mil personas[94].

---

el MIE y disidentes de Pachakutik en Alianza Democrática, además de "caciques barriales" antiguamente cercanos al PRE, académicos y miembros de ONG cercanas a movimientos sociales de mujeres, campesinos, jóvenes, etc. Buena parte de estas referencias se encuentran en P. Andrade, "El reino (de lo) imaginario: los intelectuales políticos ecuatorianos en la construcción de la Constitución de 2008", op. cit. p. 38.

92 Otras fuerzas de las izquierdas como el Partido Socialista Frente Amplio quien en alianza con Pachakutik obtienen 4 escaños, el Movimiento Popular Democrático una cantidad igual de 4 y la Red Ética y Democracia con 3.

93 Entre los extranjeros podemos mencionar a François Houtart, Boaventura Souza Santos, otros teóricos participacionistas, además del equipo de constitucionalistas de tendencia garantista, de la ONG española CEPS, encabezado por el profesor Roberto Viciano y donde se encontraban constitucionalistas como Rubén Martínez, Albert Noguera, Francisco Palacios, Assier Martínez o Marco Aparicio).

94 J.P. Muñoz, "Movimientos sociales y procesos constituyentes. El caso de Ecuador 2008", Institut de recherche et débat sur la gouvernance, Paris, 2008. Citado en M. Navas, "La demanda de buen gobierno en Ecuador. Marco jurídico institucional de la participación y retos de la sociedad civil", en P. Bandeira (Coord.), *La demanda de buen gobierno en América Latina*. Democracia, Ciudadanía y Desarrollo, Madrid, 2012, p. 98.

A efectos de lo que buscamos mostrar, cabe distinguir sin embargo, siguiendo a Andrade, dos fases de desarrollo de la Constituyente[95]. La participación fue mucho más amplia durante la primera etapa en donde se generó un escenario dialógico y participativo. A este efecto coadyuvó la organización de las discusiones en 10 mesas temáticas[96] y tres ejes: profundización de la democracia participativa; un modelo de desarrollo ecológicamente sólido; y la noción de complementariedad entre Estado, naturaleza y sociedad; lo cual se recogería finalmente en la Constitución bajo la categoría de Buen Vivir[97]. La siguiente fase, que el citado autor denomina "decisional", se caracterizó por un liderazgo del presidente Correa, por el pragmatismo y trabajo de un más pequeño grupo de allegados al ejecutivo y expertos, en particular juristas[98]. En ella se produjo el total del articulado de la futura Constitución, así como del Régimen de Transición entre la institucionalidad existente y la nueva.

A pesar de su intensidad, como destaca Muñoz[99], la participación desarrollada por las diversas organizaciones sociales acusó una tendencia a la dispersión, estando orientada fundamentalmente a la formulación de propuestas puntuales y relacionadas particularmente con el ámbito de acción de cada organización, por ejemplo: el derecho a la educación fue objeto de la propuesta de estudiantes y educadores; los derechos de la naturaleza y manejo ambiental fueron reclamados por ONG ambientalistas; los derechos de los discapacitados por organizaciones de discapacitados; las autonomías y la participación local llegaron de la mano de asambleas y comités de desarrollo local, los derechos y libertades de la diversidad sexual fueron reclamados parte de colectivos LGTBI, etc.

---

95 P. Andrade, "El reino (de lo) imaginario: los intelectuales políticos ecuatorianos en la construcción de la Constitución de 2008", op. cit., pp. 38-40.

96 1. Derechos Fundamentales y Garantías Constitucionales, 2. Organización, Participación Social y Ciudadana, 3. Estructura e Instituciones del Estado, 4. Ordenamiento Territorial y Asignación de Competencias, 5. Recursos Naturales y Biodiversidad, 6. Trabajo, Producción e Inclusión Social, 7 Régimen de Desarrollo, 8. Justicia y Lucha contra la Corrupción, 9. Soberanía, Relaciones Internacionales e Integración y 10. Legislación y Fiscalización.

97 Ibíd., p. 39.

98 Ibíd., pp. 39-40.

99 J.P. Muñoz, "Movimientos sociales y procesos constituyentes. El caso de Ecuador 2008", op. cit.

Si bien se habría esperado una suerte de convergencia entre la participación de los movimientos y demás organizaciones sociales y esta mayoría política que compartía gran parte de sus demandas, en muchos aspectos, estas demandas fueron acogidas e incorporadas en el texto constitucional, pero en el contexto de la segunda fase, esta incorporación se produjo subordinada al sentido global de un "proyecto nacional" que lo terminó de articular el buró político de Acuerdo País, bajo el liderazgo del presidente Correa. En efecto, una visión republicana, en cuanto procuraba articular un proyecto común de sociedad, tuvo en y desde los decisores del proceso una influencia gravitante. Lo que trajo entonces la dinámica de la Constituyente, en especial en su segunda fase, fue una suerte de absorción de las demandas sociales las que se articularon en torno al proyecto político nacional cristalizado en la Constitución. Así, si bien resulta plausible afirmar que las grandes novedades plasmadas en la Carta de 2008 se deben a la incidencia de movimientos y organizaciones sociales en determinados momentos y temas, la lógica general es producto de la interpretación de los dirigentes de una fuerza política dominante (AP) y en menor medida de ciertas influencias de aliados políticos e intelectuales involucrados en el proceso de discusión y negociación.

3. LOS DERECHOS DE PARTICIPACIÓN EN LA CONSTITUCIÓN ECUATORIANA DE 2008 Y SU DESARROLLO

3.1. La participación y la definición del Estado

Es necesario en primer lugar hacer referencia a la *definición del Estado*, sus rasgos y la forma de gobierno. Estos conceptos constan en el artículo primero de la así llamada Constitución de Montecristi (por la localidad donde se produjo).

La definición de Estado que trae el Art. 1 de la Carta es una de aquellas que pueden calificarse como compleja en cuanto amalgama varios elementos, entre otros, su carácter de Estado constitucional, de derechos y justicia, pero también su condición de social, democrático, unitario, intercultural, laico, etc. Un Estado además descentralizado y que se organiza en forma de república. Se trata pues de una definición ambiciosa y cargada de rasgos significativos. No es una definición meramente sumativa y conducente a una sola lógica, sino que sus elementos entran entre sí en complejas relaciones. El segundo inciso insiste en un elemento propio de la forma republicana, esto es que "la soberanía radica en el pueblo, cuya voluntad es el fundamento de la autoridad" la cual se ejerce tanto por medio de los órganos del poder público como de las formas de participación directa que la misma Carta prevé.

En cuanto al carácter de este artículo primero, se trata no solo de un concepto con alcance ético, como afirma Andrade, que obligaría al Estado ecuatoriano a hacer algún día realidad ciertos imperativos como la democracia, la justicia social, la plurinacionalidad, etc.[100], sino de un texto que a través de principios de configuración, define los lineamientos básicos sobre cómo ha de organizarse políticamente la sociedad ecuatoriana con efectos vinculantes formalmente inmediatos. No obstante, por el carácter amplio de estos principios que configuran los linderos del proyecto político-social llamado Ecuador, estos se puede entender que han de irse maximizando, es decir desarrollando de manera progresiva en un horizonte de tiempo determinado. Estos principios tienen en todo caso un carácter deontológico, es decir prescriben lo que debe ser (y hacerse) aun cuando unos elementos pueden entrar a regir inmediatamente y otros hay que implementarlos[101]. Tal es el caso de aquellas formas de participación directa de las que habla el texto constitucional.

En esta definición de Estado justamente puede apreciarse el anhelo porque la participación tenga un carácter constituyente. De ella lo que nos interesa principalmente es cómo este Estado se define en cuanto a su sistema de gobierno. En primer lugar, se trata insistimos, de un

---

100 En sí, la referencia que hace el autor resulta un tanto ambigua pues si bien habla de alcance ético también habla de la necesidad de desarrollar los postulados consignados en ese precepto constitucional (P. Andrade, "El reino (de lo) imaginario: los intelectuales políticos ecuatorianos en la construcción de la Constitución de 2008", op. cit., p. 35).

101 Podemos indicar siguiendo a R. Dworkin (*Los derechos en serio*, Ariel, Barcelona, 1984) que "cada principio tiene una eficacia que podría definirse, genéricamente, como programática— porque su aplicación implica un determinado desarrollo del ordenamiento". Véase C. Storini y M. Navas, *La acción de protección en Ecuador, realidad jurídica y social*, Corte Constitucional del Ecuador, Quito, 2013, p. 131.

Estado democrático. En segundo lugar, este sistema democrático para movilizar a la soberanía combina dos formas de democracia. La representativa, donde mediante formas tradicionales aunque repotenciadas de participación a través de partidos y movimientos políticos, son unos representantes electos por sufragio universal quienes ocupan los más altos cargos en los órganos del poder público y ejercen el poder de acuerdo a los mandatos asumidos. Estos representantes están por cierto, sujetos a un permanente control social. Luego está la forma propiamente participativa la cual se la asimila en el texto a la democracia directa, al hablar de "participación directa". Esta definición se complementa con lo prescrito en el artículo 95 (inciso primero) que se refiere al papel de la participación (individual y colectiva) en la organización del poder; estableciendo que esta ha de ser protagónica y que, orientada por varios principios que la potencian[102], constituye un proceso fundamental para la construcción del "poder ciudadano".

Con ello y pese a la confusión de categorías, consideramos que la Constitución define al Estado democrático como uno donde se combinan con la misma importancia, las formas de democracia representativa, directa y participativa propiamente dicha[103]. Además, el texto hace una más fuerte asociación entre democracia directa y participativa. Esas combinaciones se aprecian por ejemplo, al incluir mecanismos de democracia directa (MDD) tanto dentro de los presupuestos de los derechos específicos de la participación como a manera de mecanismos de la misma; o cuando entre los mismos órganos del poder público se incluyen aquellos cuyo cometido es desarrollar las formas y derechos de participación.

---

102 Estos importantes principios son los de igualdad, autonomía, deliberación pública, respeto a la diferencia, control popular, solidaridad e interculturalidad y se refieren a las cualidades que debe tener la participación para configurar el nuevo modelo de ejercicio del poder instituido por la Constitución, en dos sentidos, el de promoción del desarrollo de una variedad de formas propias de organización social y el de la constitución de una nueva relación entre los sujetos sociales (ciudadanos en sentido extendido e inclusivo) y el Estado.

103 En similar sentido ya la Constitución de Venezuela de 1999 define la forma democrática del gobierno de ese Estado como representativa y participativa (Preámbulo y Art. 6), igualmente uno de los ejes de construcción del nuevo estado plurinacional boliviano radica en la concepción de democracia como directa y participativa, así como representativa y comunitaria (Art 11 Constitución Política de Bolivia).

En definitiva, encontramos que en la Constitución ecuatoriana, el de la "participación directa" es un principio configurador, de aquellos que definen cómo debe ser el Estado y en particular, su régimen democrático. Principio que en el contexto global de la definición del Estado, podemos afirmar, resemantiza al de la representación. Sin embargo, como mencionamos, la definición del régimen democrático del Estado es un buen ejemplo de la complejidad presente entre los rasgos referidos. De allí que eventualmente el desarrollo de las tres formas de democracia que se establecen si bien no supone oposición entre ellas sino por el contrario como afirmamos, complementariedad[104], pueda presentar ciertas tensiones, por ejemplo al momento en que grupos disidentes ejerzan ciertos derechos de participación y de esa manera atenúen la democracia mayoritaria.

3.2. La participación como derecho general

En forma complementaria con lo anterior, un segundo elemento trascendental del diseño participativo presente en la Constitución de Montecristi se relaciona con la definición de la participación como un *derecho de alcance general*. Esta definición se muestra de forma directa en el inciso final del Art. 95, que señala: "la participación de la ciudadanía en todos los asuntos de interés público es un derecho, que se ejercerá a través de los mecanismos de la democracia representativa, directa y comunitaria"; así como en el primer inciso del Art. 204 que reitera lo definido en el Art. 1 de la misma carta: "El pueblo es el mandante y primer fiscalizador del poder público, en ejercicio de su derecho a la participación". Es necesario insistir además que el enunciado del Art. 95 coincide con el derecho a participar en asuntos de interés público previsto en el número dos del Art. 61. Ambas formulaciones son prácticamente idénticas, de manera que sin perjuicio de la caracterización que más adelante haremos respecto de los alcances del

---

104 En sentido similar se argumenta, desde la evidencia empírica sobre la posibilidad que el desarrollo de estas formas de democracia, dependiendo de la ecología institucional, puedan o reforzarlas o debilitarlas mutuamente. Véase M. Cameron y K. Sharpe, "La voz institucionalizada en las democracias de América Latina", en M. Cameron, E. Hershberg y K. Sharpe, *Nuevas instituciones de democracia participativa en América Latina*, U. of British Columbia/American University/ FLACSO-México, México, 2013, pp. 357-358.

derecho a participar en asuntos de interés público, vamos a considerar por el momento los siguientes elementos.

S. Ortiz ha subrayado que desde una perspectiva "conceptual", la participación en su calidad de expresión de la soberanía popular, fue entendida por la Asamblea Constituyente «[e]n su doble carácter, como expresión de la autonomía de la sociedad civil y como derecho de incidencia en el Estado. La define como la: "Intervención protagónica en la toma de decisiones en los asuntos públicos", y en otro apartado la sitúa como expresión del "poder ciudadano"». A la vez, se identifica a personas, comunidades, colectivos y nacionalidades como titulares de derechos, lo cual diferencia a este nuevo proyecto constitucional de otros de signo liberal, en donde el individuo es el único titular de derechos[105].

Por su parte, J. P. Morales se refiere a esta participación vista desde una perspectiva general en dos sentidos, como un principio orientador de la actuación de las entidades del sector público y como derecho de las personas[106]. En cuanto al derecho, queda claro que se trata de uno de alcance general, configurado a manera de norma de principio. Por otro lado, la idea de "principio orientador" se desprendería de la definición del Estado expuesta en el punto anterior.

En suma, los elementos anotados pero sobre todo la consideración de la participación como derecho constitucional central y de amplio espectro, se refieren a que el Estado debe orientar sus instituciones hacia la participación, protegiendo todas las formas en que esta espontáneamente se organice pero también incorporando mecanismos e instituciones que la potencien como forma de ejercicio democrático. En otras palabras, el reconocimiento del derecho de participación resulta un elemento central del diseño constitucional y como consecuencia de ello, se genera una determinada actitud del Estado, lo cual es aún más claro si tomamos en cuenta la definición del Estado ecuatoriano como constitucional de derechos.

---

105 S. Ortiz, "Participación ciudadana: la Constitución de 1998 y el nuevo proyecto constitucional" en Íconos. Revista de Ciencias Sociales. No. 32, Quito, septiembre 2008, pp. 13-17.

106 J.P. Morales, "Los nuevos horizontes de la participación", en Ávila, R. (ed.), Neoconstitucionalismo y sociedad, Ministerio de Justicia y Derechos Humanos, Quito, 2008, p. 159.

A este derecho general se establece además en el marco constitucional un deber genérico correlativo consistente en "participar en la vida política, cívica y comunitaria del país, de manera honesta y transparente" (Art. 83.17). Esto concuerda con el deber más específico relacionado con la consecución del buen vivir de participar "en todas las fases y espacios de la gestión pública y de la planificación del desarrollo nacional y local, y en la ejecución y control del cumplimiento de los planes de desarrollo en todos sus niveles", previsto en apartado primero del Art. 278 de la Constitución.

Hay que destacar en todo caso que la idea de la participación, la cual como precisamos, se deprende de la definición del Estado y su forma de gobierno —y que Morales llama "principio orientador"— se encuentra ampliamente presente a lo largo del texto constitucional, en muchos casos de manera reiterativa. Así, entre otros podemos citar[107]:

- El Art. 27 que caracteriza al proceso de la educación la define como "participativa" en concordancia el Art. 57.14 define la administración del sistema de educación bilingüe como "participativa";
- El Art. 34 prescribe que la seguridad social se regirá entre otros, por el principio de "participación";
- La Sección tercera del Título IV (Arts. 100-102) que consagra la participación "en los diferentes niveles de gobierno";
- El Art. 157, establece que la estructura, funcionamiento y forma de integración de los consejos nacionales de igualdad se regirá por el principio de "participación";
- El criterio de "participación ciudadana" para ingresar en la Función Judicial (Art. 170);
- El Art. 227 que define la "administración pública" como "un servicio a la colectividad que se rige por los principios de [...] participación";
- El Art 238 establece que los gobiernos autónomos descentralizados, se regirán por el principio de "participación";

---

107 Tomamos como base la enumeración de J.P. Morales, Ibíd., p. 159.

- El Art 275 referente a la planificación, precisa en concordancia con el Art. 279, que está será "participativa";
- El Art. 320 que se refiere a los procesos productivos manda a que se estimule en ellos una gestión participativa;
- El número 8 del Art. 326 que introduce la idea de participación en la organización sindical.

3.3. *Mecanismos, garantías y nueva institucionalidad estatal*

Hemos explicado hasta ahora como la Constitución de Montecristi contempla en materia de participación un diseño donde se incluye un principio configurador que define al Estado como uno con un sistema democrático en parte participativo (de participación directa) y en parte representativo y cómo, además de derechos específicos existe en primer lugar un derecho general a la participación. Es importante insistir que los derechos de participación se encuentran además acompañados de todo un diseño institucional que intenta articular los procesos participativos desde la sociedad civil hacia el Estado. Este diseño involucra tres componentes: a) mecanismos, b) garantías y c) una nueva organización institucional. A continuación nos referiremos sintéticamente a ellos.

a) Los *mecanismos de participación* serían aquellas instituciones que permitirían operativizar el ejercicio de los derechos, estableciendo modalidades aunque con frecuencia también condiciones para ello. Bien podríamos incluir a estos mecanismos dentro de la categoría de garantía, sea normativa o institucional según los casos[108]; sin embargo hemos decidido a fines expositivos considerarlos independientemente por su carácter específico de dispositivos contemplados expresamente en el diseño constitucional a fin de lograr, como hemos referido, una mejor inclusión de la comunidad política en términos de una relación permanente y viva con lo público estatal. En este sentido, hay que señalar que el reconocimiento de los derechos de participación y su presencia como principio configurador del Estado, empatan con el principio de descentralización y con la idea de autonomía consagra-

---

108 Véase C. Storini, "Las garantías constitucionales de los derechos fundamentales en la Constitución de 2008", op. cit., pp. 287-9.

dos en el texto constitucional, estableciendo varios niveles de operatividad de los mismos, incluso formas próximas al autogobierno (Títulos IV, sección tercera y V de la CRE). Destaquemos dos normas en este sentido.

El Art. 100 que prevé:

> "En todos los niveles de gobierno se conformarán *instancias de participación* integradas por autoridades electas, representantes del régimen dependiente y representantes de la sociedad del ámbito territorial de cada nivel de gobierno, que funcionarán regidas por principios democráticos. La participación en estas instancias se ejerce para:
> 1. Elaborar planes y políticas nacionales, locales y sectoriales entre los gobiernos y la ciudadanía.
> 2. Mejorar la calidad de la inversión pública y definir agendas de desarrollo.
> 3. Elaborar presupuestos participativos de los gobiernos.
> 4. Fortalecer la democracia con mecanismos permanentes de transparencia, rendición de cuentas y control social.
> 5. Promover la formación ciudadana e impulsar procesos de comunicación (subrayado del autor)".

La norma anterior se complementa con lo previsto en el Art. 248:

> "Se reconocen las comunidades, comunas, recintos, barrios y parroquias urbanas. La ley regulará su existencia con la finalidad de quesean consideradas como unidades básicas de participación en los gobiernos autónomos descentralizados y en el sistema nacional de planificación".

Se instituye en ese contexto, varios mecanismos generales de participación como las audiencias públicas, veedurías, asambleas, cabildos populares, consejos consultivos, observatorios y se deja abierta la posibilidad a legitimar "las demás instancias que promueva la ciudadanía" (Art. 100 CRE). Así mismo se instituye el mecanismo de la "silla vacía" para intervenir en las sesiones de los gobiernos autónomos descentralizados, como un espacio a ser ocupado por un representante ciudadano con el propósito de participar en el debate y la toma de decisiones sobre temas específicos (Art. 101 de la CRE).

Se contemplan también varios mecanismos propios de la democracia directa y comunitaria tomando como base el Art. 95 de la CRE. En este sentido, los artículos constitucionales regulan los MDD para ejercer la iniciativa popular normativa, la consulta y la revocatoria del mandato (Arts. 103, 104 y 105 CRE respectivamente). Sobre estos trataremos en la sección siguiente de este capítulo.

Se reconocen igualmente, todas las formas de organización para desarrollar "procesos de autodeterminación", incidir en las decisiones públicas y ejercer el control social en todos los niveles de gobierno y entidades que presten servicios públicos (Art. 96 CRE). Las organizaciones sociales pueden así "desarrollar formas alternativas de mediación y solución de conflictos; actuar por delegación de la autoridad competente, con asunción de la debida responsabilidad compartida; demandar la reparación de daños ocasionados por entes públicos o privados, así como formular propuestas y reivindicaciones económicas, políticas, ambientales, sociales y culturales" (Art. 97 CRE).

b) Las formas de *garantía* se expresan por su parte, en una estela de procedimientos de control y reclamo, así como principios de actuación que son favorecidos por el esquema garantista propio del Estado constitucional ecuatoriano.

Se cuenta tanto con garantías normativas, como jurisdiccionales e institucionales (Arts. 84 al 94 CE). Las garantías normativas serán revisadas en la sección siguiente al hablar de los derechos en específico.

En cuanto a las garantías jurisdiccionales, potencialmente todas las acciones constitucionalmente previstas (Título III) pueden ser ejercidas en materia de derechos de participación. Así, tanto la acción de protección (figura asimilable a las tutela o amparo de otros ordenamientos), como la acción extraordinaria de protección que se emplea contra violaciones de derechos dentro de procesos judiciales, pero también las de hábeas data, de acceso a la información, la acción por incumplimiento de sentencias e informes de organismos internacionales de derechos humanos y la llamada acción de incumplimiento de resoluciones de la Corte Constitucional, constituyen procedimientos judiciales que permiten garantizar los derechos de participación. A estos procedimientos se une además, la posibilidad de solicitar medidas cautelares. Igualmente podrán ejercerse en lo que sean aplicables los procedimientos de control abstracto de las normas constitucionales, tales como la acción pública de inconstitucionalidad. Más aún el mismo derecho procesal constitucional visto como derecho a la participación y a la información pluralista[109], resultaría en sí mismo una garantía normativa que a su vez facilita el ejercicio de las garantías jurisdiccionales.

También debemos mencionar que en materia de participación se establece ambiguamente una así llamada "acción ciudadana" para el ejercicio del *derecho a la resistencia* del Art 98 CRE, al que nos referiremos posteriormente. Es justamente el artículo siguiente (Art 99), el que ambiguamente se refiere a una "acción ciudadana" (para el ejercicio del derecho a la resistencia) la cual debe ser deducida "en forma individual o en representación de la colectividad, cuando se produzca la violación de un derecho o la amenaza de su afectación". Esta acción será "presentada ante autoridad competente de acuerdo con la ley" (Art 99 de la CRE). Sin perjuicio de profundizar en este punto, es necesario comentar que esta fórmula constitucional consideramos que contraría la naturaleza del derecho a la resistencia al prescribir que debe ser ejercido ante la autoridad pública, cuando el supuesto de hecho de ese derecho radicaría en la posibilidad de oponerse a la autoridad pública. Por otra parte, la resistencia, fenómeno que tiene una larga tradición en la acción política y que ha sido así mismo objeto de amplias reflexiones por parte de la filosofía política[110], refiere a la

---

109 Nos adherimos a la perspectiva que Peter Häberle aporta sobre el derecho procesal en el sentido de que su función es garantizar la participación plural. Desde ella podríamos afirmar que en el caso ecuatoriano la misma Constitución y la LOGJCC prevén varios institutos en ese sentido como la acción popular abierta (Art 86 CRE o la comparecencia de terceros en procesos constitucionales (Art. 12 LOGJCC). Véase P. Häberle "La jurisdicción constitucional en la sociedad abierta", en E. Ferrer y A. Zaldívar (Coords.), *La ciencia del derecho procesal constitucional. Estudios en homenaje a H. Fix Zamudio en sus cincuenta años como investigador del Derecho*, UNAM/IMDPC/Marcial Pons, México DF, 2008, p. 778.

110 Esta tradición desde el campo del pensamiento viene, entre otros autores y obras de J. Locke (*Segundo Tratado sobre el Gobierno Civil*, Alianza, Madrid, 2000, caps. 7 y 9) a las más modernas elaboraciones de pensadores como J. Habermas (*Facticidad y validez*, traducción de M. J. Redondo, Trotta, Madrid, 1998, pp. 464 y ss.), A. Arato y J. Cohen (*Civil Society and Political Theory*, MIT Press, Cambridge, 1992, pp. 587-588) sobre la desobediencia civil en occidente, o de activistas y pensadores como M. Gandhi, M. L. King, o bien ya en América Latina, de académicos como Arturo Roig (*"¿Rousseau tenía razón?", en: Saber, Poder, Creer. Río Cuarto, 2001*, pp. 408-42) y R. Gargarella (*El derecho a resistir al derecho*, CIEPP/Miño y Dávila, Buenos Aires, 2005).

posibilidad de que el orden jurídico tolere una acción inmediata como reacción a una violación o amenaza emergente a un derecho, por tanto no cabe que esté sujeta a procedimientos que enerven su despliegue. La consecuencia de estas formulaciones *sui géneris* de los Arts. 98 y 99 de la CRE, es que el derecho a la resistencia queda declarado, pero confundido y reducido a una garantía genérica que además no cuenta con la regulación correspondiente a través de la Ley Orgánica de Garantías Jurisdiccionales y Control Constitucional.

La Constitución prevé por otra parte, las denominadas garantías de política pública, las cuales se concretizan en instrumentos normativos de menor jerarquía a las leyes pero de alto impacto. En la sección que se refiere a estas garantías, especialmente se menciona que: "En la formulación, ejecución, evaluación y control de las políticas públicas y servicios públicos se garantizará la participación de las personas, comunidades, pueblos y nacionalidades" (Art. 85). Como puede verse además, la participación misma es una garantía a ser desarrollada mediante una variedad de medidas estatales.

Todas estas garantías pueden ponerse en acción de forma que se proteja debidamente los derechos de participación. El ejercicio de garantías a nivel nacional se complementa con los mecanismos previstos en las normas de Derecho Internacional de los Derechos Humanos para la justiciabilidad de los derechos de participación, tanto a nivel del Sistema Interamericano como del Sistema de Naciones Unidas de protección de derechos, a través de sus distintas instancias. Hay que recalcar que la violación por acción u omisión de los derechos de participación sea directa o indirectamente por parte del Estado genera la responsabilidad estatal frente a ellas y tiene como consecuencia las necesarias reparación y repetición. Por tratarse de derechos que comportan sobre todo un estatus positivo, estas violaciones pueden producirse no solo por intervenciones arbitrarias del Estado u otros actores, sino por la falta de creación de condiciones materiales para garantizar el ejercicio de estos derechos de acuerdo a los estándares nacionales e internacionales.

c) Finalmente, podría hablarse de una nueva dimensión institucional o garantías institucionales en dos dimensiones. En sentido más tradicional[111], se habla de garantías institucionales en el momento en que se garantiza constitucionalmente por ejemplo, la existencia de instituciones de la sociedad civil en todas las formas como expresa la Constitución ecuatoriana (ya citado Art 96) u otras específicas que facilitan la participación como los antes referidos mecanismos de veeduría y observatorios. En otro sentido puede hablarse de una institucionalidad que la Constitución crea para potenciar el ejercicio de los derechos de participación, esto es lo que podemos llamar una nueva institucionalidad del Estado constituyente y superadora de la vieja tripartición de poderes.

Así, el tradicional esquema tripartito de distribución del poder público es modificado en la Constitución ecuatoriana. A las funciones Ejecutiva, Legislativa y Judicial se suman la de Transparencia y Control Social, y la Electoral (Título IV, Capítulos quinto y séptimo CRE)[112]. Así se configura un esquema de poder estatal dividido en cinco funciones. La idea de introducir la Función de Transparencia y Control Social fue la de crear formas adicionales de enlace entre la ciudadanía y el Estado, complementarias a las ya existentes propias de la democracia representativa para ejercer la participación[113].

---

111 Lo decimos evocando la lectura que hacía Schmitt en su clásica "Verfassugnslehre" para diferenciar libertades de justamente este tipo de garantías. Véase al respecto I. de Otto, *Derecho Constitucional: Sistema de Fuentes*, Ariel, Barcelona, 1988, p. 31 y L. Díez Picazo, "La idea de los derechos Fundamentales en la Constitución española", en E. G. de Enterría y otros, *Constitución y Constitucionalismo hoy*, FMGP, Caracas, 2000, pp. 391-410.

112 De manera similar la Constitución venezolana de 1999 contempla cinco órganos el poder público, el Legislativo, el Ejecutivo, el Judicial, el Ciudadano y el Electoral. Más recientemente la Constitución Política de Bolivia de 2009 organiza el poder a través de cuatro órganos, el Ejecutivo, el Electoral, el Judicial (y Tribunal Constitucional) y el Legislativo.

113 Se trataría así de integrar a las formas de ejercicio de la responsabilidad pública de tipo horizontal (entre funciones y funcionarios del Estado) el ejercicio de la llamada "responsabilidad vertical" esto es, una alta participación de la ciudadanía en las tres dimensiones temporales de todo proceso participativo: discusión, decisión y sobre todo control y rendición de cuentas sobre los asuntos de interés público y su gestión (C. Smulovitz y E. Peruzzoti, "Societal and Horizontal Controls: Two Cases of a Fruitful Relationship", en S. Mainwaring y C. Welna (eds.), *Democratic Accountability in Latin America*, Oxford University Press, Oxford, 2003, p. 310.).

En ese marco, la Constitución crea el *Consejo de Participación Ciudadana y Control* Social (CPCCS) como entidad que debe promover ese nuevo, permanente y más fuerte enlace entre ciudadanía y Estado, con competencias específicas agrupadas en tres esferas fundamentales (Art. 207 CRE): la promoción del ejercicio de los derechos de participación ciudadana; el desarrollo y ejecución de mecanismos de control social en los asuntos de interés público; y la designación de algunas de las más altas autoridades del Estado[114] bajo procedimientos participativos en base a los méritos de los candidatos[115].

Además del CPCCS integran la Función de Transparencia otros órganos de control o de defensa ciudadana tales como las Superintendencias, la Contraloría General del Estado y la Defensoría del Pueblo.

Se establecen también varias instancias de coparticipación entre la sociedad y el Estado como los Consejos Nacionales de Igualdad para la rectoría de políticas públicas en varios ámbitos.

En la siguiente sección vamos en función de los derechos seleccionados a retomar el análisis acerca de la eficacia de esta institucionalidad en relación a sus cometidos constitucionales. Cabe recordar por el momento que el diseño institucional a grandes rasgos aquí caracterizado respondió a un experimento institucional cuyo propósito fue garantizar una democracia participativa y directa, constante y activa en referencia a lo primero. Se ha dicho que se intenta captar la participación. En todo modelo, incluso en el representativo liberal tiene que haber una forma de conexión o articulación con la institucionalidad del Estado, este nuevo diseño procuró quizá en ese sentido mejorar el proceso democrático. Sin embargo, como mostraremos más adelante,

---

114 Entre otros, el Defensor del Pueblo, el Consejo Nacional Electoral, el Fiscal General, el Contralor del Estado, los superintendentes, los miembros de los consejos de igualdad e incluso con cierta participación en los procesos de designación de la Corte Constitucional y altos tribunales de Justicia.

115 Al igual que las autoridades indicadas en la nota anterior, es importante precisar que los miembros del CPCCS son elegidos mediante concurso público de méritos y oposición, organizado por el Consejo Nacional Electoral, de entre los ciudadanos y ciudadanas que propongan las OSC y la ciudadanía en general. Las leyes orgánicas de Participación Ciudadana y del CPCCS promulgadas en abril de 2010 y septiembre de 2009 respectivamente, regulan la organización de estos concursos en base a principios como la representación paritaria secuencial y alternada de hombres y mujeres, la interculturalidad y la equidad generacional.

un énfasis excesivo en la dimensión del control social y sobre todo en los procedimientos de elección de autoridades por vías alternativas a la democracia representativa, además de una excesiva regulación para desarrollar estos aspectos, han terminado quizá por desviarlo de este propósito fundamental. Estos y otros rasgos del modelo han hecho que se cuestione al referido diseño en su conjunto como no idóneo para desarrollar una democracia con verdadera base social[116].

3.4. Análisis de los nuevos derechos de participación

A diferencia de la Constitución de 1998, que reconocía un cerrado conjunto de derechos políticos, la de 2008 establece un amplio catálogo de derechos de participación. No se trata de un mero cambio de denominación, o de una pura ampliación, sino que justamente esta nueva forma de designar estos derechos responde a la voluntad del constituyente de instaurar un nuevo orden político.

La denominación de derechos políticos ha sido usual en el derecho internacional de los derechos humanos y en el constitucionalismo clásico y atiende al ámbito o dimensión general de desenvolvimiento de los derechos, en este caso se refiere a los derechos en la esfera política. Desde una óptica tradicional los derechos políticos han sido vistos como libertades de los individuos[117], aunque no de todos ellos sino de quienes además acreditan de acuerdo a las reglas constitucionales su calidad de ciudadanos es decir, miembros activos de la sociedad o comunidad política[118].

---

116 Si bien el diseño institucional de la participación no es objeto fundamental de este estudio, consideramos relevante referir una de las más destacadas críticas formuladas a ella en el sentido de que se trata de un poder (o función) que carece de base de representación, tratándose de un "poder del vacío". Se señala en tal sentido que es regresivo para la democracia que ciudadanos no electos puedan ejercer amplias potestades públicas y que hay que eliminarlos. Véase E. Ayala Mora, *El 'poder' que está demás*, documento proporcionado por el autor, Quito, 2011.

117 J. Thomson, "Participación, democracia y derechos humanos: Un enfoque a partir de los dilemas de América Latina", en *Revista IIDH* No.34-35 (enero-junio), p. 82. También ver C. S. Nino, *Introducción al análisis del Derecho*, Astrea, Buenos Aires, 1987, p. 206-207.

118 J.C. Trujillo, *Teoría del Estado en el Ecuador Estudio de derecho constitucional*, UASB-E/Corporación Editora Nacional, Quito, 2006, p. 193.

Los derechos de participación son más complejos e involucran en su ejercicio varias dimensiones. Tienen una dimensión de libertad pero también comportan una dimensión prestacional que atiende ya no como en el primer caso, a un estatus negativo del Estado sino a la necesidad de contar con prestaciones de parte de ese Estado. Además, estos derechos comportan una dimensión más específica referida a la necesidad del reconocimiento de posiciones y competencias jurídicas para el ejercicio de los mismos, lo que supone la atribución o reconocimiento a los sujetos de determinado estatuto jurídico activo, del que se deriva un poder específico (competencial en nuestros términos) para ejercer determinados actos con determinados efectos[119].

Es así que los derechos de participación, involucrando estas tres dimensiones atenderían en cuanto a su ámbito específico, sobre todo a lo que se denomina como *derechos a la formación de la voluntad estatal*[120], en cuanto se dirigen al reconocimiento de diversas atribuciones relacionadas con la construcción de la vida democrática. Estas atribuciones se otorgan en favor de los sujetos que como referimos cumplen con los requisitos del estatus de ciudadano, un estatus también normalmente asociado a la noción de nacionalidad.

En el sistema ecuatoriano la ciudadanía supone un estatus activo otorgado a los nacionales del Ecuador, de acuerdo con el artículo 6 de la CRE. Es a estos nacionales, ecuatorianos y ecuatorianas a quienes, sobre todo, se les reconoce la competencia de ejercicio de los derechos de participación según el artículo 61 de la misma CRE. Sin embargo el ordenamiento ecuatoriano sigue en este sentido una tendencia inclusiva e innovadora en cuanto a la subjetividad de los derechos de la participación en dos sentidos. El primero respecto de los titulares nacionales de los derechos. Cuando la Constitución (Art. 61 CRE) se refiere a los ecuatorianos y ecuatorianas hace relación no solo a los

---

119 Desde su Teoría de los Derechos Fundamentales, Robert Alexy propone una división de los derechos que tienen este rango en: libertades, derechos a algo y competencias, elementos estos de su noción de "derecho fundamental como un todo". (R. Alexy, *Teoría de los derechos fundamentales*, Centro de Estudios Políticos y Constitucionales, Madrid, 2ª. ed. 2008, Cap. 4, pp. 163-218).

120 Estos derechos a la formación de la voluntad estatal los clasifica Alexy dentro de los derechos a la organización y al procedimiento (Ibíd., pp. 429-443).

individuos[121], sino a todas las expresiones colectivas que el mismo ordenamiento reconoce, desde las organizaciones de la sociedad civil hasta los sujetos colectivos como los pueblos, comunidades y nacionalidades. En segundo lugar, respecto de los extranjeros, les incluye en el ejercicio de los derechos de participación aunque de manera condicionada cuando en el inciso final del citado artículo establece: "Las personas extranjeras gozarán de estos derechos en lo que les sea aplicable". Disposición está, redactada de forma por demás ambigua y que daría a entender que será la Ley la que establezca las restricciones al ejercicio de estos derechos por parte de los extranjeros[122].

En definitiva, de acuerdo a las concepciones presentadas, que consideramos nos ayudan a explicar el carácter de los actuales derechos de participación, queda claro que estos rebasan el marco de un derecho de mera libertad de estatus negativo[123], por lo cual, a la obligación de abstenerse de intervenir en determinados casos, se suma con fuerza un haz de obligaciones relativas a crear competencias y otorgar prestaciones para posibilitar la participación, cuyo incumplimiento por acción u omisión pueden configurar la responsabilidad del Estado.

Por otra parte, hay que insistir en que los *derechos de participación* abarcan tanto los tradicionales derechos a la participación política representativa como los que denominamos como nuevos derechos de participación.

Los distintos aspectos de esa participación vista como proceso, se cristalizan en un catálogo de derechos que el Constituyente incorpora en el capítulo quinto del Título II de la Constitución, que se denomina

---

121 Debemos agregar que para el ejercicio del sufragio, la norma constitucional faculta a los mayores de 16 años a ejercerlo, así como a mayores de 65 años, personas con discapacidad, ecuatorianos en el extranjero y miembros de Fuerzas Armadas y Policía Nacional (Art. 62.2 CRE). Esto supone una ampliación del espectro de sujetos con competencia para el sufragio respecto de las Constituciones anteriores.

122 Además de una redacción clara, habría sido aconsejable que en el mismo texto constitucional se establezcan las restricciones o condicionamientos a los derechos de participación para los extranjeros.

123 Un derecho de libertad supone el permiso de hacer o no hacer algo, sin embargo hay que aclarar que el caso del tradicional derecho al voto, este en el ordenamiento ecuatoriano además de derecho ostenta el carácter de obligación para los ciudadanos mayores de dieciocho años (Art. 62.1, CRE).

"Derechos de participación" y más concretamente en el artículo 61. En el citado artículo constitucional, hallamos un catálogo que contempla tanto los derechos tradicionales de participación política representativa, como son el de elegir y ser elegido, desempeñar empleos y funciones públicas y conformar y participar en partidos políticos; como los nuevos derechos de participación que responden a otras perspectivas de concepción de la democracia, como son la participativa, la deliberativa y la de la democracia directa. El citado artículo prevé en este sentido cinco enunciados sobre: participar en asuntos de interés público, presentar proyectos de iniciativa popular normativa, ser consultados, fiscalizar los actos del poder público y revocar el mandato que hayan conferido a las autoridades de elección popular.

En esta sección vamos, por un lado a procurar caracterizar el supuesto de hecho, es decir el objeto o contenido específico de cada uno de los nuevos derechos a la participación que hemos indicado. Luego vamos a establecer de forma sintética, las tendencias de desarrollo de estos derechos en normativa infraconstitucional y algunos resultados de su implementación. Así mismo, a partir de una selección de normas relevantes, vamos a evidenciar algunos problemas que encontramos en estas regulaciones en orden al desarrollo de los derechos. Esto nos permitirá identificar tensiones entre el propósito y el diseño constitucional de estos derechos y su desarrollo normativo, prospectando líneas de trabajo en orden a afianzar su mejor conocimiento y realización efectiva. Finalmente, vamos a examinar además el derecho a la resistencia contemplado en el Art. 98 en el marco del sistema constitucional del Ecuador e identificar su problemática.

3.4.1. Derecho de participación en asuntos de interés público

Dentro del artículo 61 de la CRE consta el derecho a participar en los asuntos de interés público, previsto en el apartado 2, cuyo supuesto como podemos apreciar se presenta muy abierto. Este enunciado coincide con el presupuesto establecido en el inciso segundo del Art. 95 y se trata de un derecho genérico a participar. A continuación, de forma complementaria a lo ya expuesto acerca de este derecho general a la participación, vamos a formular algunas precisiones.

Participar supone como hemos señalado tomar parte en la vida pública, dentro de procesos que tienen que ver con la definición del destino de la comunidad política o sociedad denominada Ecuador. Participar es pues un proceso político que involucra una serie de pasos: desde socializar iniciativas e ideas, justamente hasta convertirlas en un asunto de interés público, plasmarlas en iniciativas, proyectos, propuestas, etc., implementarlas, hasta controlar su ejecución. Todo esto en una coparticipación activa y continúa con los funcionarios y agencias del Estado en sus distintos ámbitos de competencia sobre esos asuntos.

Por otra parte, los términos *asunto de interés público* suponen la referencia a una temática concreta o a la tematización de un fenómeno, proceso, acontecimiento, que por el hecho de ser compartido, visibilizado y discutido dentro de un espacio común, entre varios sujetos, alcanza un interés general, se vuelve objeto importante de preocupación por parte de un colectivo, de una comunidad, de la sociedad. Esto, que alude a complejos procesos comunicativos de construcción de determinados temas o asuntos como *problemas públicos* es lo que siguiendo a Daniel Cefai hemos denominado *procesos de publicización*. Hemos insistido además que: "[E]l cometido específico de los procesos de publicización es la problematización de asuntos, que en razón de ese mismo proceso, se convierten en problemas públicos. Es imprescindible considerar entonces complementariamente la noción de *problema público* introducida por J. Gusfield, en términos de una situación que emerge públicamente como objeto de reflexión y de acción colectiva, al mismo tiempo"[124].

Ahora bien, para definir mejor los alcances de qué significa participar en un asunto de interés público, podemos acudir a normas constitucionales análogas o concordantes.

En este sentido, lo primero que puede destacarse es que el enunciado del número 2 del Art 61 comprende, en una suerte de *efecto envolvente*, a todos los otros derechos que están previstos en el citado artículo, que serían en ese sentido, formas más específicas de la participación en asuntos de interés público.

Luego, este enunciado (Art. 61.2 CRE), se relaciona fuertemente con lo previsto en el Art. 95 de la Carta. El inciso primero del Art. 95

---

124 M. Navas, *Lo Público insurgente. Crisis y construcción de la política en la esfera pública*, op. cit., p. 80.

prevé que sean "las ciudadanas y ciudadanos, en forma individual y colectiva" quienes participen en "la toma de decisiones, planificación y gestión de los asuntos públicos", además de que lo hagan en el "control popular de las instituciones del Estado y la sociedad, y de sus representantes". El de las instituciones no solo estatales sino sociales en general, y el control de los representantes serían algunos de los grandes ámbitos de los asuntos públicos que atañen al derecho de participación. Este enunciado del Art. 95 establece además un papel protagónico de estos sujetos participantes y que esa participación sea un "proceso permanente" hacia la "construcción del poder ciudadano". La parte final como referimos ya, cualifica los procesos de participación al orientarlos por "los principios de igualdad, autonomía, deliberación pública, respeto a la diferencia, control popular, solidaridad e interculturalidad".

El segundo inciso del Art. 95 que como hemos indicado, reconoce un derecho idéntico al del apartado 2 del Art. 61, agrega algo sobre las formas de accionamiento de este derecho en el sentido de que este se "ejercerá a través de los mecanismos de la democracia representativa, directa y comunitaria". Esto ratifica la ya explicitada conexión de este derecho general con el resto de derechos de participación en una suerte de efecto envolvente, incluso con aquellos propios de la democracia representativa. Conexión esta que se expresa en los siguientes ámbitos de la participación: a) la participación política ciudadana, activa y continúa, que conduce a la creación de formas específicas de relación con el Estado; b) la participación comunitaria y, c) la participación política representativa enriquecida o bien participación política directa.

Por otra parte, el esquema constitucional contempla una serie de espacios específicos donde coparticipan Estado y sociedad, que cuentan en algunos casos con funciones de rectoría de políticas públicas y en otros, de promoción de la participación o consulta en sus respectivas áreas de competencia. Ejemplo de estos son los Consejos nacionales de igualdad (CNI).

Los CNI de acuerdo a la Constitución se definen en el Art. 156 como organismos "responsables de asegurar la plena vigencia y el ejercicio de los derechos". A pesar de tan ambiciosa referencia que hace el constituyente al inicio de este artículo, las demás disposiciones que acompañan a esta frase inicial van delimitando su ámbito de competencia y precisando el carácter de estos consejos en dos sentidos. Primero, se definen dos ámbitos de acción de estas entidades, uno general que será la promoción del derecho a la igualdad, con énfasis en su sentido material y en las formas de combatir la discriminación; y más específicamente, se establecen ámbitos concretos relacionados con determinados sujetos y grupos de derechos constitucionales como son los relacionados con el género, los pueblos y nacionalidades, las cuestiones generacionales, las interculturales, las discapacidades y la movilidad humana. Segundo, se determina que estos consejos actúen como organismos de rectoría de políticas públicas, y como tales en entidades de formulación de políticas sobre derechos y además, de transversalización, observancia, seguimiento y evaluación de las mismas en los ámbitos específicos antes mencionados.

En cuanto al lugar que tendrán estos consejos dentro de la institucionalidad del Estado y sus relaciones con otros órganos, el inciso final del Art. 156 determina que estos deben coordinar "con las entidades rectoras y ejecutoras y con los organismos especializados en la protección de derechos en todos los niveles de gobierno" en el cumplimiento de sus fines. De su parte, el artículo 157 de la CRE prevé que los CNI se integren en forma paritaria, por representantes de la sociedad civil y del Estado, pero que estarán presididos por quien represente a la Función Ejecutiva. Con esto se establece una suerte de preeminencia del Ejecutivo dentro de estas instituciones. Esta norma finalmente dispone que la estructura, funcionamiento y forma de integración de los CNI se regule conforme con los principios de alternabilidad, participación democrática, inclusión y pluralismo.

Sobre el desarrollo legal de esta instancia, debemos señalar en primer lugar que la Ley Orgánica de Participación Ciudadana (LOPC) en su Art. 47 se refiere al tema y lo hace reproduciendo el texto del artículo 157 de la CRE (arriba referido), omitiendo los principios a base de los cuales ha de regularse estas instituciones. Lo único que aporta esta norma legal es disponer que deba haber una Ley específica sobre esta materia. Esta Ley orgánica fue publicada en el Registro Oficial (órgano oficial del Estado) no. 283 del 7 de julio de 2014; en ella se aprecian las siguientes tendencias:

- Los CNI aunque poseen autonomía, forman parte de la Función ejecutiva. Están integrados paritariamente por las cinco funciones del Estado y representantes de los sectores específicos sobre los que se generan las políticas. Sus atribuciones son aún bastante generales y no se establecen mecanismos más concretos que faciliten una real incidencia en las políticas públicas.
- La actuación de los CNI se ubica en términos de un allanamiento hacia el sistema de planificación nacional en el sentido de que es en esta última instancia donde se toman las decisiones finales sobre como prever formas de implementación de esas políticas públicas y por tanto de la efectividad de los derechos. Se trata así de una opción por un modelo más eficientista en la cúspide, basado en las decisiones de los representantes lo cual limita las posibilidades de una democracia participativa.
- Al crear cinco consejos (de Genero, Intergeneracional, Pueblos y Nacionalidades, Discapacidades y Movilidad Humana) parecería que los ámbitos de interculturalidad y pluralidad étnica se fusionarían en las competencias del Consejo de Pueblos y Nacionalidades, con lo cual a nuestro criterio se reducen las posibilidades de un tratamiento más relevante y amplio del tema de la interculturalidad en un mayor espectro de autonomía.
- Como aspectos positivos encontrados en esta normativa podemos mencionar, que primero uniformiza la regulación de todos los Consejos que antes estaba dispersa en varias normas específicas de los anteriores consejos de niñez y adolescencia, discapacidades, mujeres, pueblos y nacionalidades indígenas, afroecuatorianos y montubios. En segundo lugar se precautela la paridad de género en la integración de los CNI. En tercer lugar, que en el proceso de selección y designación de los Consejeros de la sociedad civil pueden contarse con el respaldo de una o varias organizaciones sociales.

Finalmente, se debe recalcar que sin duda los CNI constituyen dispositivos que tienen gran potencial para incidir positivamente sobre las políticas públicas en materia de la construcción de la igualdad material, base del buen vivir y particularmente a favor de los grupos de personas que merecen atención prioritaria. Este es un esquema innovador, aunque lejos está de poder por si solo garantizar los derechos.

Con referencia a otras *instancias de tipo consultivo*, dentro del *Sistema Nacional Descentralizado de Planificación*, se contemplan *consejos ciudadanos* para apoyar el proceso de planificación participativa del desarrollo (Arts. 279-280 CRE) aunque con carácter consultivo como muchas instituciones de participación. Otro ejemplo de esta nueva institucionalidad participativa lo hallamos en el Régimen de organización territorial del Estado. El Artículo 100 de la CRE establece la obligación de integrar en todos los niveles territoriales instancias de participación donde se incluyen actores de la sociedad civil[125]. El siguiente artículo instituye el mecanismo de la "silla vacía" para participar en los asuntos públicos a nivel de los gobiernos autónomos descentralizados (GAD). Establece así que las sesiones de los GAD serán públicas, y en ellas existirá una silla vacía "que ocupará una representante o un representante ciudadano en función de los temas a tratarse, con el propósito de participar en su debate y en la toma de decisiones" (Art. 101).

Finalmente, en cuanto a la relación del derecho a participar en asuntos de interés público con otras normas constitucionales además de los derechos y normas ya revisadas, debemos destacar su correspondencia con numerosos derechos específicos y componentes que configuran ámbitos específicos de los asuntos públicos. En la siguiente tabla presentamos las relaciones más relevantes.

Norma/ Artículo	Asunto
16.5	Derecho a integrar espacios de participación en materia de comunicación
17	Participar en asignación de frecuencias radioeléctricas y en la creación de medios de comunicación.
23	Participar en el espacio público.
26	Responsabilidad de participar en el proceso educativo.
38	Participación en políticas públicas de atención a adultos mayores.

125 Estos actores tienen según la norma constitucional las siguientes competencias: 1. elaborar planes y políticas públicas, 2. mejorar la calidad de la inversión pública y definir agendas de desarrollo, 3. elaborar presupuestos participativos de los gobiernos, 4. fortalecer la democracia con mecanismos permanentes de transparencia, rendición de cuentas y control social y, 5. promover la formación ciudadana e impulsar procesos de comunicación (Art. 100).

39	Participación de los jóvenes en espacios del poder público.
45	Derecho a la participación social de las niñas, niños y adolescentes.
47.7	Derecho de las personas con discapacidad a una educación que desarrolle sus potencialidades y habilidades para su integración y participación en igualdad de condiciones.
48.1 y 4	Participación política de las personas con discapacidad.
57.6, 8 y 14	Derechos de las comunas, comunidades, pueblos y nacionalidades indígenas a participar de los recursos naturales renovables que se hallan en sus tierras, en programas de conservación y uso sustentable de la biodiversidad, y del sistema de educación cultural bilingüe.
66.24	Derecho a participar en la vida cultural de la comunidad.
96 y 97	Reconocimiento de todas las formas de organización social y modalidades de acción social.
137	Derecho a participar en los debates legislativos para ciudadanos interesados o que crean que una iniciativa de Ley puede afectar sus derechos.
319	Reconocimiento de diversas formas de organización de la producción en la economía.
359	El Sistema Nacional de Salud propiciará la participación ciudadana y el control social.
395	Garantía de participación activa y permanente de las Personas y colectivos afectados, en la planificación, ejecución y control de toda actividad que genere impactos ambientales.
405	El Estado fomentará la participación de las comunidades, pueblos y nacionalidades que han habitado ancestralmente las áreas protegidas en su administración y gestión.
415	El Estado central y los gobiernos autónomos descentralizados adoptarán políticas participativas de ordenamiento territorial urbano y de uso del suelo.

En cuanto al *desarrollo normativo* del derecho a participar en asuntos públicos, además de lo referido acerca de los CNI, debemos agregar que este se ha producido sobre todo a través de cuerpos legales orientados más bien hacia a crear normas para los distintos derechos específicos, que a un efectivo desarrollo del derecho genérico. En orden de relevancia, entre los distintos cuerpos legales que desarrollan los derechos de participación y sus mecanismos constitucionales podemos citar:

La *Ley Orgánica de Participación Ciudadana* es el principal cuerpo legal en esta materia. Esta Ley se encuentra vigente desde el 20 de abril de 2010 (R.O. No. 175) y consta de 101 artículos, tres disposiciones generales, una transitoria y una final. El articulado se divide en diez títulos sobre: principios generales; democracia directa;

poder ciudadano; organizaciones sociales, voluntariado y formación ciudadana; acciones jurisdiccionales sobre derechos de participación; participación ciudadana en las funciones del Estado, participación en los distintos niveles de gobierno; presupuestos participativos; mecanismos de participación, y control social[126],

Esta Ley posee una estructura adecuada que abarca de forma lógica los principales aspectos de la participación, sin embargo no desarrolla a fondo distintas instituciones, especialmente los mecanismos y procedimientos. Ella contiene normas que hacen una definición más específica de los preceptos constitucionales como al referirse a los objetivos y principios (Arts. 3 y 4); se destaca por ejemplo el apartado 3 del Art. 3 que incorpora como objetivo de la LOPC:

> "Instituir mecanismos y procedimientos para la aplicación e implementación de medidas de acción afirmativas que promuevan la participación igualitaria a favor de titulares de derechos que se encuentren en situaciones de desigualdad".

Existe en esta norma sin embargo, una tendencia fuerte a repetir los postulados de la Constitución en los encabezados de muchos artículos, como es el caso del Art. 29:

> La participación y la construcción del poder ciudadano. El poder ciudadano es el resultado del proceso de la participación individual y colectiva de las ciudadanas y ciudadanos de una comunidad, quienes, de manera protagónica participan en la toma de decisiones, planificación y gestión de asuntos públicos; así como, en el control social de todos los niveles de gobierno, las funciones e instituciones del Estado, y de las personas naturales o jurídicas del sector privado que manejan fondos públicos, prestan servicios o desarrollan actividades de interés público, tanto en el territorio nacional como en el exterior.

La primera parte de esta norma repite prácticamente lo establecido en el inciso primero del Art. 95, aunque más adelante formula una importante precisión y alcance en cuanto a qué debe entenderse como ámbito de los asuntos públicos, incorporando al sector privado

---

126 En la codificación oficial existe un error al asignar el Título IV tanto a organizaciones sociales, voluntariado y formación ciudadana como a acciones jurisdiccionales sobre derechos de participación, por lo que esta versión oficial consta de nueve títulos cuando realmente son diez.

en cuanto personas que manejen fondos públicos, presten servicios o desarrollen actividades de interés público.

Luego, la LOPC desarrolla en parte los presupuestos y requisitos para el ejercicio de muchos derechos y mecanismos como la iniciativa popular normativa (Arts. 6 al 12). En otros casos como la consulta y la revocatoria del mandato, no establece con suficiente precisión el proceso a seguir, este es el caso de la consulta popular por iniciativa ciudadana (Art. 21), en el que se repiten los requisitos ya establecidos en la Constitución, siendo más bien el *Código de la Democracia*, el que contiene normas más precisas al respecto, como mostraremos más adelante. Otros pocos procedimientos como el de las veedurías están además reglamentados en normas secundarias[127]. El título IV sobre las acciones jurisdiccionales no aporta en nada al desarrollo de formas de garantía jurisdiccional en materia de derechos de participación, declara la existencia de una "acción ciudadana para la defensa de los derechos de participación" (Art. 44) pero la circunscribe a las acciones jurisdiccionales ya existentes, cuando se podría haber optado por ejemplo, por crear procedimientos administrativos sumarios que efectivicen estos derechos de mejor forma, de manera similar al previsto para el acceso a la información pública en la Ley Orgánica de Transparencia y Acceso a la Información Pública (LOTAIP).

Menos atención pone la LOPC aún, al fomento de la participación. Entre las pocas normas que se refieren a este tema se cuenta el Art. 43 que prevé de forma muy general la obligación estatal de fomentar la participación y cuya sola referencia específica la hace a la asignación de "fondos concursables, becas educativas, créditos y otros, a fin de que, las organizaciones sociales realicen proyectos y procesos tendientes a formar a la ciudadanía en temas relacionados con derechos y deberes" de participación. La posibilidad de acceder a fondos concursables es importante para estimular el desarrollo de iniciativas ciudadanas, sin embargo resultaba necesario que los mecanismos de asignación de tales fondos se regulen de mejor manera, sobre todo para que se abstraigan de la posibilidad de asignación por criterios de preferencia política.

---

127 El Art. 86 establece expresa facultad al CPCCS para reglamentar las veedurías, lo cual se ha hecho mediante Resolución 005-019-2010 CPCCS.

Además de la LOPC cuatro cuerpos legales contienen normas relevantes en materia de participación: la *Ley Orgánica del Consejo de Participación Ciudadana y Control Social* (LOCPCCS), que institucionaliza a este organismo y desarrolla sus atribuciones; El *Código Orgánico de Organización Territorial, Autonomía y Descentralización* (COOTAD) que establece mecanismos de participación en todos los niveles de organización territorial y manda a las instancias respectivas a desarrollarlos; la *Ley Orgánica Electoral y de Organizaciones Políticas* o *Código de la Democracia* (CD) donde se regulan los mecanismos de democracia directa, y finalmente, la *Ley Orgánica de la Función de Transparencia y Control Social* (LOFTCS).

Respecto de estas leyes de manera general debemos destacar. En cuanto a la LOCPCCS tanto esta como la misma norma constitucional tienden a hacer énfasis en el rol de este *Consejo de Participación* como elector de un conjunto de altas autoridades del Estado, muchas de las cuales son cabeza de otros organismos que integran la misma Función de Transparencia como el Contralor General del Estado. Un ejemplo lo encontramos en las atribuciones generales del Consejo (Art. 5), la mitad de ellas (nos. 4 al 8) se refieren a la designación de autoridades. Por otra parte, pudo haberse reforzado más el capítulo II que se refiere a la participación propiamente dicha y a la rendición de cuentas. Respecto del COOTAD se destaca un amplio catálogo de normas que transversalizan la participación a nivel de los GAD, estableciéndola como una de sus funciones y disponiendo especialmente que se instituyan sistemas de participación (Arts. 29-31). En este sentido, según datos del CPCCS existen al 2012, 221 ordenanzas municipales que crean estos sistemas y 23 a nivel provincial. Además se destacan normas sobre presupuestos participativos, rendición de cuentas y gestión participativa. A las normas del Código de la Democracia relativas a los MDD nos referiremos al tratar de los derechos a la iniciativa popular normativa, consulta y revocatoria del mandato, más adelante, en esta sección. Finalmente hay que subrayar que la Ley Orgánica de la Función de Transparencia fue aprobada en agosto de 2013 casi cinco años después de la vigencia de la CRE. Esta norma posibilita una necesaria mayor coordinación entre las instituciones que integran esta Función estatal, creando un Sistema Nacional Integrado de la Función de Transparencia y Control Social que esperamos permita además una potenciación de la actividad de las instituciones de esta Función y el desarrollo de los procesos de participación ciudadana.

Además de las leyes referidas, existen otras normas legales que en sus ámbitos de vigencia contienen normas relacionadas con la participación en asuntos públicos[128], entre las más relevantes podemos mencionar:

- Ley Orgánica del Régimen de Soberanía Alimentaria;
- Ley de reconocimiento a los héroes y heroínas nacionales;
- Código Orgánico de Planificación y Finanzas Públicas;
- Ley Orgánica de la Función Legislativa;
- Ley Orgánica del Sistema Nacional de Contratación Pública;
- Ley Orgánica de Comunicación;
- Ley Orgánica de Educación Intercultural;
- Ley Orgánica de Recursos Hídricos, usos y aprovechamiento del Agua
- Ley Orgánica de Economía Popular y Solidaria y del Sector Financiero Popular- y Solidario;
- Ley Orgánica de Discapacidades;
- Ley Orgánica de Educación Superior;
- Ley del Sistema de Registro de datos Públicos;
- Ley Orgánica de Garantías Jurisdiccionales y Control Constitucional;
- Código Orgánico Monetario y Financiero

También existen referencias a la participación en los siguientes instrumentos: el Plan Nacional de Desarrollo (del Buen Vivir), el Plan Nacional de Lucha contra la Corrupción y las Políticas de participación ciudadana, control social, rendición de cuentas del CPCCS.

Para finalizar, haremos referencia a dos normas secundarias que inciden en el ejercicio del derecho a participar en los asuntos públicos. La primera aquella que creó la Secretaría de Pueblos, Movimientos Sociales y Participación Ciudadana (SPMSPC) por Decreto Ejecuti-

[128] Esta normativa puede consultarse en el portal de la Asamblea Nacional del Ecuador: *http://www.asambleanacional.gob.ec/leyes-aprobadas*

vo 133 de marzo de 2007, institución que luego mediante Decreto 1522 de mayo de 2013 sería absorbida por la Secretaría Nacional de Gestión de la Política (SNGP). La segunda norma hace relación a la regulación de las organizaciones sociales y es el Decreto Ejecutivo 16, de junio de 2013, mediante el cual se reglamenta el Sistema Unificado de Información de las Organizaciones Sociales y Ciudadanas.

La primera norma creaba la SPMSPC, una entidad con competencias de rectoría sobre las políticas públicas en materia de participación ciudadana (Art. 2, Decreto 133) y si bien fue creada con anterioridad a la Constitución de 2008, tal entidad subsistió hasta la fusión de 2013. Las competencias asignadas a ella claramente han supuesto durante su vigencia un menoscabo al rango de competencias constitucionales de la Función de Transparencia y Control Social y del Consejo de Participación Ciudadana y Control Social CPCCS.

Actualmente y a pesar de la mejor formulación de funciones que presenta el Decreto 1522 en el sentido de tareas de coordinación, enlace y diálogo político con organismos estatales y organizaciones sociales, la nueva SNGP ostenta las mismas funciones (Art. 4 del Decreto 1522), que la anterior SPMSPC, esto es el "diálogo" con las organizaciones sociales pero también la promoción de la participación, por lo que la superposición sobre el CPCCS subsiste. La SNGP es de hecho la encargada del Registro de Organizaciones de la Sociedad Civil, competencia que de acuerdo a la lógica constitucional debía tener el CPCCS. De hecho, el Decreto 16 emite numerosas regulaciones hacia las organizaciones, sometiéndolas a este Reglamento y al control de la SNGP (Art. 10, DE 16). De acuerdo a la Constitución (entre otros a los artículos el 95, 96, 61.2. y 66.13) y según el Art. 31 de la LOPC le corresponde al Estado "garantizar el derecho a la libre asociación, así como a sus formas de expresión, y también debe generar mecanismos que promuevan la capacidad de organización y el fortalecimiento de las organizaciones existentes". Este Decreto entiende como garantizar, el regular las condiciones para el funcionamiento de las organizaciones sociales. Si bien las regulaciones pueden ayudar efectivamente a un mejor funcionamiento de las organizaciones como puede suceder sobre todo a través de normas claras de democracia interna, la presencia de numerosos requisitos para su constitución y funcionamiento, puede ser un factor que obstaculice su desarrollo. Así mismo la presencia de causales de disolución de amplio espectro como son las contenidas en el Art. 26 del referido Decreto 16[129], puede constituir al favorecer interpretaciones extensivas, un obstáculo para la vida de estas organizaciones.

3.4.2. Iniciativa popular normativa e iniciativa popular de reforma constitucional

En su análisis del modelo constitucional alemán que sirve de base para su formulación teórica, Robert Alexy advierte la presencia de una tensión entre derechos y procedimiento democrático. Por una parte, los sujetos a través del procedimiento democrático participan indirectamente en la actividad legislativa que tiene por objeto desarrollar los derechos, por ejemplo a través de prestaciones normativas que permiten ejercerlos. Por otra parte, los mismos contenidos de los derechos suponen un límite al legislador[130]. Este esquema tradicional resulta superado por la introducción de derechos de participación como el de la *iniciativa popular normativa* que refuerza las competencias de los ciudadanos para participar de forma más directa, pero sobre todo activa y continúa en el desarrollo legislativo[131]. Sin duda una participación efectiva en la discusión legislativa refuerza lo que Nino denomina la calidad epistémica de las leyes[132], contribuyendo a mejorar la calidad de la democracia.

La iniciativa normativa consiste en sentido amplio en la facultad de los sujetos de proponer proyectos de leyes o de regulaciones inferiores

---

129 Citemos tres ejemplos de estas causales (Art. 26, Decreto 16): 2. Desviarse de los fines y objetivos para los cuales fue constituida, 7. Injerencia en políticas públicas, que afecten la paz pública; o bien 8. Incumplir lo previsto en el citado Reglamento o incurrir en prohibiciones allí establecidas.

130 R. Alexy, *Teoría de los derechos fundamentales*, op. cit pp. 442-443.

131 Coincidimos en buena parte en ese sentido con lo expresado por P. Ospina en su análisis sobre la participación en Ecuador, acerca de que la IPN: «aunque está clasificada como mecanismo de "democracia directa" en la Constitución de 2008, consideramos la iniciativa ciudadana para la presentación de leyes como un mecanismo de participación porque permite la influencia de grupos interesados en la decisión sobre la legislación» (P. Ospina, "La participación ciudadana en Ecuador (2009-2012)", en G. Benavides y G. Chávez (Eds.) *Horizonte de los derechos humanos. Ecuador 2012*, UASB, Quito, 2013, pp.157-158).

132 C. S. Nino, *La constitución de la democracia deliberativa*, Gedisa, Barcelona, 1997, p. 188.

a estas, a los órganos encargados de aprobarlas. Cuando se califica como "popular" se procura diferenciar del procedimiento tradicional de iniciativa normativa, que en los Estados modernos radicaba solamente en las autoridades legitimadas para este efecto, sean monarcas o bien mandatarios electos, o bien los mismos órganos legislativos que deben procesar tales iniciativas, u otras autoridades legitimadas. El énfasis diferenciador es que en este caso, no es una autoridad, sino los ciudadanos, quienes tienen derecho de proponer de forma directa proyectos de regulación de determinados asuntos de interés público.

En el caso ecuatoriano, la base constitucional de este derecho se encuentra en tres normas: a) en el apartado 3 del Art. 61 que establece el derecho a "presentar proyectos de iniciativa popular normativa" (IPN en adelante), b) en el Art. 102 que prevé la facultad de los ciudadanos ecuatorianos de presentar sus propuestas y proyectos a todos los niveles de gobierno; y c) en el artículo 103. Esta última norma precisa los supuestos de hecho y establece presupuestos para la IPN. Se distingue entre una IPN de alcance general y una IPN específica para reformas constitucionales.

La IPN de alcance general "se ejercerá para proponer la creación, reforma o derogatoria de normas jurídicas ante la Función Legislativa o cualquier otro órgano con competencia normativa" (inciso primero Art. 103). También se prevé como parte del derecho a la IPN que quienes la propongan participen, mediante representantes, en el debate del proyecto en el órgano correspondiente, lo cual no obstaculiza a nuestro criterio, el poder invocar el derecho más amplio establecido en el Art. 137 de acudir directamente a exponer argumentos por parte de los ciudadanos cuando estos tengan interés en la aprobación del proyecto de ley.

Además de estos presupuestos, la citada norma introduce condiciones a los sujetos pasivo y activo para el ejercicio de la IPN: a) La iniciativa deberá contar con el respaldo de un número no inferior al cero punto veinte y cinco (0.25%) por ciento de las personas inscritas en el registro electoral de la jurisdicción correspondiente[133], b) el

133 Con esto concuerda lo dispuesto en el artículo 134 de la CRE que regula quienes tienen iniciativa legislativa, aunque cuando su apartado 5 se refiere a los ciudadanos, precisa que se trata de aquellos que "estén en goce de los derechos

órgano que trate una IPN tendrá un plazo de ciento ochenta días, de no tratar la propuesta esta entrará en vigencia, c) En el caso de un proyecto de ley, el Ejecutivo podrá enmendarlo pero no vetarlo totalmente.

Por otra parte, los arts. 103 y 442 regulan las condiciones para la *Iniciativa popular de reforma constitucional*. De acuerdo al Art. 442 esta iniciativa de reforma debe ser parcial y no puede contener una restricción en los derechos y garantías constitucionales, ni modificar el procedimiento de reforma de la Constitución. Al respecto, el Art. 103 establece tres reglas: a) se requerirá del respaldo de un número no inferior al uno por ciento de los inscritos en el registro electoral (concuerda con el Art. 442), b) los proponentes podrán solicitar al Consejo Nacional Electoral (CNE) que convoque a consulta popular si la Función Legislativa no tratare la propuesta de reforma constitucional en el plazo de un año[134], sin necesidad de presentar el ocho por ciento de respaldo de inscritos en el registro electoral; y c) mientras se tramite una propuesta ciudadana de reforma constitucional no podrá presentarse otra.

En relación al *desarrollo normativo* de la IPN este se reparte entre la LOPC y el Código de la Democracia (CD), además existen referencias a ella en la Ley Orgánica de la Función Legislativa (LOFL) y en el COOTAD. A nivel reglamentario se cuenta con el Reglamento para el ejercicio de la democracia directa a través de la iniciativa popular normativa, consultas populares, referéndum y revocatoria del mandato (RDD) expedido por el CNE en 2011[135] y codificado en 2013 luego

políticos", de forma que uno de los derechos que quedarían suspendidos cuando se pierden los derechos políticos sería el de presentar una iniciativa popular legislativa.

134 Según el Art. 442, este tipo de iniciativa de reforma constitucional se tramitará en al menos dos debates legislativos, el segundo de los cuales se realizará al menos noventa días después del primero. "Una vez aprobado el proyecto de reforma constitucional se convocará a referéndum dentro de los cuarenta y cinco días siguientes. Para la aprobación en referéndum se requerirá al menos la mitad más uno de los votos válidos emitidos. Una vez aprobada la reforma en referéndum, y dentro de los siete días siguientes, el Consejo Nacional Electoral dispondrá su publicación".

135 Este reglamento sustituyó a otras regulaciones como el Reglamento para consultas populares, iniciativa popular normativa y revocatoria del mandato y el

de varias modificaciones. A continuación vamos a hacer referencia a estas normas.

La LOPC, el CD y la LOFL reproducen en general los supuestos y condiciones para el ejercicio de la IPN, vamos a exponer seguidamente las novedades que sin embargo esta Ley trae al respecto.

El segundo inciso del Art. 6 de la LOPC introduce excepciones no previstas en la Constitución a la IPN. Invocando probablemente el Art. 135 de la CRE que prevé que solo el Presidente de la República puede "presentar proyectos de ley que creen, modifiquen o supriman impuestos, aumenten el gasto público o modifiquen la división político administrativa del país", el legislador, más que configurando, interpretando la Constitución[136], prohíbe presentar IPN ciudadanas en estos ámbitos.

El Art. 7 de la LOPC se refiere de su parte, a la obligación del CNE de publicar "a través de su página web, la cifra exacta de los electores que constituyen el porcentaje mínimo requerido para el ejercicio de la iniciativa popular normativa" y reglamentar el proceso de recolección de firmas, respecto de cada jurisdicción concreta. Esto último se ha cumplido a través del RDD, lo primero no[137].

La propuesta de IPN debe formularse por escrito ante el máximo órgano decisorio de la institución con competencia normativa de que se trate según el caso (Arts. 8 a 10 LOPC)[138] quien notificará al

---

de control del financiamiento, gasto y publicidad de campañas electorales para consultas populares, referéndum y revocatoria de mandatos.

136 Según la CRE, Arts. 429 el organismo competente para interpretar la Constitución, es la Corte Constitucional.

137 Es más, de una revisión de la página web del CNE puede verse que toda la numerosa información con la que cuenta solamente se refiere a procesos electorales y no existe información sobre sus obligaciones en materia de derechos de participación.

138 La IPN debe contener según el Art. 8 de la LOPC: 1. El título o nombre que la identifique. 2. Exposición de motivos. 3. El articulado, que debe referirse a una sola materia, redactado de manera clara y concreta. 4. Se constituye previamente una comisión popular promotora con personas naturales que ejercen directamente sus derechos o por personas que representen a personas jurídicas o voceros de agrupaciones sociales. Se deben consignar los datos generales de identidad de los integrantes de esta comisión promotora. 5. Las firmas de respaldo. 6. La descripción del proceso de iniciativa. En el caso de las firmas de respaldo, el Art. 3 del RDD dispone que estas "deberán ser receptadas en el formato de

CNE[139]. Este órgano se encarga de autenticar y verificar las firmas[140], y notificará a la entidad correspondiente para que en el caso de que proceda el trámite de la IPN garantice la participación de los promotores en el debate del proyecto. Para la verificación de firmas el RDD contempla que los interesados puedan acreditar delegados a este proceso. Igualmente cualquier ciudadano puede acreditarse como veedor u observador (Arts. 27 y 28 RDD).

La entidad legislativa tratará el proyecto en un plazo de 180 días desde la notificación del CNE, si no lo hace esta entrará en vigencia (Arts. 10 LOPC y 194 CD). En el caso de la Asamblea Nacional, el Art. 66 de la LOFL manda a que esta implemente "un sistema de recepción de propuestas o proyectos de ley presentados en forma individual por las y los ciudadanos, que pondrá a conocimiento de las y los asambleístas a través de su red interna de comunicación, para que éstos puedan analizarlos y, de ser el caso, acogerlos y apoyarlos". Este sistema ha sido implementado bajo el nombre de Sistema de Información Legislativa de la Asamblea Nacional.

Si el proyecto es rechazado o modificado por la entidad encargada del debate, de acuerdo al Art. 11 de la LOPC, la comisión popular promotora podrá solicitar al Ejecutivo del nivel de gobierno respectivo la convocatoria, de acuerdo al trámite respectivo, de una consulta popular en el ámbito territorial respectivo para decidir entre el proyecto ori-

---

formulario provisto por el Consejo Nacional Electoral". Los Arts. 19 al 21 del citado Reglamento regulan el formato y condiciones de estos formularios. El Art. 24 exige que además del respaldo escrito se entregue en "medio magnético con la base de datos de los ciudadanos que consignaron su apoyo".

139 En el caso de una IPN presentada ante la Asamblea Nacional es el CNE quien solicita a la Secretaría de la Asamblea que certifique la fecha de presentación de la propuesta y de ser el caso la mandará a la Corte Constitucional para su dictamen (Art. 183 del CD reformado, RO 445,11.05.2011.

140 La verificación será informática y visual, de acuerdo al Art. 22 del RDD. Se seguirá el procedimiento establecido en este Reglamento. Pueden efectuar el procedimiento tanto el CNE como sus delegaciones provinciales y su resolución será motivada (Art. 30 y Disposición general 3 RDD). Esta última disposición general contempla una limitación: "En el caso de que la documentación no se presente en las condiciones establecidas en el instructivo, no admitirá a trámite la solicitud hasta que el peticionario las corrija. Una vez presentada la solicitud los peticionarios no podrán agregar nuevos formularios con firmas de respaldo". Es decir pueden formularse correcciones pero no puede admitirse nuevas firmas.

ginal y el modificado. Corresponde al CNE garantizar que la comisión popular promotora acceda en condiciones de igualdad a los medios de comunicación social para la defensa y debate público del proyecto.

De acuerdo al inciso primero del Art. 12 de la LOPC, si el Presidente de la República enmienda un proyecto de ley por IPN la comisión popular promotora deberá ser notificada (plazo de 5 días) para que presente sus objeciones.

De su parte el COOTAD en el Art. 309 reconoce que: "Todos los ciudadanos gozan de iniciativa popular para formular propuestas de normas regionales, ordenanzas distritales, provinciales o cantonales, o resoluciones parroquiales así como su derogatoria de acuerdo con la Constitución y ley", lo cual se regula a través de las distintas ordenanzas.

De similar manera a lo ya expuesto en relación a la IPN en general, en el caso de la *reforma constitucional por IPN*, las normativas invocadas en gran parte repiten los preceptos constitucionales (especialmente los Arts. 14 de la LOPC y 188 del CD). Sin embargo, también se formulan algunas precisiones. Así, la LOPC en su Art. 15 desarrolla lo dispuesto en el Art. 443 de la CRE en el sentido de disponer que el proyecto de reforma constitucional deba enviarse a la Corte Constitucional para que determine el procedimiento a seguir. Es decir se requiere de un dictamen previo sobre la procedencia de la vía de la propuesta de modificación constitucional.

Sobre el trámite, la LOPC (Inc. 2, Art. 15) prevé que el CNE seguirá el procedimiento utilizado para la Iniciativa Popular Normativa. De su parte, el artículo 189 del CD introduce una disposición específica en el sentido de que la Asamblea Nacional o el órgano correspondiente, remitan en el término de setenta y dos horas la propuesta al CNE para que verifique la autenticidad de los respaldos presentados. Se agrega además que en caso de insuficiencia o inconsistencias los proponentes pueden completar las firmas, disposición que prevalecería sobre aquella reglamentaria que prohíbe agregar nuevos formularios con firmas de respaldo (RDD, disposición general tercera). Además, según el mismo Art. 189 del CD, de creerlo conveniente: "Las y los proponentes o sus delegados podrán acudir también ante el Tribunal Contencioso Electoral para solicitar que el Consejo Nacional Electoral recuente las firmas".

De su parte, los Arts. 15 y 16 de la LOPC y 191 CD garantizan la participación de quienes impulsaron la IPN en el debate del proyecto. De acuerdo al trámite de la IPN, se debería conformar una comisión popular promotora que pueda intervenir y participar en el debate parlamentario.

Los Arts. 17 de la LOPC y 190 del CD establecen el plazo de un año para que se trate el proyecto de reforma constitucional, desde la fecha en que fue notificada la Asamblea por el CNE con la certificación del respaldo de firmas. Cuando no se tramite en ese plazo, los proponentes podrán solicitar al CNE que convoque a consulta popular sin necesidad de volver a presentar el respaldo de firmas. El Art. 192 del CD impone aquí nuevamente el requisito del dictamen previo de la Corte Constitucional[141], luego de lo cual el CNE convocará a la consulta popular en el plazo máximo de 7 días, para realizarse dentro de los siguientes 60 días de la convocatoria.

No obstante que el resultado de la consulta popular es de obligatorio e inmediato cumplimiento, su desacato de acuerdo al Art. 18, LOPC, puede ser además motivo de que la ciudadanía impulse la revocatoria de mandato de los integrantes de la Asamblea Nacional, sin necesidad de la presentación de firmas, o bien, la destitución de la autoridad pública responsable.

Con respecto al ejercicio del derecho a la IPN, el nivel de incidencia de los proyectos de IPN a nivel legislativo es mínimo. Entre 2009 y 2012, según Ospina, se recibieron 518 proyectos de ley, en la Asamblea Nacional del Ecuador (AN), de estos 399 fueron calificados y tramitados, y 66 se convirtieron en leyes[142]. De todos estos proyectos, según información entregada por la Asamblea Nacional de acuerdo a la tabla siguiente, solo tres fueron calificados por el Consejo de Administración Legislativa (CAL) y se remitieron a las comisiones respectivas.

---

141 El Art. 8 del RDD que se refiere a la insistencia de consulta popular, en su último inciso a lo ya establecido en los citados textos legales agrega: "El Consejo Nacional Electoral una vez recibida la petición por parte de las o los proponentes, solicitará a la Secretaría de la Asamblea Nacional para que en el plazo de tres días certifique la fecha de presentación de la propuesta y con tal certificación, enviará a la Corte Constitucional para que emita el dictamen constitucional respectivo".

142 P. Ospina, "La participación ciudadana en Ecuador (2009-2012)", op. cit. p. 158.

Proponente	Fecha	Proyecto	Calificación CAL	Remitido a Comisión	Observaciones
La Federación Nacional de Cooperativas de Transporte en Taxis del Ecuador	19.10.09	Ley reformatoria a la Ley Orgánica de Transporte Terrestre, Tránsito y Seguridad Vial	Si	Desarrollo económico, productivo y microempresa	Iniciativa popular considerada dentro de la reforma a la Ley Orgánica de Transporte Terrestre, Tránsito y Seguridad Vial. RO 415, 09.03.11
Unión Nacional de Educadores (UNE) Mariana Pallasco, presidenta	08.03.12	Reformas a la Ley Orgánica de Educación Intercultural Bilingüe	Si	Educación cultura, ciencia y tecnología	
Federación Nacional de Organizaciones Indígenas y Negras (FENOCIN)	23.03.12	Ley Orgánica de Tierras y Territorios	Si	Soberanía alimentaria	

Fuente: Asamblea Nacional, oficio 0735 SAN 2013, del 11 de junio de 2013. Elaboración propia.

No obstante, en otras dos investigaciones se da cuenta de otras IPN presentadas ante la AN que alcanzarían un total de ocho. De estos sin embargo, solamente se evidenciaría que cuatro han sido procesados, es decir uno más a los mencionados en nuestra tabla, pero se trata de una iniciativa de reforma penal que a la vez fue presentada por una legisladora, de lo cual se concluye que la cifra de tres proyectos arriba detallados corresponde efectivamente a IPN[143].

---

143 Ramírez se refiere a cinco más de aquellos que constan en la tabla, de los cuales tres habrían sido presentados directamente ante la AN y no fueron procesados, presuntivamente por no seguir el trámite correspondiente frente al CNE, en tanto que un cuarto que se encuentra en etapa de "difusión" y el quinto corresponde a la reforma penal mencionada (véase F. Ramírez G. (Coord.), *Nuda Política. Democracia, participación y conflictos. Ecuador 2009-2012*. FES-ILDIS, FLACSO-Ecuador, 2013, pp. 123-126). De su parte, Ospina refiere tres proyectos más, presentados de forma individual por tres ciudadanos, los cuales según precisa, "no tuvieron ningún trámite" (ver P. Ospina, "La participación ciudadana en Ecuador (2009-2012)", op. cit., pp. 158-9.

Podemos concluir que en total, desde la vigencia de la CRE en 2008 hasta 2012, solamente tres proyectos de IPN fueron procesados por la Asamblea Nacional; un aproximado de 0.8% de todos. De estos pocos proyectos, tan solo el referente a la Ley Orgánica de Transporte Terrestre, Tránsito y Seguridad Vial, presentado por la Federación Nacional de Cooperativas de Taxis, fue según la AN, considerado dentro del trámite respectivo. Otros proyectos como el de la Ley de Tierras y Territorios, cuya relevancia para la implementación del buen vivir era significativa[144], no fueron tramitados de manera favorable a la realización plena del derecho a la IPN[145].

No obstante, hay que destacar que de la información proporcionada en cambio, por el CNE[146], se han podido identificar 25 iniciativas populares normativas presentadas ante este organismo en el mismo período[147]. De estas, 17 corresponden a leyes o reformas de estas, 6 a la esfera seccional y 1 a modificadores de la Constitución y en 18 casos se han entregado los formularios para recolección de firmas, mientras que en 7 casos se ha pedido la opinión de la asesoría jurídica del CNE o se han negado las solicitudes. Lo que en todo caso, preliminarmente puede establecerse de las evidencias consideradas es un escaso uso de las IPN y que gran parte de las iniciativas desarrolladas se han quedado en alguno de los filtros establecidos por el trámite, sea por falta de firmas o de alguna formalidad.

---

144 Como precisa Ospina, este proyecto "que buscaba acentuar el proceso de redistribución de tierras", fue tramitado sin que los representantes de las organizaciones proponentes hayan sido calificados ni convocados como participantes plenos del proceso de discusión (Ibíd., p. 159; tomando como referencia a Miguel Herrera, "En la Asamblea: La lucha campesina e indígena por la tierra", *En La línea de fuego. Comunicación no alineada*, 12 de julio 2012).

145 Cabe indicar que la LOGJCC dispone que la Corte Constitucional haga control constitucional del trámite de normas que sean resultado de IPN (Art. 126 LOGJCC).

146 Informaciones proporcionadas a solicitud de los investigadores, mediante oficio 0882-SG-CNE-2013, del 5 de junio de 2013.

147 Ante la disparidad presente entre la información solicitada a la AN con aquella pedida al CNE, debemos subrayar que la falta de una base de datos consistente sobre las IPN se convierte sin duda en un obstáculo en la vigilancia que debe ejercerse sobre su ejercicio.

3.4.3. Derecho a ser consultados: los tipos de consultas

El *derecho a ser consultados* es otro de los derechos constitucionales de participación que cuenta con una formulación abierta. Entre las acepciones del verbo *consultar* según el diccionario de la RAE, podemos mencionar tres que nos ayudarán a establecer el alcance genérico de este enunciado, estas son: "1. Examinar, tratar un asunto con una o varias personas. 2. Buscar documentación o datos sobre algún asunto o materia. 3. Pedir parecer, dictamen o consejo". Se indica además la cierta equivalencia del término consultar con los de *considerar* y *deliberar*. De manera complementaria, el vocablo *consulta* se entiende entre otras acepciones, como: "1. Acción y efecto de consultar. 2. Parecer o dictamen que por escrito o de palabra se pide o se da acerca de algo. 3. Conferencia entre profesionales para resolver algo". Finalmente la sexta acepción reza: "6. Dictamen que los consejos, tribunales u otros cuerpos daban por escrito al rey, sobre un asunto que requería su real resolución, o proponiendo sujetos para un empleo". Todo esto nos ofrece un panorama inicial para revisar el derecho a ser consultados, que además debemos señalar ya de inicio, involucra el derecho a consultar sobre determinados asuntos.

De los términos sintetizados aquí, podemos deducir que la intención de consultar se dirige a saber el criterio o parecer sobre un asunto que reviste importancia para quien consulta. Esto puede tener una dimensión general, es decir, cualquier asunto a cualquier persona consultada, o bien un asunto relevante a una persona cuyo criterio también reviste relevancia. Esto además puede tener combinaciones diversas.

Ahora bien, como derecho, la consulta se refiere en cuanto al objeto, a asuntos de cierta relevancia, como indica la Constitución, se trataría de cuestiones que deben tener un interés público (Arts. 61.2, y 95). No obstante respecto de los sujetos es un derecho en principio universal, es decir, toda persona sujeto de derecho de acuerdo al Art. 10 de la CRE, puede tanto consultar como tener el derecho a ser consultada.

La consulta supone por otra parte, una serie de aspectos y mediante ella las personas participan protagónicamente en la "toma de decisiones, planificación y gestión de los asuntos públicos, y en el control popular de las instituciones del Estado y la sociedad, y de sus representantes", de acuerdo al Art. 95 de la CRE. En ese sentido proponemos entenderla como lo referimos acerca de la misma participación, como un proceso y si lo vemos así podríamos suponer que consultar abarca distintas etapas, desde la iniciativa, pasando por la deliberación sobre lo consultado, hasta el resultado que puede ser un simple parecer o criterio, o bien una decisión con carácter vinculante.

En este sentido, respecto de la consulta como forma de participación, González precisa: "La participación ciudadana en la formulación de las políticas públicas implica la obligación de parte de las entidades gubernamentales en: i) definir los actos administrativos que podrán ser sujetos a consulta (leyes, reglamentos, planes, programas o proyectos de inversión, ordenanzas urbanas o urbanísticas, por tan sólo mencionar algunos); y ii) establecer las condiciones, los mecanismos, los procedimientos y la duración de cada consulta pública respectiva. Cabe agregar, que la complejidad de estos procesos de consulta cívica dependerá del ámbito político-territorial donde se realicen, bien sean a nivel nacional, estadal (provincial, estadual, departamental) y municipal (local)"[148].

Queda clara la complejidad de consultar, visto esto como un proceso social de participación y por supuesto, un derecho. Debe precisarse en este sentido que en el orden constitucional se contemplan distintas expresiones del derecho de consulta, las cuales se cristalizan en mecanismos concretos. De manera que podemos distinguir las siguientes expresiones del derecho a ser consultados:

1. Un derecho genérico, amplio, de los ciudadanos a ser consultados (Art. 66. 4 de la CRE). Este derecho además involucra a los diversos mecanismos de consulta a través de órganos consultivos (p. e. asambleas, consejos consultivos, etc.)
2. Un derecho amplio a consultar (104 CRE) que se complementa con el derecho de petición que se prevé en el apartado 23 del Art. 66 de la CRE.
3. Un derecho a consultar sobre enmiendas a la Constitución (Art. 441 CRE) por iniciativa popular.
4. Un derecho específico de las comunas, comunidades, pueblos y nacionalidades indígenas, a la consulta previa, libre e informada sobre proyectos de explotación de recursos no renovables que se hallen en sus tierras (57.7. CRE);

---

148 M. González, "La participación ciudadana como alternativa de gobierno", en *Revista Aportes Andinos. Participación y Ciudadanía*, Nº 14, julio 2005. En: *http://www.uasb.edu.ec/padh/revista14/articulos/miguel%20gonzalez.htm*

5. Un derecho específico a la consulta de las comunas, comunidades, pueblos y nacionalidades indígenas, sobre proyectos legislativos (Art. 57.17 CRE);
6. Un derecho específico de las comunidades a la consulta por toda decisión o autorización estatal que pueda afectarles (Art. 398 CRE);
7. Un derecho especifico a la consulta a los niños, niñas y adolescentes (Art. 45 CRE).

Cada uno de estos derechos en particular merece un estudio que podrá hacerse exhaustivamente en posteriores investigaciones. Esta obra recordemos, busca explorar y establecer un panorama, y una comprensión general de los derechos de participación como constituyentes. En razón de ello y de los alcances de este trabajo, seguidamente vamos a sintetizar los rasgos y las tendencias regulatorias de los derechos relativos a la consulta, más relevantes.

a) Derecho a consultar y ser consultados sobre asuntos de interés público

Los rasgos fundamentales de este derecho son:

- El derecho a "ser consultados" está consagrado en el Art. 66. 4 de la CRE, aunque en realidad de él se desprenden dos derechos diferentes, un derecho a consultar y otro a ser consultado.
- En el Art. 104 de la CRE, incisos 1 y 4, el derecho ciudadano a consultar, se expresa en la facultad de la ciudadanía para "solicitar la convocatoria a consulta popular sobre cualquier asunto". Aunque luego, en el inciso 6 de la misma norma, este amplio espectro sea restringido, prohibiendo que la consulta ciudadana se refiera a tributos o a la organización político administrativa del país[149].
- En cuanto al derecho a ser consultado, se prevé en el mismo Art. 104, que la *consulta popular* pueda ser convocada por el Presidente de la República, la Asamblea Nacional y los GAD. En este caso, se trata de lo que se denomina como una ini-

---

[149] Aquí dejamos anotada una aparente tensión dentro del texto la misma norma, sobre la cual profundizaremos en la parte final de esta obra.

ciativa "desde arriba"[150], desde el nivel de las autoridades lo cual no afecta en todo caso, su dimensión de derecho, pues lo que debe garantizarse en estos procesos son las condiciones de idoneidad, información, debate y en general, transparencia del proceso electoral de consulta.

- Con relación a los requisitos de la iniciativa ciudadana de consulta, esta puede orientarse al ámbito nacional o al local. El pedido debe respaldarse con un número no inferior al cinco por ciento de los inscritos en el registro electoral en el caso nacional. En el ámbito local, este respaldo será de un número no inferior al diez por ciento del registro de la circunscripción correspondiente. Si la consulta es solicitada por ecuatorianos en el exterior deberá ser "para asuntos de su interés y relacionados con el Estado ecuatoriano" y requerirá del respaldo de un número no inferior al cinco por ciento de los inscritos en el registro de la circunscripción especial (Art. 104 de la CRE).
- En todos los casos de consulta, según el mismo Art. 104, se requerirá dictamen previo y vinculante de la Corte Constitucional sobre la constitucionalidad de las preguntas propuestas, de acuerdo a las competencias atribuidas a ese órgano por el Art. 438.2 de la CRE[151].
- El CNE, será el órgano que instrumente el proceso (Arts. 106 y 219 de la CRE, en particular el número 1[152]). Una vez que acepte la solicitud de la ciudadanía, convocará a consulta po-

---

150 Como refieren Yanina Welp y Uwe Serdült: «Los MDD se suelen clasificar según su origen: a) obligatorio o automático; b) convocado "desde arriba" o referendo de autoridades; y c) convocado "desde abajo"». (Y. Welp y U. Serdült, "¿Renovación, crisis o más de lo mismo? La revocatoria de mandato en los gobiernos locales latinoamericanos", en *Desafíos*, No. 24, Universidad del Rosario, Bogotá, 2012, pp. 175).

151 El Art. 127 de la LOOGJCC determina que este será un control automático, se ejercerá en los mismos términos y condiciones que el control previsto para casos de consulta por referendo constitucional y que está "encaminado a garantizar la libertad de la electora o elector y la constitucionalidad de las disposiciones jurídicas o las medidas a adoptar a través de este procedimiento". El dictamen sobre consultas por enmiendas y reformas constitucionales será abordado más adelante.

152 En concordancia con los Arts. 2 y 25 del Código de la Democracia.

pular dentro de 15 días para efectuarse en los siguientes sesenta días. Para la aprobación de un asunto propuesta se requerirá la mayoría absoluta de los votos válidos. El pronunciamiento popular será de obligatorio y su cumplimiento inmediato (Art. 106 CRE). Los gastos de este proceso electoral convocado por iniciativa ciudadana se imputarán al Presupuesto General del Estado (Art. 107 de la CRE).

- Los artículos constitucionales 245 y 257 facultan a la consulta sobre la iniciativa para la conformación de una región autónoma. El proyecto de ley de regionalización que propone la conformación territorial de la nueva región y un proyecto de estatuto de autonomía regional, con el dictamen favorable de la Corte Constitucional y la aprobación del mismo como ley orgánica, se someterá a consulta popular en las provincias que formarían la región. La consulta debe ser aprobada por la mayoría absoluta de los votos válidos en cada provincia. La ley y el estatuto entrarán en vigencia y se convocará a elecciones regionales en los siguientes cuarenta y cinco días para nombrar a las autoridades y representantes correspondientes. En un segundo caso, son las parroquias, cantones o provincias conformados mayoritariamente por comunidades, pueblos o nacionalidades indígenas, afroecuatorianos, montubios o ancestrales quienes pueden adoptar un régimen de administración especial, luego de una consulta aprobada por al menos las dos terceras partes de los votos válidos[153].

En cuanto al *desarrollo normativo*, al igual que en el caso de la IPN, el texto de la LOPC, tiende a repetir el constitucional, aunque formula algunas precisiones, al igual que el COOTAD. Pero sobre todo, es a nivel reglamentario donde se regula el derecho a consultar y ser consultados, esto es mediante el Reglamento para el ejercicio de la Democracia Directa (RDD) que al efecto fue reformado y codificado

153 El Art. 257 de la CRE dispone además que "Dos o más circunscripciones administradas por gobiernos territoriales indígenas o pluriculturales podrán integrarse y conformar una nueva circunscripción. La ley establecerá las normas de conformación, funcionamiento y competencias de estas circunscripciones". Además hay que señalar que el COOTAD regula estos regímenes especiales (Arts. 94 a 103).

en 2013 (RO 124, 15.11.13) con ocasión de un dictamen de la Corte Constitucional que reordena el trámite de los procesos de consulta y manda precisamente al CNE a efectuar las reformas respectivas[154]. Seguidamente resumimos lo más relevante del *desarrollo normativo*:

- El Art. 21 de la LOPC prohíbe que la consulta ciudadana verse sobre "asuntos relativos a tributos, a gasto público o a la organización político administrativa del país, salvo lo dispuesto en la Constitución". Aunque basado en el inciso 6 del Art. 104 de la CRE, tal precepto restringe el supuesto constitucional del derecho además a asuntos sobre gasto público.
- La consulta popular por *iniciativa presidencial*, de acuerdo al del Art. 5 del RDD podrá disponerse al CNE mediante decreto ejecutivo en cuatro casos: a. Respecto de los asuntos que estime convenientes al tenor de las facultades contenidas en la Constitución; b. Sobre un proyecto de ley que haya sido negado por la Asamblea Nacional, para lo cual acompañará certificación de la Secretaría General de esta, en la que conste la resolución de negativa del proyecto de ley; c. Para la enmienda de uno o varios artículos de la Constitución; y, d. Para que la ciudadanía resuelva mediante consulta popular la convocatoria a Asamblea Constituyente, incluyendo la forma de elección de las o los representantes y las reglas del proceso electoral (ampliaremos este aspecto en la siguiente sección).

---

[154] Dentro de la causa 0002-10-CP el 25 de septiembre de 2013, invocando su competencia establecida en el artículo 436 nos. 1 y 6 de la CRE, la Corte Constitucional mediante dictamen No. 001-13-DCP-CC (Tercer suplemento RO 93, 2.10.13) emite una "regla jurisprudencial de aplicación obligatoria con efecto erga omnes" para todas las causas similares en trámite en el sentido de que para la emisión del dictamen previo y vinculante de la constitucionalidad de las convocatorias a consulta popular provenientes de la iniciativa ciudadana, el CNE deberá remitir a la Corte Constitucional, junto con la petición de consulta, el informe favorable de cumplimiento de la "legitimación democrática, en observancia a lo dispuesto en el inciso cuarto del artículo 104 de la Constitución" (III.3); requisito que deberá ser verificado por la Sala de Admisión, conforme al Reglamento de Sustanciación de Procesos de Competencias de esa Corte. Esta intervención de la Corte en el sentido de aclarar el orden del trámite de las consultas populares, dispone además que el CNE adecúe la normativa interna. En cumplimiento de este dictamen, el CNE reformó el RDD y lo codificó en el mes de octubre de 2013.

- El Art. 22 de la LOPC, faculta a la Asamblea a ordenar al CNE la convocatoria a consulta popular, luego de que en dos debates y por mayoría absoluta de sus integrantes, haya declarado "de interés nacional la petición del Presidente de la República en relación con la explotación de recursos no renovables en áreas protegidas" incluso en "zonas declaradas como intangibles, incluida la explotación forestal". Esto crea una excepción al estándar previsto en el Art. 57 de la CRE respecto de la intangibilidad de los territorios de los pueblos, la que será abordada más adelante.
- El Art. 6 del RDD se refiere a la consulta popular convocada por los GAD, quienes para desarrollarla en relación a asuntos de interés de su jurisdicción deberán remitir la solicitud a las delegaciones provinciales del CNE adjuntando a ella: "a. La petición de convocatoria de consulta popular, en la que incluirán los temas a ser consultados; y, [...] b. La resolución del correspondiente GAD en la que conste que el pedido fue aprobado con la votación conforme de las tres cuartas partes de sus integrantes".
- El Art. 7 del RDD repite los requisitos de porcentajes de firmas de respaldo para consulta popular por iniciativa ciudadana en los ámbitos nacional (5%), ecuatorianos en el extranjero (5%), local (10%) previstos en el Art. 104 de la CRE, así como lo relativo a los casos de enmienda constitucional o convocatoria a asamblea constituyente (Arts. 441 y 444 de la CRE).
- El Art. 23 de la LOPC incorpora el mecanismo de consulta popular no solo para la conformación de las regiones y regímenes especiales sino también de distritos metropolitanos autónomos[155]. Las condiciones son las mismas establecidas en la

---

155 El Artículo 79 del COOTAD regula este mecanismo específicamente: «Con el dictamen favorable de la Corte Constitucional al proyecto de estatuto y la ley aprobada por la Asamblea Nacional o, en su defecto, vencidos los plazos correspondientes, el o los alcaldes o alcaldesas de los cantones interesados en conformar el distrito metropolitano autónomo solicitarán al Consejo Nacional Electoral, dentro de los quince días siguientes, la convocatoria a consulta popular en dicho cantón o cantones, para que su población se pronuncie sobre el estatuto de autonomía. El Consejo Nacional Electoral realizará la convocatoria

Constitución. A esto hay que agregar los Arts. 19, literal f), del COOTAD que se refiere a la convocatoria por parte del Presidente de la República a consulta popular para la creación de provincias en los cantones concernidos y en caso similar, el Art. 22 literal f) dispone lo propio sobre la creación de cantones. Además, el Art. 11 del RDD precisa que en los casos de consulta popular en las provincias que deseen formar una región o cantones interesados en formar un distrito metropolitano, estas proceden una vez cumplidos los requisitos establecidos en los artículos 196 del Código de la Democracia y 23 de la LOPC. No se menciona aquí el Art. 16 del COOTAD, literales e) y g).

- Las normas legal y reglamentaria conservan los plazos establecidos ya en la Constitución (Art. 106) para la convocatoria. El CNE convocará a consulta en el plazo de quince días en los casos que la plantee el Presidente (una vez conozca el decreto respectivo), la Asamblea Nacional, los GAD o se acepte la solicitud de la ciudadanía y en los casos que amerite, con el dictamen previo de la Corte Constitucional de acuerdo al Art. 184 del CD (reformado en 2011), así como al Art. 30 del RDD.
- Finalmente hay que subrayar que la transitoria séptima al CD (agregada mediante Ley orgánica reformatoria, RO 634, Segundo Suplemento, del 06.02.12) dispone que: "Para efecto de las campañas electorales de consulta popular, referéndum y revocatoria de mandato se considerará sujetos políticos a los proponentes de la consulta popular o referéndum; y, a quien promueva la revocatoria de mandato y a la autoridad contra quien se la proponga. El Consejo Nacional Electoral dictará la normativa necesaria para garantizar la promoción electoral equitativa e igualitaria en radio, prensa, televisión y vallas durante

---

a consulta popular dentro de los cuarenta y cinco días siguientes a la fecha de presentación de la solicitud [...] En caso de que sean varios los cantones a conformarse en distrito metropolitano, la consulta popular se realizará en la misma fecha, de conformidad con lo previsto en la Constitución, y será financiada por el o los gobiernos municipales correspondientes. El Art. del mismo cuerpo legal prevé la realización de una consulta de insistencia en caso de que la primera no fuere positiva en "un año contado desde que se llevó a efecto la consulta anterior, únicamente en el cantón donde no haya sido aprobada, sin necesidad de iniciar otro proceso"».

estos procesos electorales". En este sentido, se les impondría a quienes pretendan ejercer estos derechos las mismas obligaciones que el Código de la Democracia prevé sobre organizaciones como partidos y movimientos políticos o alianzas, entre otras, rendir cuentas y si bien tienen facultades especiales respecto de los procesos electorales, están también sujetos a sanciones.

Sobre el *ejercicio* de este derecho, para fines ejemplificativos debemos referir que, según datos proporcionados por el CNE[156], hasta inicios de junio de 2013, se han presentado 14 solicitudes de consulta popular por iniciativa ciudadana[157]. De ellos, en 2 casos se niega la solicitud (no se indican los motivos), 1 presenta las firmas para validación, en 9 casos se entregan los formularios[158] y en los 2 casos restantes no se indica el estado del trámite. Tampoco se indica expresamente si se ha realizado algún proceso de consulta en la práctica, más allá de la consulta popular (con referéndum constitucional) realizada en mayo de 2011 por iniciativa del Presidente Correa. No obstante, hay que referir que Ramírez da cuenta en su investigación de dos consultas realizadas en 2011 y 2012 respectivamente, la primera a nivel parroquial (Caspigasí del Carmen) convocada por el Comité Pro-mejoras y la segunda convocada a nivel cantonal, en La Concordia, para decidir la pertenencia de ese cantón a la provincia de Esmeraldas o a la de los Tsáchilas[159]. Estos datos insistimos, los enunciamos de forma ejemplificativa, como evidencia preliminar sobre un bajo nivel de ejercicio del derecho de consulta por iniciativa ciudadana.

---

156 Mediante oficio 0882-SG-CNE-2013, del 5 de junio de 2013.

157 Hay que destacar que de estas propuestas, de los datos disponibles, una de ellas fue presentada por el asambleísta Andrés Páez. También es importante mencionar que posteriormente a la entrega de estas informaciones hemos tenido noticia (gracias al Dictamen de la Corte Constitucional) acerca de las iniciativas presentadas por el en ese entonces asambleísta Galo Lara y por Julio César Trujillo, esta última sobre la explotación del Parque Yasuní y los bloques ITT. Esto, de paso evidenciaría la falta de una base de datos consolidada sobre las iniciativas de consulta popular ciudadana.

158 Una de estas iniciativas se refiere a convocatoria de Asamblea Constituyente (Víctor Hugo Erazo en 2010).

159 F. Ramírez (Coord.), *Nuda Política. Democracia, participación y conflictos. Ecuador 2009-2012*, op. cit. p. 119.

b) Consulta sobre enmiendas o reformas a la Constitución y convocatoria de Asamblea Constituyente

Los cambios constitucionales en el sistema ecuatoriano están sujetos a distintas graduaciones de rigidez a fin de garantizar la permanencia de los aspectos más importantes del texto constitucional. Tres son los mecanismos previstos para efectuar cambios constitucionales, la enmienda cuando los cambios no afectan el sistema constitucional de forma trascendental, la reforma constitucional, que se relaciona con un grado medio de transformación y en tercer lugar, cuando el cambio atañe, por así decirlo, al núcleo significativo de la Constitución se prevé la convocatoria de una (nueva) Asamblea Constituyente. En los dos primeros casos la Constitución prevé que puedan usarse procesos de consulta. En el último de ellos, es obligatorio recurrir a una consulta popular (Título IX, capítulo tercero, Reforma Constitucional). Al respecto, podemos en síntesis indicar que la iniciativa de consulta popular para cambiar la Constitución, está regulada de la siguiente forma:

- En todo caso, la Corte Constitucional calificará previamente el procedimiento que corresponda (Art. 443). Las atribuciones de control previo y posterior, además del procedimiento de la Corte, están además regulados por los Arts. 100 al 106 de la LOGJCC (Capítulo IV).
- Respecto de la enmienda, que consiste en la modificación de uno o varios artículos constitucionales, según el Art. 441 de la CRE, esta se halla sujeta a las siguientes restricciones: a) con ella, no se puede alterar la estructura fundamental de la Carta, b) ni el carácter y elementos constitutivos del Estado, c) ni es viable establecer restricciones a los derechos y garantías, o d) modificar el procedimiento de reforma constitucional. Bajo estas restricciones expresas, la enmienda se realizará por iniciativa de referéndum solicitado por el Ejecutivo, o por la ciudadanía con el respaldo de al menos el ocho por ciento de las personas inscritas en el registro electoral[160].

---

[160] También la enmienda puede desarrollarse por reforma solicitada por la tercera parte de la Asamblea Nacional, procesada y aprobada en dos debates por las dos terceras partes de sus miembros (Art. 441.2 CRE).

- En el caso de convocatoria a referéndum para reforma constitucional, prevista en el Art. 442 de la Constitución, los artículos 10 y 30 segundo inciso del RDD precisan que se realizará dentro del plazo de 45 días "contados a partir de la fecha de notificación por parte de la Asamblea Nacional". Según esta norma, la reforma parcial puede modificar la estructura de la Carta, los elementos y estructura del Estado; pero no puede restringir los derechos y garantías, ni modificar el procedimiento de reforma constitucional.
- La convocatoria a asamblea constituyente se producirá a través de consulta popular, solicitada por el Presidente de la República, por las dos terceras partes de la Asamblea Nacional, o por el doce por ciento de las personas inscritas en el registro electoral, según el Art. 444 de la CRE. Esta iniciativa de consulta deberá incluir la forma de elección de los representantes y las reglas del proceso electoral. Además, de acuerdo a esta norma, la nueva Constitución requerirá ser aprobada mediante referéndum[161], con la mitad más uno de los votos válidos, para su entrada en vigencia.
- La LOPC no se refiere al trámite de la enmienda aunque si hace referencia al de la convocatoria a Asamblea Constituyente (Art. 24) en términos idénticos a lo dispuesto por la norma constitucional. El CD de su parte dispone que en el caso de la enmienda el trámite a seguir sea el establecido para la consulta popular (Art. 187[162]).
- El Art. 9 del RDD en el caso de convocatoria a Asamblea Constituyente, agrega lo ya señalado que por decisión de las dos

---

161 Según lo define García Laguardia el referéndum es una "institución política mediante la cual el pueblo, el cuerpo electoral opina sobre, aprueba o rechaza una decisión de sus representantes elegidos para asambleas constituyentes o legislativas". Véase "refendéndum" en *Diccionario Electoral*, San José, CAPEL, en: *http://www.iidh.ed.cr/multic/controles/Biblioteca/BuscadorCategoria.aspx?contenidoid=3c2b8415-35f8-418e-a3eb-acf153bb1dc5&Cat=Diccionario_Electoral&Portal=CAPEL*

162 Además la Disposición General Primera de este cuerpo legal, dispone que en el trámite de la enmienda se remita al CNE los formularios que contienen las firmas de adhesión a fin de que en el plazo de quince días se presente el informe técnico de su validez.

terceras partes de la Asamblea Nacional, esta podrá también resolver que la ciudadanía se pronuncie sobre la convocatoria de la primera, a través de consulta popular; para cuyo efecto al pedido se deberá adjuntar: a) Solicitud de convocatoria a consulta popular; b) La resolución en la que conste la aprobación correspondiente; y, c) La forma de elección de las o los representantes y las reglas del proceso electoral.

Como observaciones sobre estas instituciones y su regulación, podemos adelantar que sin duda, preocupa que se regule tan importante derecho vulnerando el principio de reserva de Ley; que en la Ley se pueda restringir el derecho, y se efectúe por vía de reglamento una interpretación extensiva o bien una sobre regulación del procedimiento, lo cual además de las prácticas en su implementación, incidiría en el bajo número de iniciativas tramitadas y en que ninguna de las solicitudes de la ciudadanía haya prosperado. Estas evidencias serán analizadas con mayor profundidad más adelante.

c) Instancias consultivas

La Constitución y la LOPC contienen algunas disposiciones que instituyen variadas instancias donde la ciudadanía es consultada, estas se corresponden sobre todo con el régimen territorial establecido en el diseño constitucional (Título V). En síntesis:

- El Art. 100 de la CRE establece las audiencias públicas, veedurías, asambleas, cabildos populares, consejos consultivos, observatorios y permite la organización de otras "instancias que promueva la ciudadanía", con amplias finalidades: 1. Elaborar planes, políticas locales y sectoriales entre los gobiernos y la ciudadanía. 2. Mejorar la calidad de la inversión pública y definir agendas de desarrollo. 3. Elaborar presupuestos participativos de los GAD. 4. Fortalecer la democracia con mecanismos permanentes de transparencia, rendición de cuentas y control social; y, 5. Promover la formación ciudadana e impulsar procesos de comunicación. En concordancia, los Art. 64 y 65 de la LOPC se refieren a estas instancias de enlace entre gobiernos locales y sociedad civil. El Art. 64 repite el texto constitucional, disponiendo además, la implementación de "un conjunto articulado y continuo de mecanismos, procedimientos e instancias". Este aspecto es desarrollado como se mencionó ya, por el COOTAD[163].

- El Art. 65 de la misma LOPC, define la composición mixta de estas instancias, entre autoridades electas y representantes de la sociedad en el ámbito territorial de cada nivel de gobierno. También se regula su convocatoria por parte de la máxima autoridad de cada nivel de gobierno, en ningún caso, menos de tres veces en el año. La convocatoria deberá ser plural e incluir a los diferentes pueblos, nacionalidades y sectores sociales, con equidad de género y generacional. Las asambleas ciudadanas locales serán quienes de manera prioritaria designen a los delegados de la sociedad a estas instancias.
- La LOPC dispone también en su Art 45 inciso final, que las funciones del Estado desarrollen "una agenda pública de consulta a la ciudadanía, grupos y organizaciones sociales en todos los temas".
- A nivel nacional se establecen como referimos ya, los consejos nacionales para la igualdad (Art. 156 y 157 de la CRE y 47 de la LOPC) como instancias de definición de políticas en varios ámbitos (entre otros, niñez y adolescencia, discapacidades, mujeres, pueblos y nacionalidades indígenas, afroecuatorianos y montubios, según la transitoria sexta de la CRE), integradas paritariamente por representantes del Estado y de la sociedad civil; estarán presididos por quien represente a la Función Ejecutiva. La LOPC dispone además que la estructura, funcionamiento y forma de integración se regulen por la ley orgánica correspondiente[164].
- Por su parte, los Arts. 48 al 51 de la LOPC, regulan la organización de la *Asamblea Ciudadana Plurinacional e Intercultural para el Buen Vivir*, espacio clave de consulta y diálogo directo entre el Estado y la ciudadanía para llevar adelante el proceso de formulación, aprobación y seguimiento del Plan Nacional de Desarrollo (del Buen Vivir). Esta Asamblea se conforma por delegadas y delegados de las asambleas locales de participación

[163] Sobre todo por los Arts. 302 al 308 de este Código Orgánico.
[164] Ley Orgánica vigente desde julio de 2014.

(Art. 50 LOPC) y es convocada por la Secretaría Técnica del Consejo Nacional de Planificación (Art. 48). Entre otras atribuciones además del cometido principal, destaca la de "generar debates públicos sobre temas nacionales" (Art. 49. 4. LOPC).

- Los Arts. 52 al 55 de la LOPC prevén por su parte, la organización de *consejos ciudadanos sectoriales* como instancias de diálogo, deliberación y seguimiento de las políticas públicas a nivel sectorial. Estos deben ser conformados por actores de la sociedad civil organizada que tienen relación con la temática tratada por cada sector[165]. Estos son un mecanismo para la discusión de los lineamientos y seguimiento de la evolución de las políticas ministeriales, se desempeñarán como redes de participación de la sociedad civil articuladas a los ministerios sectoriales y son impulsados por la Función Ejecutiva.
- Los Arts. 56 al 63 de la LOPC establecen las *asambleas locales* como espacios ciudadanos organizados en cada nivel de gobierno (cantonales, provinciales y regionales parroquiales) para la deliberación pública, fortalecer las capacidades colectivas de interlocución con las autoridades e incidir de manera informada en el ciclo de las políticas públicas, prestación de los servicios y, en general, la gestión de lo público[166]. Se regirán por los principios de democracia, equidad de género y generacional, alternabilidad de sus dirigentes y rendición de cuentas periódicas y se regularán por sus propios estatutos y formas organizativas de acuerdo con la Constitución y la Ley (Art. 58 LOPC).

---

165 Según el Art 54 de la LOPC: "Las asambleas locales plurinacionales e interculturales para el buen vivir podrán enviar representantes a los consejos ciudadanos".

166 Son funciones específicas de estas asambleas locales: "1. Respetar los derechos y exigir su cumplimiento, particularmente, en lo que corresponde a los servicios públicos por pedido de la mayoría simple de sus integrantes en el ámbito de los territorios locales; 2. Proponer agendas de desarrollo, planes, programas y políticas públicas locales;
3. Promover la organización social y la formación de la ciudadanía en temas relacionados con la participación y el control social; 4. Organizar, de manera independiente, el ejercicio de rendición de cuentas al que estén obligadas las autoridades electas; 5. Propiciar el debate, la deliberación y concertación sobre asuntos de interés general, tanto en lo local como en lo nacional; y, 6. Ejecutar el correspondiente control social con sujeción a la ética y bajo el amparo de la Ley" (Art. 60 LOPC).

Estas instancias deberán ser apoyadas tanto por los órganos correspondientes de gobierno local, como por el CPCCS[167]. En circunscripciones territoriales indígenas, afroecuatorianas y montubias, las asambleas locales podrán adoptar las formas organizativas acordes con sus identidades y prácticas culturales, en tanto no se opongan a la Constitución y la Ley (Art. 59 LOPC[168]).

- Otras instancias previstas por la LOPC son los *consejos locales de planificación* (Art 66) para formulación de planes de desarrollo y políticas locales, integrados al menos por un 30% de representantes ciudadanos y los *cabildos populares* (Art. 76 LOPC) como instancias consultivas de convocatoria abierta a toda la ciudadanía "con el fin de discutir asuntos específicos vinculados a la gestión municipal". Finalmente se establecen los *consejos consultivos* como mecanismos de asesoramiento compuestos por ciudadanas o ciudadanos, o por organizaciones civiles que se constituyen en espacios y organismos de consulta en diferentes organismos públicos. Las autoridades o las instancias mixtas o paritarias podrán convocar en cualquier momento a dichos consejos (Art. 80).

Como podemos apreciar, tanto la Constitución como la Ley establecen un gran número de instancias participativas. Sin embargo, en el nivel reglamentario que especifica su conformación se advierte una tendencia a conformar estas instancias con gran presencia de representantes de organismos oficiales, lo cual afecta a una conformación

167 Esto en orden a "hacer efectivo un verdadero sistema de participación ciudadana" (Art. 62), para lo cual la LOPC manda tanto a reglamentar la organización como a prever mecanismos de entrega de fondos bajo los siguientes criterios: Existencia continua de la asamblea, mínimo dos años. 2. Alternabilidad íntegra de su dirigencia. 3. Participación en la asamblea de actoras, actores y sectores de la sociedad (Art. 63 LOPC).

168 En el ámbito del derecho internacional complementariamente, el Artículo 5 Convenio 169 OIT sobre pueblos indígenas y tribales en países independientes, dispone claramente: "Al aplicar las disposiciones del presente Convenio: a) deberán reconocerse y protegerse los valores y prácticas sociales, culturales, religiosos y espirituales propios de dichos pueblos y deberá tomarse debidamente en consideración la índole de los problemas que se les plantean tanto colectiva como individualmente".

auténticamente participativa. Así lo advierte Ospina respecto de la conformación de los *consejos ciudadanos sectoriales*[169]. El autor además critica los déficits existentes en cuanto a la conformación de la Asamblea *Ciudadana Plurinacional e Intercultural para el Buen Vivir*[170].

Cameron y Sharpe advierten ya sobre estos mecanismos consultivos, cuando buscando "ofrecer información, ideas, retroalimentación y expresión del sentimiento público a los oficiales de gobierno, burócratas y legisladores [...]" pueden convertirse en realidad en formas de legitimar a determinadas "organizaciones de la sociedad civil, a expertos no gubernamentales y a otros individuos influyentes", y que "[t]ambién pueden ser una pantalla [...]"[171]. Para reducir las posibilidades de estas distorsiones, los autores ponen el acento en el diseño de tales mecanismos, justamente en aquellas reglas que permitan una verdadera representación paritaria o bien aquellas que articulan las discusiones de manera que no exista lo que podríamos llamar, una sensación de decepción o pérdida de tiempo en la participación[172]. Es pues necesario trabajar en perfeccionar dichos diseños.

---

169 Véase P. Ospina, "La participación ciudadana en Ecuador (2009-2012)", op. cit. pp. 153-157.

170 Ibíd. pp. 154-155 y 157. Cabe aclarar que la Asamblea Plurinacional ya ha sido conformada y se ha instalado el mes de mayo de 2013, esta eligió sus representantes al Consejo Nacional de Planificación sobre cuya integración mayoritariamente estatal también hemos advertido previamente; véase: *http://www.planificacion.gob.ec/tag/plurinacional/* y *http://www.planificacion.gob.ec/ciudadania-ya-tiene-representantes-al-consejo-de-planificacion/* En relación a las reuniones de esta instancia, véase *http://www.planificacion.gob.ec/cuenca-sera-la-sede-de-la-tercera-asamblea-ciudadana-plurinacional-e-intercultural-para-el-buen-vivir/*

171 M. Cameron y K. Sharpe, "La voz institucionalizada en las democracias de América Latina", op. cit. p. 346.

172 Ibíd., p. 346.

d) Consulta previa, libre e informada y consulta prelegislativa[173]

Entre los derechos colectivos fundamentales que el Art. 57 de la CRE reconoce y garantiza a las comunas, comunidades, pueblos y nacionalidades indígenas, se hallan dos que tienen relación con el derecho a la consulta.

En primer lugar, el apartado 7 se refiere al derecho a "la consulta previa, libre e informada, dentro de un plazo razonable, sobre planes y programas de prospección, explotación y comercialización de recursos no renovables que se encuentren en sus tierras y que puedan afectarles ambiental o culturalmente; participar en los beneficios que esos proyectos reporten y recibir indemnizaciones por los perjuicios sociales, culturales y ambientales que les causen". Además esta norma constitucional precisa: "La consulta que deban realizar las autoridades competentes será obligatoria y oportuna. Si no se obtuviese el consentimiento de la comunidad consultada, se procederá conforme a la Constitución y la ley". En segundo lugar, el apartado 17 del mismo artículo establece el derecho de estos sujetos colectivos a ser "consultados antes de la adopción de una medida legislativa que pueda afectar cualquiera de sus derechos colectivos".

De estos dos tipos de consulta cabe destacar lo siguiente. Primero, que se trata de derechos y a la vez mecanismos de ejercicio de otros derechos colectivos. La consulta en tal sentido tiene una estrecha relación con el *derecho al territorio*[174], como bien y ámbito vital de la vida de los pueblos. En similar sentido la Corte IDH, ha precisado la relación entre el derecho a la consulta y los derechos a la "cultura pro-

---

173 Agradecemos al colega Edwar Vargas Araujo por los elementos proporcionados para la redacción de este acápite, así como por las conversaciones mantenidas al respecto, muchos de los cuales incorporamos a la discusión que planteamos aquí, en particular la concepción en conjunto de ambos derechos colectivos de consulta que aquí planteamos. Véase también el artículo de este autor, E. Vargas, "una visión crítica del derecho a la consulta", en Benavides y G. Chávez (Eds.) *Horizonte de los derechos humanos. Ecuador 2012*, op. cit., pp. 163-170.

174 Es de destacar además, como lo refiere Silvana Sánchez que el derecho de consulta "dimana del derecho a la libre determinación de los pueblos" previsto en los pactos internacionales de derechos humanos de Naciones Unidas (PIDCYP y PIDESC) (S. Sánchez, "Reglamento de consulta analizado a la luz de los derechos de los pueblos indígenas", en Benavides y G. Chávez (Eds.) *Horizonte de los derechos humanos. Ecuador 2012*, op. cit., p. 172.

pia o identidad cultural" de los pueblos indígenas[175]. Segundo, estos derechos guardan estrecha relación con los estándares desarrollados a nivel internacional y con instrumentos específicos sobre la materia como son el *Convenio 169 de la OIT sobre pueblos indígenas y tribales en países independientes* (C169) y la *Declaración de la ONU sobre derechos de los pueblos indígenas* (DDPI).

Así, el Convenio 169 establece varias condiciones muy precisas relacionadas a la participación y concretamente a la consulta. El artículo 6 dispone:

> 1. Al aplicar las disposiciones del presente Convenio, los gobiernos deberán:
> a) consultar a los pueblos interesados, mediante procedimientos apropiados y en particular a través de sus instituciones representativas, cada vez que se prevean medidas legislativas o administrativas susceptibles de afectarles directamente;
> b) establecer los medios a través de los cuales los pueblos interesados puedan participar libremente, por lo menos en la misma medida que otros sectores de la población, y a todos los niveles en la adopción de decisiones en instituciones electivas y organismos administrativos y de otra índole responsables de políticas y programas que les conciernan;
> 2. Las consultas llevadas a cabo en aplicación de este Convenio deberá efectuarse de buena fe y de una manera apropiada a las circunstancias, con la finalidad de llegar a un acuerdo o lograr el consentimiento acerca de las medidas propuestas.

También la Declaración de la ONU sobre derechos de los pueblos indígenas contiene disposiciones similares:

> Artículo 19: Los Estados celebrarán consultas y cooperarán de buena fe con los pueblos indígenas interesados por medio de sus instituciones representativas antes de adoptar y aplicar medidas legislativas o administrativas que los afecten, a fin de obtener su consentimiento libre, previo e informado.
> Artículo 32: 2. Los Estados celebrarán consultas y cooperarán de buena fe con los pueblos indígenas interesados por conducto de sus propias instituciones representativas a fin de obtener su consentimiento libre e informado antes de aprobar cualquier proyecto que afecte a sus tierras o te-

175 Corte Interamericana de Derechos Humanos, Caso Pueblo Sarayacu vs. Ecuador, Sentencia del 27 de junio de 2012, párrafo 159. En: *http://www.corteidh.or.cr/docs/casos/articulos/seriec_245_esp.pdf*

rritorios y otros recursos, particularmente en relación con el desarrollo, la utilización o la explotación de recursos minerales, hídricos o de otro tipo.

En tercer lugar, de la revisión de estos instrumentos podemos concluir: a) que se establece un derecho a ser consultados a favor de los pueblos indígenas y tribales como derecho de participación, que es importante en el marco de los derechos colectivos de estos pueblos; b) que se establece en el marco internacional un solo derecho de consulta general no diferenciado como si hace el texto constitucional ecuatoriano y, c) que la consulta en este marco internacional se protege mediante varias condiciones que tienen que ser cumplidas por los Estados. Concretamente en el caso del C169 entre las principales[176]:

- Consultar mediante procedimientos apropiados de acceso a la información y adecuados sobre todo a las instituciones representativas de estos pueblos.
- Antes de instrumentar medidas legislativas y también administrativas, susceptibles de afectarles directamente.
- Establecer medios para la libre participación, al menos en la misma medida que otros sectores de la población.
- Buena fe y clima de confianza mutua.
- Finalidad de llegar a un acuerdo o lograr el consentimiento acerca de las medidas propuestas.

Resulta claro que en ambos casos de consulta establecidos en la Constitución en relación a los derechos colectivos, todos estos criterios son aplicables y que estos derechos serían formas particulares de un derecho colectivo general a la consulta.

La Constitución especifica sin embargo, excepciones en el sentido de que los sujetos de estos derechos colectivos recibirán "indemnizaciones por los perjuicios sociales, culturales y ambientales que les causen" y que "[s]i no se obtuviese el consentimiento de la comunidad

---

[176] Como referencias tomamos lo expuesto por D. Sánchez, *La consulta previa en el Ecuador*, documento de análisis, Observatorio de Derechos Colectivos del Ecuador, CDES, Quito, 2012, pp. 176 y ss; así mismo lo que desarrolla el Manual del Departamento de normas internacionales del trabajo de la OIT, *Los derechos de los pueblos indígenas y tribales en la práctica. Una guía sobre el convenio núm. 169 de la OIT*, Lima, OIT, 2009, en espacial los capítulos III al V.

consultada, se procederá conforme a la Constitución y la ley". Otra excepción la encontramos en el Art. 407 de la misma Carta que expresa que los recursos que se encuentren en áreas protegidas y zonas intangibles se podrán explotar excepcionalmente "a petición fundamentada de la Presidencia de la República y previa declaratoria de interés nacional por parte de la Asamblea Nacional, que, de estimarlo conveniente, podrá convocar a consulta popular". El precepto que establece la posibilidad de convocar a consulta está formulado en términos permisivos lo cual afecta la exigibilidad de este derecho de participación, a lo cual habría que agregar que la LOFL establece un procedimiento interno y repite la formulación de la consulta en términos opcionales[177]. Esta vía, como se conoce, ha sido la utilizada para autorizar la explotación de los bloques 31 y 43, actividad sujeta a medidas que minimicen el impacto ambiental en la así llamada zona de la Reserva Yasuni-ITT.

Ya en cuanto al *desarrollo normativo* de este derecho, hay que considerar lo siguiente:

- Con relación al derecho de consulta previa, libre e informada, en primer lugar, el Art. 81 de la LOPC tiende a repetir los criterios establecidos en la Constitución. No obstante, precisa que los sujetos participen "a través de sus autoridades legítimas". En cuanto a las indemnizaciones, la ley habla de los "eventuales" perjuicios sociales, culturales y ambientales que les causen, con lo cual puede entenderse que se relativiza la posibilidad de establecer tales perjuicios. Se reproduce además la condición restrictiva de la Constitución en el sentido de que: "Si no se obtuviese el consentimiento del sujeto colectivo consultado, se procederá conforme a la Constitución y la ley". Siendo la Ley

---

177 El Artículo 49 de la LOFL dispone: "Declaratoria de interés nacional. El Pleno de la Asamblea Nacional, en dos debates y por mayoría absoluta de sus integrantes, podrá declarar de interés nacional la petición de la Presidenta o Presidente de la República en relación con la explotación de recursos no renovables en áreas protegidas y en zonas declaradas como intangibles, incluida la explotación forestal [...] Para estos debates el Pleno de la Asamblea Nacional contará obligatoriamente con informes de las comisiones respectivas designadas por el CAL [...] El trámite se ajustará a los plazos establecidos para la aprobación de leyes [...] La Asamblea Nacional podrá ordenar al Consejo Nacional Electoral la convocatoria a consulta popular para la decisión de este tema".

justamente la que debería haber previsto en términos lo menos restrictivos el desarrollo de este precepto, la LOPC no lo hace; mostrando una clara deficiencia en este sentido. Hay que destacar además, la ausencia de regulaciones que establezcan referencias específicas sobre consulta en materia de políticas públicas que afecten a los pueblos indígenas. Entre las ya revisadas normas que se refieren a varias instancias consultivas, no se han hallado estas referencias que serían necesarias para conectar estos preceptos.

- El COOTAD hace también una referencia general en el inciso 2, Art. 303: "Las personas, comunidades, pueblos, nacionalidades y colectivos de la circunscripción del gobierno autónomo descentralizado correspondiente, deben ser consultados frente a la adopción de medidas normativas o de gestión que puedan afectar sus derechos colectivos".
- De su parte, el artículo 325 del mismo cuerpo legal, dispone que los órganos legislativos de los GAD, establezcan un proceso de consulta prelegislativa "respecto de aquellas normas que directa y objetivamente pudieren afectar derechos colectivos de comunas, comunidades, pueblos y nacionalidades indígenas, afroecuatorianas y montubias de sus respectivas circunscripciones territoriales"[178].

---

[178] Al efecto esta norma establece algunas reglas: "Este proceso estará dirigido a las comunas, comunidades, pueblos y nacionalidades indígenas, afroecuatorianas y montubias de la circunscripción territorial del respectivo gobierno autónomo descentralizado y desarrollará, por lo menos, las siguientes fases: a) Preparación de la consulta, identificación del o los temas materia de la consulta y de los sujetos a ser consultados; b) Convocatoria a la consulta a través de cualquier medio efectivo que garantice el conocimiento oportuno de los sujetos consultados acerca del tema de consulta, la documentación pertinente y el cronograma del proceso de consulta; c) Consulta prelegislativa: las organizaciones representativas de las comunas, comunidades, pueblos y nacionalidades indígenas, afroecuatorianas y montubias de la circunscripción territorial correspondiente, que tengan interés en participar en la consulta, deberán inscribirse en el registro y ante el organismo que para el efecto señale el órgano legislativo consultante; hecho lo cual, recibirán los formularios para sus procesos de deliberación interna y la designación de sus representantes que no serán más de dos, por cada organización inscrita; d) Análisis de resultados y cierre de la consulta: las comunas, comunidades, pueblos y nacionalidades indígenas, afroecuatorianas y montubias de la

- No obstante, mediante sentencia vinculante, la Corte Constitucional al resolver la demanda de inconstitucionalidad por la Ley de Minería estableció el derecho a la consulta prelegislativa como uno colectivo y de carácter sustancial[179]. Se fijaron en tal sentido, condiciones básicas, a saber: a) Organización e implementación de un procedimiento en favor de las comunas, comunidades, pueblos y nacionalidades, "sin perjuicio de que se consulte a otros sectores de la población". Estos sujetos deberán inscribirse previa identificación. b) Se diferenció a la consulta prelegislativa de la consulta previa libre e informada contemplada (Art. 57.7 de la CRE) y de la consulta ambiental (Art. 398 de la CRE). c) Los pronunciamientos de los sujetos deben referirse a los aspectos que puedan afectarles de manera objetiva en alguno de sus derechos colectivos[180]. d) Deben respetarse los procesos deliberativos internos realizados de conformidad con su cultura, prácticas y costumbres, y en todas las fases (preparación, convocatoria pública, información y realización, y análisis de resultados y cierre) se observará el principio de interculturalidad. De allí que el proceso deba realizarse en muchos casos en castellano, pudiendo receptarse pronunciamientos en los idiomas propios de los pueblos y nacionalidades consultados[181].
- Si bien el reconocimiento de *derecho sustancial* resulta importante, esta sentencia sobre todo, convalidó el trámite de la Ley de Minería señalando que en el proceso de formación de esta ley se cumplía con los requisitos sustanciales, cuando el Mi-

circunscripción territorial correspondiente que se hubieren inscrito, harán llegar a la secretaría del órgano legislativo del respectivo gobierno autónomo descentralizado su posición sobre el tema consultado, misma que será debatida en una mesa de diálogo que se conformará con representantes del órgano legislativo y aquéllos que hubiere designado cada organización participante. [...] El proceso concluirá con la suscripción de un documento en que consten los consensos y disensos alcanzados. El respectivo gobierno autónomo descentralizado podrá mediante ordenanza o resolución para el caso de los gobiernos parroquiales rurales reglamentar y desarrollar esta disposición".

179 Corte Constitucional, Sentencia No. 001-10-SIN-CC, pp. 26 y 27.

180 Sentencia No. 001-10-SIN-CC, cit. p. 39.

181 Ibíd., pp. 39 a 41.

nistro de Minas y Petróleos al comunicar a la ciudadanía en general y particularmente al Presidente de la CONAIE sobre el proyecto ley, y solicitar sus observaciones cumplió con el Art. 6 del C169; esto a pesar de no guardar conformidad con el Art. 57.17 de la CRE. Se argumentó además que el hecho de que las organizaciones indígenas hayan decidido participar mostraba que hubo un proceso de información y participación. De paso, se señaló que esa comunicación guardaba más conformidad con el Art. 398 de la Constitución que se refiere a la consulta ambiental[182], con lo cual a pesar de la distinción declarada entre ambos derechos, se crea una desafortunada confusión sobre su alcance.

- Hay que remarcar finalmente, que las reglas establecidas por la Corte se circunscriben exclusivamente al ámbito legislativo, olvidando cubrir el resto de medidas normativas y administrativas que puedan afectar los derechos colectivos. Por otra parte, los requisitos de establecer previamente los temas por parte de la Asamblea y la información que será entregada, así como los de inscripción y representatividad, además de la condición de que sea en castellano, pueden afectar las condiciones de libertad, información y respecto a las propias culturas. Cuando se dispone que se suscriban consensos y desacuerdos, manifestados de manera explícita y motivada se relativiza además, la obligación del Estado de recabar el consentimiento de los pueblos y nacionalidades indígenas.
- Con posterioridad a la sentencia de la Corte Constitucional, la Asamblea Nacional ha aprobado el *Instructivo para la aplicación de la consulta prelegislativa* (IPACP) el 13 de junio de 2012. Este instrumento prevé entre otros aspectos, un procedimiento para que pueblos y nacionalidades indígenas se pronuncien sobre temas específicos contenidos en los proyectos de Ley tramitados por la Asamblea. El procedimiento se aplica por iniciativa de la Comisión que tramita el proyecto de que se trata, luego del primer debate (Arts. 4 y 5 IPACP). Los temas de los que trate el procedimiento serán sometidos previamente al

---

182 Ibíd., pp. 35 a 38.

filtro del Consejo de Administración Legislativa, según el Art. 7. La consulta involucra las fases de: preparación, convocatoria pública, información y realización, y análisis de resultados y cierre (Art. 6). Aquí la Asamblea toma los criterios de la Sentencia de la Corte Constitucional. Hay que destacar que se respeta las formas de organización propias de cada sujeto para la consulta (Art. 14). Se dispone que los resultados se manifiesten por escrito (Art. 16) y se prevé finalmente, un proceso de procesamiento vía audiencias provinciales y una mesa de diálogo nacional (Arts. 18 al 20 del IPACP). No obstante, es importante comentar que, nuevamente la regulación por medios infralegales de un derecho fundamental contraviene el estándar constitucional previsto en los Arts. 132.1 y 133.2 de la Carta.

- Cabe además mencionar que en cuanto a la aplicación de este tipo de consulta, existen varios casos de proyectos de Ley, donde pudiendo considerarse procedente, estos fueron aprobados "sin ninguna consideración acerca de la necesidad de consulta prelegislativa para su trámite". Entre otros, según refiere un estudio del Centro de Derechos Económicos y Sociales (CDES) se encuentran, la Ley de Hidrocarburos, la Ley de Educación Intercultural, el COOTAD y el Código de la Producción[183].
- Se esperaría que se llegue a la aprobación de una Ley que garantice de mejor manera los procesos de consulta, también en los casos de medidas administrativas y normativas infralegales; que fije mejor los procedimientos de establecimiento de temas, de información y discusión bajo formas propias adaptadas a cada cultura, así como que establezca pasos específicos relativos a las fases de sanción u objeción de las leyes.
- Finalmente, en relación al *desarrollo legislativo* de la consulta previa, libre e informada, en marzo de 2012 se presentó un proyecto de Ley Orgánica para la consulta hacia las comunas, comunidades, pueblos y nacionalidades[184]. Según refiere Sánchez, mientras se tramitaba este proyecto, que ya contaba con informe de primer debate y había sido socializado con las co-

---

183 D. Sánchez, "La consulta previa en el Ecuador", op. cit., pp. 28 y 30.

184 Iniciativa de Gerónimo Yantalema de Pachakutik.

munidades indígenas, en agosto de 2012 se dicta el *Reglamento de consulta previa en procesos de licitación de áreas y bosques* (DE 1247). Según destaca la referida autora, esta norma supone un claro desconocimiento del principio de reserva de Ley previsto en los Arts. 132.1 y 133 de la CRE, además que irrespeta los estándares establecidos por el Convenio 169 y la jurisprudencia interamericana, estos son: carácter previo de la consulta, buena fe y finalidad de llegar a un acuerdo o consentimiento, consulta adecuada y accesible, estudio de impacto ambiental, consulta informada[185]. La norma reglamentaria resulta, por ejemplo, insuficiente al no prever, que se informe en su idioma originario a los sujetos de consulta y en relación al resultado. Se habla de "acuerdos y consensos" pero adecuados a los objetivos y políticas de desarrollo del Plan Nacional del Buen Vivir y no directamente a la Constitución[186].

Quedan evidenciadas así varias deficiencias de los procedimientos que regulan este tipo de consulta, sobre todo su infralegalidad frente a una LOPC que no contribuye a una efectiva regulación que desarrolle el derecho. Tales deficiencias afectan a los estándares internacionales, además de la legitimación que hace la citada sentencia de la Corte Constitucional con respecto de la Ley de Minería, a pesar del reconocimiento como sustancial del derecho a la consulta previa libre e informada que resulta importante y precisamente por ello hay que desarrollarlo plenamente.

e) Consulta ambiental

Esta especie de consulta está reconocida en el Art. 398 de la Constitución en términos de que:

> Toda decisión o autorización estatal que pueda afectar al ambiente deberá ser consultada a la comunidad, a la cual se informará amplia y oportunamente. El sujeto consultante será el Estado. La ley regulará la consulta previa, la participación ciudadana, los plazos, el sujeto consultado y los criterios de valoración y de objeción sobre la actividad sometida a consulta.

---

185 S. Sánchez, "Reglamento de consulta analizado a la luz de los derechos de los pueblos indígenas", op. cit., pp. 176-178.

186 Ibíd., p. 181.

> El Estado valorará la opinión de la comunidad según los criterios establecidos en la ley y los instrumentos internacionales de derechos humanos. Si del referido proceso de consulta resulta una oposición mayoritaria de la comunidad respectiva, la decisión de ejecutar o no el proyecto será adoptada por resolución debidamente motivada de la instancia administrativa superior correspondiente de acuerdo con la ley.

Con relación a su *desarrollo normativo*, este puede hallarse en varias normas:

- La LOPC en el Art. 82 simplemente repite los términos del texto constitucional. El Art. 83 se refiere a la valoración de este tipo de consulta, también repitiendo lo referido en el inciso final del Art. 398 de la CRE, agregando que la instancia administrativa superior correspondiente "en el caso de decidir la ejecución, deberá establecer parámetros que minimicen el impacto sobre las comunidades y los ecosistemas; además, deberá prever métodos de mitigación, compensación y reparación de los daños, así como, de ser posible, integrar laboralmente a los miembros de la comunidad en los proyectos respectivos, en condiciones que garanticen la dignidad humana". Nada más aporta la LOPC dejando el tema a otras normas.
- Hay que mencionar por otra parte, la *Ley de Gestión Ambiental* de julio de 1999 que ya preveía la consulta ambiental para toda actividad que genere impactos en este ámbito, referidos particularmente a proyectos de inversión o desarrollo, exploración y extracción de recursos naturales. Mediante Decreto No. 1040 de 8 de mayo de 2008 se emitió el *Reglamento de aplicación de los mecanismos de Participación Social establecidos en la Ley de Gestión Ambiental,* el cual si bien contribuyó a centralizar la regulación de estos procesos en el marco de la gestión ambiental, amplía su radio de aplicación a los pueblos y a las nacionalidades indígenas (Art. 15), lo cual tiende a crear una confusión entre los derechos colectivos de consulta y la consulta ambiental.
- Luego de la vigencia de la Constitución de 2008 se promulga la *Ley de Minería* en enero de 2009, normativa que incorpora un capítulo llamado "De la Gestión Social y la Participación de la Comunidad". En este capítulo (Arts. 87 al 91), se desarrolla la consulta ambiental para actividades mineras que generen

impactos ambientales. Entre otras disposiciones se destacan: a) el segundo inciso del Art. 87 que define el objeto de estos procesos como el de "promover el desarrollo sustentable de la actividad minera, precautelando el racional aprovechamiento del recurso minero, el respeto del ambiente, la participación social en materia ambiental y el desarrollo de las localidades ubicadas en las áreas de influencia de un proyecto minero". El Art 89 de su parte define la participación ciudadana como "un proceso que tiene como finalidad considerar e incorporar los criterios de la comunidad a la gestión social y ambiental de un proyecto minero, dicho proceso deberá llevarse a cabo en todas las fases de la actividad minera, en el marco de los procedimientos y mecanismos establecidos en la Constitución y la ley". Es decir, se define este procesos como uno de carácter claramente consultivo; b) Se establece además en esta norma que en "el caso que de un proceso de consulta resulte una oposición mayoritaria de la comunidad respectiva, la decisión de desarrollar el proyecto será adoptada por resolución motivada del Ministro Sectorial"; c) que todo concesionario minero deberá respetar el derecho de acceso a "los procesos de información, participación y consulta en la gestión ambiental de las actividades mineras", por lo cual se deberá informar adecuadamente en todas las etapas "a las autoridades competentes, gobiernos autónomos descentralizados, comunidades y entidades que representen intereses sociales, ambientales o gremiales, acerca de los posibles impactos, tanto positivos como negativos de la actividad minera" (Art. 88[187]); d) El Art. 90 dispone que se instrumente un procedimiento especial y obligatorio de consulta a las comunidades, pueblos y nacionalidades, sin regularlo.

- En noviembre de 2009 se expide el *Reglamento General a la Ley de Minería* emitido mediante DE no. 119, el cual fija normas sobre participación social en las actividades mineras de la ciudadanía en general y establece la participación de la ciudadanía en

---

187 Esto incluye, según esta norma que la autoridad ambiental "deberá dar libre acceso a los estudios ambientales y sociales, formalmente solicitados, así como también a los informes y resoluciones técnicas emitidas por autoridad competente, en la forma como lo determina la Ley".

la toma de decisiones de la política minera a cargo de consejos consultivos encargados de viabilizar la participación ciudadana para la toma de decisiones en la definición de las políticas mineras e integrados por autoridades de este sector y organizaciones sociales[188].

A manera de conclusiones generales sobre los derechos a consultar y ser consultados podríamos mencionar lo siguiente:

Las normativas infra constitucionales examinadas son en general repetitivas, poco desarrolladas, escasas en precisión y dispersas, lo cual no contribuye a un efectivo ejercicio de estos derechos como es obligación del Estado a través de sus distintas funciones. Muchas de ellas claramente reducen el supuesto de hecho constitucional como aquella que prohíbe la consulta sobre tributos (Art. 21 LOPC).

Es también relevante con relación a los derechos colectivos a la consulta, recordar lo que la Corte IDH señala en su sentencia sobre el caso Sarayacu:

> "Con respecto al ordenamiento jurídico interno que reconoce el derecho a la consulta previa, libre e informada, la Corte ya ha observado que, en la evolución del corpus juris internacional, la Constitución ecuatoriana del año 2008 es una de las más avanzadas del mundo en la materia. Sin embargo, también se ha constatado que los derechos a la consulta previa no han sido suficiente y debidamente regulados mediante normativa adecuada para su implementación práctica. Por ende, bajo el artículo 2 de la Convención Americana, el Estado debe adoptar las medidas legislativas, administrativas o de otra índole que sean necesarias para poner plenamente en marcha y hacer efectivo, en un plazo razonable, el derecho a la consulta previa de los pueblos y comunidades indígenas y tribales y modificar aquellas que impidan su pleno y libre ejercicio, para lo cual debe asegurar la participación de las propias comunidades"[189].

En este caso, el cumplimiento de la obligación de desarrollar una serie de regulaciones idóneas a todos los derechos a la consulta resulta una tarea ineludible y urgente.

---

188 El Reglamento Ambiental de Actividades Mineras emitido por Decreto Ejecutivo No. 121 del 16 de noviembre del mismo año establece que previo a la aprobación del estudio de impacto ambiental por la autoridad competente, se incluya el informe del proceso de participación (Art. 9).

189 Corte IDH, Sentencia Caso Sarayaku vs. Ecuador, cit., párr. 301.

El derecho colectivo a la consulta es un derecho relacionado con otros en términos de interdependencia. Lo que le otorga valor en sí como derecho de participación, pero además valor agregado en cuanto tiene que ver con la existencia de las comunidades, los pueblos y las nacionalidades.

El punto crítico de la consulta como derecho colectivo radica en su valor vinculante que en la Constitución se ve relativizado mediante la introducción de excepciones. Esto llevó probablemente al ex presidente de la Asamblea Constituyente, Alberto Acosta, a reflexionar luego en el sentido que el tema de la consulta definitivamente no fue resuelto de forma "adecuada y consecuente" en la Constitución[190]. Al respecto existe la posición sostenida tanto por las organizaciones representativas de los pueblos indígenas como por juristas vinculados a ellas en un doble sentido, primero la necesidad de un amplio ejercicio del derecho a la consulta y segundo, de su carácter plenamente vinculante [191].

De parte del Estado por el contrario, no existe que conozcamos, una postura jurídicamente fundamentada si acaso posiciones evasivas y prácticas normativas que tienden a reducir el espectro de la consulta, por ejemplo, asimilando la consulta previa a la figura de la consulta ambiental, como vimos a través de un Reglamento previo a la vigencia de la Constitución aún vigente, sobre participación social en el régimen de Gestión Ambiental.

---

190 A. Acosta, "La Constitución de Montecristi, medio y fin para cambios estructurales" en J. P. Aguilar y otros, *Nuevas instituciones del derecho constitucional ecuatoriano*, INREDH, Quito, 2009, p. 14.

191 Entre otros juristas que sostienen esta posición podemos mencionar a Mario Melo, quien en un interesante comentario con ocasión de la Sentencia sobre el caso Sarayacu aboga justamente por el "pleno cumplimiento del objetivo de las consultas a los pueblos indígenas" el cual según precisa refiriendo un documento de la ONG danesa IBIS "se refleja en el consentimiento de los consultados", precisando además que "[...] si se obtiene el consentimiento de los consultados, se habrá cumplido el objetivo de las consultas. Si, por lo contrario, no se llega a dicho consentimiento, las consultas habrán sido fallidas, truncas e ineficaces" (M. Melo, "Los aportes de la sentencia del Caso Sarayaku al corpus iuris de los derechos indígenas", Quito, 07.2013. En: http://pachamama.org.ec/los-aportes-de-la-sentencia-del-caso-sarayaku-al-corpus-iuris-de-los-derechos-indigenas/#sthash.5uWAvXRK.dpuf. También puede consultarse la página de IBIS Bolivia: http://ibisbolivia.org/articles/ibis-aclara-el-concepto-del-consentimiento-libre-previo-e-informado/

Además de lo ya referido respecto de los casos Saramaka vs. Suriman y Sarakayu vs. Ecuador, con certeza, la jurisprudencia colombiana puede arrojar luces acerca del valor vinculante de los procesos de consulta. La Sentencia de Tutela 129-2011 emitida por la Corte Constitucional de ese país, se refiere a la obligación del Estado colombiano de obtener el consentimiento, como resultado del proceso de consulta a los pueblos indígenas[192]. Esta sentencia establece la prevalencia del interés de los pueblos indígenas si la ejecución de las medidas estatales implica poner en peligro su sobrevivencia al conllevar el aniquilamiento o desaparecimiento de estos. Concretamente recoge lo establecido en el Convenio 169 en dos casos: a) Traslado o desplazamiento de los pueblos, de acuerdo a los Arts. 10 y 16.2 del citado Convenio y b) almacenamiento o eliminación de desechos tóxicos en sus tierras. Se agrega además un tercer supuesto que hace relación a la decisión de la Corte IDH en el caso Saramaka vs. Surinam[193], relativa a la obligación de obtener el consentimiento para la realización de planes o proyectos de desarrollo a gran escala que representen un mayor impacto social, cultural y ambiental, que puedan poner en riesgo su existencia.

Podemos entender así que, en general el estándar internacional fijado por el Convenio 169 y la DIPI no establece que el consentimiento tenga que ser lo que llamaríamos una obligación absoluta de resultado para el Estado, sino probablemente una de medio. Es decir un objetivo o como expresa el Art 6 del C-169, una "finalidad" a alcanzar mediante todos los esfuerzos posibles en todo proceso de consulta, por tanto si bien se ha de buscar exhaustivamente el consentimiento, es posible admitir excepciones razonables en casos de no haberlo, previendo por ejemplo, reparaciones[194]. Esto se refleja en la

---

192 En: *http://www.corteconstitucional.gov.co/relatoria/2011/t-129-11.htm*

193 Corte Interamericana de Derechos Humanos, Caso Pueblo Saramaka vs. Surinam, Sentencia del 28 de noviembre de 2007. En los párrafos 134 y 135 se establecen los criterios relativos al tipo y características de proyectos y planes donde habría que obtener el consentimiento. En: *http://www.corteidh.or.cr/docs/casos/articulos/seriec_172_esp.pdf*

194 Confróntese con la opinión expresada para el caso del Perú por Ruis Molleda, "Un necesario parámetro para evaluar las sentencias del TC peruano: el derecho a la consulta según la Corte Constitucional de Colombia", documento de trabajo No. 55, Justicia Viva, Lima, 2011; también con Raquel Yrogyen en "De

disposición constitucional de la última frase del apartado 7 del Art. 57, la cual debe ser regulada de forma urgente y en sentido restrictivo (de la excepción).

Finalmente, cabe adherirse a la conclusión que en la citada sentencia de tutela formula la Corte colombiana:

> "Por lo estudiado, es necesario que el Estado de forma articulada garantice e incentive la aplicación real y efectiva del derecho fundamental a la consulta previa de las comunidades étnicas, pues ante todo las herramientas que subyacen a la consulta, permiten conciliar posiciones y llegar a un punto intermedio de diálogo intercultural en el que los pueblos ejerzan su derecho a la autonomía con sus planes propios de vida frente a los modelos económicos basados en la economía de mercado o similares"[195].

En otras palabras, ciertamente la Constitución ecuatoriana establece un estándar general del *buen vivir* con varios derechos prestacionales y otros relacionados con él, los cuales pueden entrar en conflicto al momento de su operacionalización con otros derechos como aquellos de participación y colectivos. Lo necesario es un equilibrio que se corresponda de la manera más lógica con el esquema constitucional y que permita maximizar el conjunto de los derechos para lo cual deben buscarse formas, precisamente de diálogo entre Estado y ciudadanías y de participación social en la formulación de políticas y normas.

3.4.4. Derecho a fiscalizar los actos del poder público

El *derecho a fiscalizar los actos del poder público* (DFAPP) está reconocido por la Constitución de Montecristi en el apartado 5 del Art. 61 como un derecho de participación. Este derecho ya se encontraba previsto en la Constitución de 1998, en el Art 26 entre los derechos políticos. En ese sentido no se trata de un derecho nuevo, sin embargo, resulta novedoso en cuanto el nuevo esquema constitucional participativo actual le da un nuevo contexto.

---

la tutela a los derechos de libre determinación del desarrollo, participación, consulta y consentimiento", Instituto Internacional Derecho y Sociedad-IIDIS, Lima, 2009.

195 Sentencia T-129-2011, cit., parte final, 5.1.

Vamos a continuación a revisar algunos elementos que nos permitan comprender mejor los actuales alcances del DFAPP.

Si bien en las democracias representativas y en el modelo de Estado liberal la fiscalización del poder se realiza a través de la tripartición de poderes mediante un sistema de frenos y contrapesos entre los distintos órganos públicos; en modelos mixtos de democracia como el ecuatoriano, donde se toman elementos tanto de democracia representativa, como de deliberación, democracia directa y participativa, en cuanto a la construcción del poder político la relación entre sociedad y detentadores del poder (representantes de ella) debe ser más fluida. En este contexto, la actividad de fiscalizar ya no le corresponde solo al Estado en su esfera interna, sino que se expresa como un derecho y en una serie de formas que permiten la participación en ese proceso de control de poder, la cual complementa a los mecanismos tradicionales de frenos y contrapesos propios de la vertiente representativa.

Es claro que el poder no solo atañe a las relaciones sociales asociadas a la actividad estatal[196]; no obstante, el derecho a fiscalizar apunta esencialmente a la facultad de ejercer un escrutinio sobre el poder público institucionalizado y eventualmente, pero de manera excepcional, en ciertas derivaciones de este, por ejemplo, sobre actores no públicos que manejan recursos públicos o que manejan asuntos de interés público. En este sentido, la Constitución define ese poder público institucionalizado, básicamente a través de la categoría de *sector público*. El Art. 225 establece que órganos se encuentran comprendidos dentro del sector público en cuatro categorías:

> 1. Los organismos y dependencias de las funciones Ejecutiva, Legislativa, Judicial, Electoral y de Transparencia y Control Social.
> 2. Las entidades que integran el régimen autónomo descentralizado.
> 3. Los organismos y entidades creados por la Constitución o la ley para el ejercicio de la potestad estatal, para la prestación de servicios públicos o para desarrollar actividades económicas asumidas por el Estado.
> 4. Las personas jurídicas creadas por acto normativo de los gobiernos autónomos descentralizados para la prestación de servicios públicos.

---

196 Como aclara J. Vallés: "[E]l poder no se ejerce solamente desde las instituciones públicas, ni puede decirse que reside de forma exclusiva en el estado. La intervención en la regulación de los conflictos sociales está abierta [...] a un conjunto de actores sociales diversos" (J. Vallés, *Ciencia Política, una introducción, Ariel, Barcelona*, 2004, pp. 33-34).

En sentido correspondiente, el Art. 95 de la Carta, recordemos, establece el principio de la participación protagónica de la ciudadanía en "el control popular de las instituciones del Estado y la sociedad, y de sus representantes" en el contexto del proceso de construcción del poder ciudadano.

En suma, el DFAPP establecido en el Art. 61 de la CRE, comprende la facultad de los ciudadanos de controlar los actos del poder público, entendido por este el que ejercen todas las instituciones que forman el sector público en razón de atribuciones especificas fijadas por el orden jurídico, incluidos quienes ejerzan algún tipo de potestad estatal. No obstante, este derecho puede ejercerse excepcionalmente sobre otros sujetos que ejerzan algún tipo de potestad estatal. Además, una modalidad de este derecho es aquella que ejercen los miembros de las distintas formas de organización social, al fiscalizar y exigir rendición de cuentas al interior de ellas (Art. 96 de la CRE).

Es importante remarcar que la acción de fiscalizar según esta línea de reflexión, la asociamos con la de control. El *control* es una actividad que ha aplicado el Estado a si mismo históricamente y que se ha expresado entre otras formas, en el control político ejercido por el parlamento, el control administrativo ejercido por instituciones específicas como las contralorías o agencias sectoriales y el control judicial ejercido por jueces y tribunales. No obstante, el *control social* sobre las actividades del Estado ha sido muy limitado por la ausencia de derechos y también de normas que permitan establecer competencias y mecanismos para hacerlo. Lo que busca precisamente el esquema constitucional actual del Ecuador es un cambio fuerte de este patrón, un cambio que le dé dimensión participativa al control; pero como el DFAPP es un típico derecho de participación, este necesita de prestaciones normativas y fácticas e incluso de condiciones previas para su ejercicio.

El control de las actividades públicas es un aspecto que está regulado de manera amplia en numerosos cuerpos legales y sobre todo infralegales, fundamentalmente a través de disposiciones que se refieren al control del Estado sobre el Estado en las dimensiones administrativa, política y judicial. Este numeroso universo de normas tenemos que aclarar que no es el que nos interesa, sino aquellas relativas al ejercicio del PFAPP en los sentidos antes indicados de crear competencias, mecanismos y condiciones para el efecto. Este grupo de normas puede ser también numeroso por lo que seguidamente definimos dos líneas de análisis que tomaremos como prioritarias para presentar un esquema resumido del desarrollo constitucional y normativo del DFAPP. Por una parte, la referida al *control social* y su contracara, rendición de cuentas; y por otra, la relativa a la *lucha contra la corrupción.*

Control social y rendición de cuentas

Presentamos seguidamente tanto las conexidades del DFAP en esta materia, con otras normas constitucionales y un panorama de su desarrollo normativo.

El derecho a fiscalizar se asocia fuertemente como hemos destacado con los procesos de control social y su contracara, la rendición de cuentas (RC), siendo esta última una obligación de varios sujetos como hemos mostrado. En este sentido sobresalen:

- En primer lugar, aquellos principios y normas que regulan el *servicio público*. El Art. 83 de la CRE se refiere a los deberes y responsabilidades de los ecuatorianos, entre las cuales se halla la de: "11. Asumir las funciones públicas como un servicio a la colectividad y rendir cuentas a la sociedad y a la autoridad, de acuerdo con la ley". El Art. 226 de la CRE de su parte, establece que todos quienes actúen en virtud de una potestad estatal (instituciones, organismos y dependencias del Estado, servidores públicos) deben limitarse a sus competencias y facultades específicas atribuidas por Constitución y el orden jurídico. El Art. constitucional 233 establece el principio de responsabilidad hacia los servidores públicos por los actos u omisiones realizados en el ejercicio de sus funciones. Esta responsabilidad puede ser administrativa, civil o penal[197]. De otro lado, el Art. 297 de la CRE dispone que las instituciones y entidades que reciban o transfieran bienes o recursos públicos se sometan a los principios y procedimientos de transparencia, rendición de cuentas y control público.

---

[197] Para fines de control además, el Art. 231 de la CRE exige la declaración patrimonial jurada a los servidores públicos al iniciar y al finalizar su gestión.

- En cuanto al *marco institucional*, debemos señalar que el Art. 208.2 de la CRE, fija entre los deberes y atribuciones del *Consejo de Participación Ciudadana y Control Social* (CPCCS) el de: "Establecer mecanismos de rendición de cuentas de las instituciones y entidades del sector público, y coadyuvar procesos de veeduría ciudadana y control social". Esta disposición concuerda con el Art. 3 de la LOPC que establece como objetivos de esta Ley el control y RC, así como el control de ejecución de los servicios públicos (nos. 1 y 2). Esta última competencia se relaciona con la establecida a la *Defensoría del Pueblo* respecto del conocimiento de reclamos por mala calidad o indebida prestación de los servicios públicos o privados (Art. 215.1 de la CRE) y 81 y ss., de la Ley Orgánica del Consumidor (LODC) [198]. La LOCPCC de su parte, establece en el Art. 2.10 el principio de transparencia al que se sujetarán las acciones del CPCCS que serán de libre acceso a la ciudadanía y estarán sujetas al escrutinio público para su análisis y revisión. El Art. 8 de la LOCPCCS establece en correspondencia con la Constitución, las atribuciones de este organismo frente al control social, en lo fundamental: 1. Promover y estimular iniciativas de control social sobre políticas públicas, sobre las entidades del sector público y de las personas naturales o jurídicas privadas que presten servicios públicos, manejen recursos públicos o desarrollen actividades de interés público. 2. Apoyar técnica y metodológicamente las iniciativas de veeduría, observatorios y demás espacios de control social, que así lo demanden, para exigir cuentas de la gestión de lo público[199]. 4. Actuar como enlace entre el Estado y la ciudadanía dentro de los procesos que se generen por iniciativas ciudadanas e instar para que las solicitudes y quejas ciudadanas sean atendidas.
- Además del CPCCS y la Defensoría del Pueblo, componen la Función de Transparencia y Control Social (FTCS), la *Contra-*

---

198 Las competencias del CPCCS y la Defensoría del Pueblo deberían armonizarse pues tanto la LODC como la Ley Orgánica de esta institución que forma parte de la FTCS son anteriores a la Constitución actual.

199 El Art. 39 de la LOPC hace referencia en este sentido a la formación ciudadana para control social.

loría General del Estado y las *Superintendencias* (Art. 204 inciso final CRE). La primera se establece por el Art. 211 como "un organismo técnico encargado del control de la utilización de los recursos estatales, y la consecución de los objetivos de las instituciones del Estado y de las personas jurídicas de derecho privado que dispongan de recursos públicos". Siendo parte de la FTCS, ni con relación a sus funciones (Art. 212 CRE[200]), ni en su Ley Orgánica, existen claras referencias a cómo incorpora mecanismos participativos de control social la Contraloría General del Estado[201]. Las Superintendencias según el Art. 213 de la CRE "son organismos técnicos de vigilancia, auditoría, intervención y control de las actividades económicas, sociales y ambientales, y de los servicios que prestan las entidades públicas y privadas, con el propósito de que estas actividades y servicios se sujeten al ordenamiento jurídico y atiendan al interés general". Actualmente existen Superintendencias en los sectores de Compañías, Bancos y Seguros, Comunicación, Telecomunicaciones, Economía Popular y Solidaria, y Control del Poder del Mercado. De las búsquedas efectuadas no fue posible disponer de informaciones sobre si cada una de estas entidades integra en su normativa disposiciones de control social. Esto al igual que en el caso de la Defensoría del Pueblo y la Contraloría, evidenciaría un déficit regulatorio en cuanto a establecer medidas que permitan mayor participación en el control estatal y de los servicios públicos.

- En materia de *rendición de cuentas* (RC), el Art. 88 de la LOPC reconoce el "derecho ciudadano a la rendición de cuentas" a ser ejercido en forma individual o colectiva (comunas, comunidades, pueblos afroecuatoriano y montubio, y nacionalidades

---

200 Estas son: 1. Control administrativo sobre las entidades del sector público y de las entidades privadas que dispongan de recursos públicos. 2. Determinación de responsabilidades administrativas y civiles culposas e indicios de responsabilidad penal, relacionadas con los aspectos materia de su control. 3. Regulación para el cumplimiento de sus funciones. 4. Asesoría al Estado (Art. 212 CRE).

201 La única referencia que esta investigación ha hallado se ubica en el con la creación de la Dirección de Asuntos éticos y Participación Ciudadana que instrumenta mecanismos como audiencias públicas (Art. 22 del Estatuto orgánico de gestión organizacional por procesos de la Contraloría General del Estado).

indígenas, y demás formas lícitas de organización). Estos sujetos podrán solicitar una vez al año la rendición de cuentas a las instituciones públicas o privadas que presten servicios públicos, manejen recursos públicos o desarrollen actividades de interés público, así como a los medios de comunicación social, siempre que tal rendición de cuentas no esté contemplada mediante otro procedimiento en la Constitución y las leyes. Aunque se trata ya de prestadores de servicios públicos, esta norma incluye expresamente a los medios de comunicación. Cabe recalcar que esta definición restringe el tiempo de ejercicio del derecho a una vez al año lo cual contravendría el espíritu constitucional del DFAPP.

- Luego, los Arts. 9 de la LOCPCCS y 89 de la LOPC introducen dos definiciones de *rendición de cuentas* con elementos diferentes. La primera como un proceso participativo, que debe ser "periódico, oportuno, claro y veraz, con información precisa, suficiente y con lenguaje asequible". Debe realizarse al menos una vez al año, mediante una amplia convocatoria y debidamente publicitada, a todos los sectores sociales relacionados[202]. La norma de la LOPC de su parte concibe la RC como un "proceso sistemático, deliberado, interactivo y universal, que involucra a autoridades, funcionarias y funcionarios o sus representantes y representantes legales, según sea el caso, que estén obligadas u obligados a informar y someterse a evaluación de la ciudadanía por las acciones u omisiones en el ejercicio de su gestión y en la administración de recursos públicos". Nótese que al calificar a la RC como proceso periódico que se hará "al menos una vez al año", esta norma contradice la restricción referida anteriormente, aunque esta se refiere al proceso desde los obligados y la primera al derecho a pedirla. Por otro lado, mantener dos nociones diferentes de RC no abona a una adecuada aplicación de la Ley, abriendo oportunidades para interpretaciones discrecionales, ni comprensión por parte de la ciudadanía.

---

202 El Art. 95 de la LOPC prevé complementariamente que la RC se realizará una vez al año y al final de la gestión, teniendo en consideración las solicitudes que realice la ciudadanía, de manera individual o colectiva, de acuerdo con la Constitución y la ley.

- El Art. 10 de la LOCPCCS define los contenidos (mínimos) de los informes de rendición de cuentas[203] y el Art. 11 señala quienes están obligados a rendirlas: autoridades del Estado electas o de libre remoción, representantes legales de empresas públicas o personas jurídicas privadas que manejen fondos públicos o desarrollen actividades de interés público, sin perjuicio de la responsabilidad que tienen los servidores públicos por sus actos u omisiones[204]. Idéntico prácticamente es el texto del Art. 90 de la LOPC, disposición que sin embargo incluye además "los medios de comunicación social, a través de sus representantes legales"[205]. El inciso final del citado Art. 11 de la LOCPCCS establece la competencia del CPCCS en caso de incumplimiento por parte de las instituciones y entidades obligadas, para remitir una queja de incumplimiento a la Contraloría General del

---

203 Estos son: 1. Cumplimiento de políticas, planes, programas y proyectos. 2. Ejecución del presupuesto institucional. 3. Cumplimiento de objetivos y plan estratégico de la entidad. 4. Procesos de contratación pública. 5. Cumplimiento de recomendaciones o pronunciamientos emanados por las entidades de la FTCS y la Procuraduría General del Estado. 6. Cumplimiento del plan de trabajo presentado ante el CNE, en el caso de las autoridades de elección popular. 7. En los casos de las empresas públicas y de las personas jurídicas privadas que presten servicios públicos, manejen recursos públicos o desarrollen actividades de interés público, deberán presentar balances anuales y niveles de cumplimiento de obligaciones laborales, tributarias y cumplimiento de objetivos. 8. Las demás que sean de trascendencia para el interés colectivo (Art. 10 LOCPCCS). El Art. 92 establece complementariamente los temas sobre los cuales han de rendir cuentas las autoridades elegidas por votación popular, estos son: 1. Propuesta o plan de trabajo planteados formalmente antes de la campaña electoral; 2. Planes estratégicos, programas, proyectos y planes operativos anuales; 3. Presupuesto general y presupuesto participativo; 4. Propuestas, acciones de legislación, fiscalización y políticas públicas; o, 5. Propuestas y acciones sobre las delegaciones realizadas a nivel local, nacional e internacional.

204 Con relación a los funcionarios públicos y con relación a los asambleístas el principio específico de RC se establece en el Art. 127 de la CRE en concordancia con el Art. 110.4, de la LOFL.

205 El Art. 93 de la LOPC obliga a las funcionarias y los funcionarios, directivos y los responsables de la conducción de unidades administrativas, administraciones territoriales, empresas, fundaciones y otras organizaciones que manejen fondos públicos (niveles administrativos), a rendir cuentas principalmente sobre: 1. Planes operativos anuales; 2. Presupuesto aprobado y ejecutado; 3. Contratación de obras y servicios; 4. Adquisición y enajenación de bienes; y, 5. Compromisos asumidos con la comunidad.

Estado la que iniciará un proceso de investigación sobre la gestión de las autoridades respectivas sin perjuicio de las sanciones previstas en la LOTAIP, por la negación de información. El Art. 91 de la LOPC define los objetivos de la RC: 1. Garantizar a los mandantes el acceso a la información de manera periódica y permanente, con respecto a la gestión pública; 2. Facilitar el ejercicio del derecho a ejecutar el control social de las acciones u omisiones de los gobernantes y funcionarios, o de quienes manejen fondos públicos; 3. Vigilar el cumplimiento de las políticas públicas; y, 4. Prevenir y evitar la corrupción y el mal gobierno. Esta norma vincula de manera sistémica los procesos de RC al derecho de acceso previo a información, así como a la lucha contra la corrupción. El Art. 94 de la LOPC, establece la competencia del CPCCS para establecer y coordinar los mecanismos, instrumentos y procedimientos para la rendición de cuentas de las instituciones, entidades del sector público, personas jurídicas privadas que presten servicios públicos, desarrollen actividades de interés público o manejen recursos públicos y de los medios de comunicación social.

- De igual manera, "las autoridades ejecutivas y legislativas de los GAD tienen la obligación de establecer un *sistema de rendición de cuentas* a la ciudadanía conforme el mandato de la ley y de sus propias normativas" (Art. 302, inciso final del COOTAD). En tal sentido varias normas fijan la obligación de rendir cuentas en un informe anual escrito, a saber: el Gobernador Regional (Art. 37, literal s.), prefectos (Art. 50, literal u.), alcaldes (Art. 60, literal y.), alcaldes metropolitanos (Art. 90 literal v.), presidentes de Junta Parroquial (Art. 70 literal v.).
- En cuanto a los ámbitos del control social, el Art. 29 LOPC en concordancia con el 95 de la CRE establece el principio de participación en el control social de todos los niveles de gobierno, las funciones e instituciones del Estado, y de las personas naturales o jurídicas del sector privado que manejan fondos públicos, prestan servicios o desarrollan actividades de interés público, tanto en el territorio nacional como en el exterior. También el Art. 46 de la misma Ley, establece que la ciudadanía en forma individual o colectiva (comunas, comunidades, pueblos afroecuatoriano y montubio y nacionalidades indígenas,

y demás formas lícitas de organización) desarrolle procesos de veedurías, observatorios y otros mecanismos de control social a la actuación de los órganos y autoridades de todas las funciones del Estado y los diferentes niveles de gobierno, conforme a la Constitución.

- A *nivel seccional,* el Art. 100 de la CRE fija como objetivo de la participación en todos los niveles territoriales el fortalecer la democracia con mecanismos permanentes de transparencia, rendición de cuentas y control social. En idéntico sentido repite este enunciado el Art. 64.4 de la LOPC. Luego, el Art. 267.8 de la CRE establece la facultad de los gobiernos parroquiales rurales para vigilar la ejecución de obras y la calidad de los servicios públicos. Bajo esta base, varias disposiciones regulan el tema a nivel de los GAD: El Art. 3 del COOTAD, que trata de los principios, literal g) se incluye dentro del principio de participación ciudadana. El Art. 295 incluye el principio de RC en la planificación de los GAD. Así mismo el Art. 302 y 304, establecen las bases de los sistemas de participación y control social. Existen referencias a la rendición de cuentas sobre los distintos planes de desarrollo en las regiones (Art. 31, literal e.), a nivel provincial (Art. 41 literal d.), cantonal (Art. 54 literal c.) parroquial (Art. 64 literal d.), en los distritos metropolitanos (Art. 84 literal e.) y respecto del Régimen Especial de Galápagos (Art. 104). También se establece un proceso de RC en casos de intervención temporal de un GAD (Art. 160 del COOTAD). Además, el Artículo 165 precisa que los GAD "que reciban o transfieran bienes o recursos públicos tendrán la obligación de aplicar los procedimientos que permitan la transparencia, acceso a la información, rendición de cuentas y control público sobre la utilización de los recursos".
- Con relación a *otros sujetos* de RC existen también varias disposiciones dispersas: El ya citado Art 96 de la CRE que reconoce todas las formas de organización social dispone que deberán garantizar la rendición de cuentas y en idéntico sentido lo repite el Art. 30 de la LOPC. En el ámbito electoral, respecto de los partidos políticos la obligación de RC la prevé el Art 108 de la CRE, en concordancia con el Art. 219.3 que le da competencia al CNE en calidad de juez de cuentas de organizaciones y can-

didatos. De su parte el Código de la Democracia, que introduce la noción de sujetos políticos (Art. 244)[206], establece en el apartado número 8 del Art. 2 como derecho ciudadano el de exigir la rendición de cuentas y la transparencia de la información de los sujetos políticos, los Arts. 365 al 369 de este cuerpo legal, regulan la rendición de cuentas en este ámbito. Luego, varias disposiciones constitucionales y legales contemplan el principio de RC en ámbitos específicos. El Art 348 de la CRE se refiere a ello en cuanto al financiamiento público de la educación especial, fiscomisional, artesanal y comunitaria; lo mismo sucede en el ámbito del Sistema Universitario en general (Art. 355 de la CRE) y respecto del financiamiento público a universidades privadas (Transitoria Decimoctava de la CRE, inciso final). La Ley Orgánica de Educación Superior (LOES) ratifica y desarrolla este principio, entre otros en los Arts. 7, inciso segundo, 25 y 27 de este cuerpo legal, destacándose esta última que introduce la noción de *rendición social de cuentas*. Finalmente, los Art. 378 y 388 de la CRE establecen la RC como principio para las entidades que conforman el sistema nacional de cultura, así como para las instituciones científicas que reciban fondos públicos, respectivamente.

- Es importante señalar, que más allá de las normas generales sobre rendición de cuentas, sería recomendable que, como en el ámbito seccional que existen normas específicas, las leyes orgánicas de todas las funciones del Estado o las normas estatutarias y legales que las regulan, establezcan disposiciones específicas sobre RC. Por ejemplo, a nivel legislativo la Ley Orgánica de esta función (LOFL) contempla normas sobre información fundamentalmente sobre la dimensión de producción normativa y otras de participación en procesos legislativos (Caps. XVI y XVII de la LOFL), pero no existe un capítulo sobre RC de la

---

206 Estos son los partidos políticos, movimientos políticos, alianzas, y candidatos. Además según la transitoria séptima al CD (agregada mediante Ley orgánica reformatoria del CD, RO 634, Segundo Suplemento, del 06.02.12), lo son también los proponentes de la consulta popular o referéndum; quien promueva la revocatoria de mandato y a la autoridad contra quien se la proponga, en estos procesos.

actividad parlamentaria en su conjunto, la que además de la producción de legislación abarca la actividad de control político. Es necesario en ese sentido fortalecer las normas y las dinámicas de rendición de cuentas[207].

- Sobre el *acceso a la información* como condición previa a los procesos de control, rendición de cuentas y lucha contra la corrupción, se trata sobre todo de un derecho previsto en la Constitución como parte de los del buen vivir (Art. 18.2 de la CRE[208]). Este derecho es regulado por la LOPC y la LOTAIP. La LOPC en su Art. 96 vuelve a establecer el derecho y además precisa que: "Este derecho constituye un instrumento fundamental para ejercer la participación ciudadana, la rendición de cuentas y el control social". El Art. 97 establece como principio general que "la información pública pertenece a la ciudadanía y se encuentra sujeta a los principios establecidos en la Constitución y las leyes correspondientes y que quienes la manejen son sus administradores y depositarios, estando obligados a garantizar su acceso, de manera gratuita, con excepción de los costos de reproducción". El Art. 98 introduce el principio de transparencia y publicidad en los actos de la administración pública. Esto concuerda con el Art. 1 de la LOTAIP. El Art. 91 de la CRE introduce la acción de acceso a la información pública en los siguientes términos:

  > La acción de acceso a la información pública tendrá por objeto garantizar el acceso a ella cuando ha sido denegada expresa o tácitamente, o cuando

---

207 Sobre este último aspecto Córdova, bajo la pregunta "¿Quién fiscaliza a las y los fiscalizadores?" reflexiona sobre la necesidad de que los asambleístas puedan "presentar informes de rendición de cuentas con secciones íntegras y muy explicadas sobre las condiciones en que llevarán a cabo su atribución fiscalizadora con responsabilidad y ética pública, solo así el mandato delegado puede monitorearse y discutirse por parte de la ciudadanía..." (H. P. Córdova, *Derechos sin poder popular. Presente y futuro de la participación, comunicación e información*, COINCIDE/CENAE, Quito, 2013, p. 41).

208 Derecho individual y colectivo a "acceder libremente a la información generada en entidades públicas, o en las privadas que manejen fondos del Estado o realicen funciones públicas". La norma además prevé que: "No existirá reserva de información excepto en los casos expresamente establecidos en la ley. En caso de violación a los derechos humanos, ninguna entidad pública negará la información".

la que se ha proporcionado no sea completa o fidedigna. Podrá ser interpuesta incluso si la negativa se sustenta en el carácter secreto, reservado, confidencial o cualquiera otra clasificación de la información. El carácter reservado de la información deberá ser declarado con anterioridad a la petición, por autoridad competente y de acuerdo con la ley.

- Regulan además el ejercicio de esta *acción de acceso a la información pública*, los artículos 47 y 48 de la LOGJCC. El Art. 99 de la LOPC prevé que toda persona podrá interponer esta acción cuando ésta haya sido negada expresa o tácitamente, cuando haya sido entregada de forma incompleta, o no sea fidedigna. Los Arts.19 al 21 de la LOTAIP regulan el proceso administrativo de acceso a la información, mientras que el Art. 23 de la misma Ley prevé las sanciones. El Art. 100 de la LOPC así como el Art. 8 de la LOTAIP se refieren a la promoción del derecho de acceso a la información.
- Respecto de los medios electrónicos de *difusión de la información pública*, el Art. 101 de la LOPC complementariamente se refiere a la democracia electrónica disponiendo que los GAD expidan políticas específicas e implementen mecanismos concretos para la utilización de los medios electrónicos e informáticos en los procesos de información, consulta, constitución de grupos, foros de discusión y diálogos interactivos. Al efecto, cada uno de los gobiernos y dependencias dispondrá y actualizará permanentemente su respectivo portal web con información relativa a leyes, ordenanzas, planes, presupuestos, resoluciones, procesos de contratación, licitación y compras entre otros. Además, las autoridades públicas de las funciones del Estado mantendrán un espacio dedicado en el portal institucional para poder informar, dialogar e interactuar con la comunidad. De su parte el Art 7 de la LOTAIP establece la información mínima que las entidades obligadas deben desplegar en su página web. Otras normas que tienen que ver con el acceso a la información son: El Art 464 del COOTAD que prevé espacios en medios para RC y el Art. 41 de la LOPC que prevé la responsabilidad de los medios en la discusión de informaciones sobre control y RC. Además, respecto de la Asamblea Nacional, el capítulo XVI de la LOFL que se refiere a la transparencia de la información, especialmente al Sistema de

Información Legislativa (Arts. 1152 - 156). El Art. 14 de la LOTAIP que establece la información mínima que la función legislativa debe desplegar en su portal de internet. Así mismo, el Ejecutivo ha regulado mediante Decreto Ejecutivo 387 (RO 110, 21.06.07) el Sistema de Información para la Gobernabilidad Democrática (SIGOB) que permite dar seguimiento a la actividad administrativa[209]. No obstante, como referimos, estas regulaciones deben ser complementadas con normas específicas sobre procesos de rendición de cuentas.

– Con relación a las *instancias y mecanismos participativos* que permiten desarrollar los procesos de control social y rendición de cuentas, destacamos: respecto de los Presupuestos Participativos previstos en el Art. 67 de la LOPC, el inciso 2 del Art. 70 de la misma norma establece que el seguimiento de estos se realizará durante todo el año y que la coordinación le compete a las autoridades responsables. Complementariamente, el artículo 266 del COOTAD dispone que al final del ejercicio fiscal, el ejecutivo del GAD convoque a la asamblea territorial o al organismo que en cada GAD se establezca como máxima instancia participativa, "para informar sobre la ejecución presupuestaria anual, sobre el cumplimiento de sus metas, y sobre las prioridades de ejecución del siguiente año". Entre las funciones de las asambleas locales que regula el Art. 60 de la LOPC se encuentran las de: "3. Promover la organización social y la formación de la ciudadanía en temas relacionados con la participación y el control social; [y] 4. Organizar, de manera independiente, el ejercicio de rendición de cuentas al que estén obligadas las autoridades electas"[210]. Los Arts. 73 y 74 de la LOPC disponen que el mecanismo de *audiencia pública* se accione en caso de que se requiera: 1. Solicitar información sobre los actos y decisiones de la gestión pública. 2. Presentar propuestas o quejas sobre asuntos públicos o, 3. Debatir problemas que afecten los intereses colectivos. Estos mecanismos son utilizados por algunas entidades de la FTCS como las superintendencias y la Contraloría.

---

209 http://sicape.cege.gob.ec/

210 El Art. 62 de la LOPC, dispone además el apoyo a las asambleas locales por parte de las autoridades de los GAD y el CPCCS.

- Por otra parte, los *observatorios* y las *veedurías* son por excelencia mecanismos de control social. Los *observatorios* son definidos por la LOPC (Art. 79) como mecanismos de participación constituidos por grupos de personas u organizaciones que no tengan conflicto de intereses con el objeto observado. Su objetivo será elaborar diagnósticos, informes y reportes con independencia y criterios técnicos, para impulsar, evaluar, monitorear y vigilar el cumplimiento de las políticas públicas.
- Las *veedurías* (Arts. 78 y 84 LOPC), son modalidades de control social a la gestión pública y de seguimiento a las actividades de autoridades electas y designadas por la ciudadanía. Su propósito es conocer, informarse, monitorear, opinar, presentar observaciones y pedir la rendición de cuentas. Funcionan para ejercer el control social de todas las funciones del Estado, niveles de gobierno, personas privadas que manejen fondos públicos, y a personas naturales o jurídicas privadas que presten servicios públicos o desarrollen actividades de interés público[211]. Es obligatorio para las instituciones públicas y privadas involucradas el garantizar el acceso a la información que los procesos de veeduría requieran para cumplir sus objetivos (Art. 87 LOPC). Esta norma dispone además que el CPCCS brinde "las condiciones básicas de funcionamiento dentro de sus competencias legales y límites presupuestarios". Con relación a los procesos de selección de autoridades a diversas instancias que le competen al CPCCS, el Art. 63 de la LOPCCS obliga a este Consejo a garantizar la participación de veedurías en estos procesos conforme al reglamento respectivo. Además manda a que: "Toda la información y documentación del proceso de selección de las comisiones ciudadanas será de libre, inmediato y permanente acceso a la ciudadanía". El Art. 34 de la misma

---

211 El Art. 8.3 de la LOCPCCS, señala complementariamente que las veedurías ciudadanas "podrán vigilar el ciclo de la política pública con énfasis en los procesos de planeación, presupuesto y ejecución del gasto público; la ejecución de planes, programas, proyectos, obras y servicios públicos, así como las actuaciones de las y los servidores públicos en general. Si en el informe de la veeduría, se observare que existen indicios de responsabilidad, el Consejo enviará a la autoridad competente copia del informe para su conocimiento y tratamiento de forma obligatoria".

Ley se refiere correlativamente a la veeduría para el concurso donde se eligen los miembros del CPCCS[212]. Así mismo, el Art. 86 de la LOPC prevé que el CPCCS reglamente las veedurías ciudadanas y garantizará su autonomía, así como, el respeto al derecho de la ciudadanía al control social[213]. Al efecto, se han emitido un Reglamento General de Veedurías Ciudadanas (Resolución del CPCCS No, 14, RO Suplemento 226, 01.07.10) y un instructivo, el de creación y funcionamiento de veedurías ciudadanas CPCCS (Resolución del CPCCS No. 5, RO. 573, 20.04.09)[214]. Frente a varios cuestionamientos que se han realizado al Reglamento de Veedurías, el CPCCS habría emprendido un proceso de reformas del mismo[215].

---

212 Las organizaciones sociales y ciudadanía podrá organizar veedurías para vigilar y acompañar el proceso de selección de Consejeros con el compromiso de emitir información veraz y evitar injurias a cualquier persona, so pena de sanción. Las veedurías no podrán retrasar, impedir o suspender el proceso de selección sin decisión de autoridad competente (Art. 34 LOCPCCS). El CNE reglamentará las condiciones de participación de veedurías ciudadanas para este concurso, las que deberán registrarse ante el mismo.

213 En su reglamento se tomarán en cuenta, entre otros, los siguientes criterios: 1. Las personas que participen en las veedurías, no podrán tener conflictos de interés con el objeto observado; ni podrán ser funcionarias o autoridades de las instituciones en observación o de aquellas vinculadas; 2. Las veedoras y los veedores serán responsables en caso de injurias, conforme a la ley; y, 3. El inicio de toda veeduría deberá ser notificado previamente a la institución observada, con la determinación de las personas que participen; así como, el ámbito, área o proceso en los que se circunscribirá su accionar.

214 Además es necesario mencionar que disposiciones específicas sobre la veeduría ciudadana que debe implementarse obligatoriamente en los procesos de elección de autoridades se contemplan en el Reglamento para normar el proceso de designación de autoridades (Resolución CPCCS No. 46, RO. 19, 04.09).

215 En un boletín de prensa (No. 1065, 29.10.13) el CPCCS informa de la presentación de una "propuesta metodológica para optimizar el trabajo entre el CPCCS y las veedurías ciudadanas". Se agrega que: "En caso de ser necesario, la propuesta metodológica podría derivar en la reforma al *Reglamento General de Veedurías Ciudadanas*, a fin de incorporar cambios que agiliten los procedimientos de integración de veedurías, presentación, socialización y difusión de informes". Véase: http://198.57.214.33/~home/?mod=foro_post&id=1351. Sobre los cuestionamientos, estos van en el orden de exigir requisitos por ejemplo, de plazo y plan de trabajo que contravienen el espíritu de la LOPC, así mismo se cuestiona la prohibición de entregar directamente a la ciudadanía los resultados de una veeduría, lo que contradecería el Art. 63 de la citada Ley. Véase al respecto el

Lucha contra la corrupción

Según la definición adoptada por la Función de Transparencia y Control Social (FTCS), la corrupción supone "acción ilícita o ilegítima encubierta y deliberada de servidores públicos o personas privadas para favorecer intereses particulares, realizada vía cualquier medio o cuota de poder en espacios normativos institucionalizados y estructurados, afectando a intereses públicos, de sujetos colectivos, individuales y a la ética"[216]. Para combatir este fenómeno se han emitido una serie de disposiciones y mecanismos que sintetizamos a continuación:

- En primer lugar, la CRE reconoce como "deber primordial del Estado" en su Art. 3.8 el de: "Garantizar a sus habitantes el derecho a una cultura de paz, a la seguridad integral y a vivir en una sociedad democrática y libre de corrupción". Esto se complementa con la disposición del Art. 83.8 que establece el deber a los ciudadanos de "administrar honradamente y con apego irrestricto a la ley el patrimonio público, y denunciar y combatir los actos de corrupción". De manera correlativa, el Art 204 fija como uno de los cometidos centrales del CPCCS el combatir la corrupción. Así mismo, según el apartado 1 del Art. 206 el primer deber de la FTCS como instancia de coordinación es el de: "Formular políticas públicas de transparencia, control, rendición de cuentas, promoción de la participación ciudadana y prevención y lucha contra la corrupción. 3. Articular la formulación del plan nacional de lucha contra la corrupción".

Además, el Art. 208 de la CRE, fija entre las atribuciones del CPCCS varias relacionadas en la lucha contra la corrupción como: 1. Promover la participación ciudadana y estimular procesos de lucha contra la corrupción. 4. Investigar denuncias sobre actos u omisiones que afecten a la participación ciudadana o generen corrupción.

---

documento "Reglamento de veedurías del Consejo de Participación Ciudadana y Control Social" elaborado por la ONG Participación Ciudadana s/f, s/l, en: *http://www.participacionciudadana.org/pc10/images/docu/pulso10/3.pdf*

216 Concepto "asumido" por la FTCS "constante en el Documento de Articulación para la Prevención y Lucha contra la Corrupción aprobado en agosto de 2010", según se señala en el "Diagnóstico preliminar de la corrupción y propuestas generales de políticas públicas", documento s/f, s/l. p. 11-12. En: *http://www.sbs.gob.ec/medios/PORTALDOCS/downloads/FTCS/diagnostico.pdf*

5. Emitir informes que determinen la existencia de indicios de responsabilidad, formular las recomendaciones necesarias e impulsar las acciones legales que correspondan. 6. Actuar como parte procesal en las causas que se instauren como consecuencia de sus investigaciones[217]. 7. Coadyuvar a la protección de las personas que denuncien actos de corrupción. Como puede advertirse, la misma Constitución fija una serie de competencias en favor del CPCCS que lo convierten en el órgano llamado a combatir la corrupción pública. Un órgano con competencias reforzadas que sustituye a la Comisión de Control Cívico de la Corrupción creada en la Constitución de 1998 y a la Secretaria Nacional Anticorrupción[218]. La LOCPCCS repite estas atribuciones (Art. 6).

- Por otra parte, la Ley Orgánica de la FTCS establece la necesidad de organizar esta función estatal de acuerdo a lo establecido en los artículos 204 y 225 de la Constitución así como sus competencias. El Artículo 4.4, establece el objetivo de: "Prevenir y combatir la corrupción", mientras que el Art. 7 fija entre las atribuciones y deberes del *Comité de Coordinación* de esta Instancia las de: 1. Formular políticas públicas de transparencia, control social, rendición de cuentas, promoción de la participación ciudadana, prevención y lucha anticorrupción, así como de, 3. Articular y coordinar la formulación del Plan Nacional de Prevención y Lucha contra la Corrupción. La FTCS ha aprobado en 2013 este, a ser aplicado entre 2013 y 2017. Este instrumento "desarrolla una propuesta programática dirigida a generar una cultura de prevención y combate contra la corrupción en el país", planteando la creación de un "sistema nacional" en el que los actores que tienen roles anticorrupción y la ciudadanía "compartan espacios, buenas prácticas y proyectos que lleven a implantar una cultura de vivencia de valores

217 En este apartado 6 se establece además que: "Cuando en sentencia se determine que en la comisión del delito existió apropiación indebida de recursos, la autoridad competente procederá al decomiso de los bienes del patrimonio personal del sentenciado".

218 Así se desprende de la Transitoria tercera de la CRE que prevé que: "Las servidoras y servidores públicos de la Comisión de Control que no sean de libre nombramiento y remoción, pasarán a formar parte del Consejo de Participación Ciudadana y Control Social".

éticos como requisito para la plena exigibilidad y garantía de derechos"[219].

- También la Ley Orgánica del CPCCS contempla algunas disposiciones relativas a la lucha contra la corrupción. El Art. 7 incluye entre las iniciativas que pueden recibir fondos concursables a espacios que fomenten el combate a la corrupción (n. 1). Con relación al fomento a la transparencia y lucha contra la corrupción, esta normativa prevé además, un Capítulo (III) al respecto. El Art. 13 de este capítulo establece amplias atribuciones en esta materia en favor del CPCCS, en síntesis:

1. Promover políticas institucionales sobre la transparencia de la gestión de los asuntos públicos, la ética en el uso de bienes y recursos, y en el ejercicio de las funciones públicas y el acceso ciudadano a la información pública.
2. Requerir de cualquier entidad o funcionario de las instituciones del Estado la información que considere necesaria para sus investigaciones o procesos. Las personas e instituciones colaborarán con el Consejo y quienes se nieguen a hacerlo serán sancionados de acuerdo a la ley.
3. Las personas naturales o jurídicas privadas que presten servicios o desarrollen actividades de interés público, que no entreguen la información de interés de la investigación dentro de los plazos establecidos en la LOTAIP, serán sancionadas por el organismo de control correspondiente a petición del Consejo, sin perjuicio de las acciones civiles o penales a que hubiere lugar.
4. Requerir de las instituciones del sector público la atención a los pedidos o denuncias procedentes de la ciudadanía así como investigar denuncias a petición de parte, que afecten la participación, generen corrupción o vayan en contra del interés social.
5. Emitir informes que determinen la existencia de indicios de responsabilidad que sean calificados por el Consejo, de acuerdo a la reglamentación interna y siempre que esta determinación no se haya realizado por otro órgano de la misma función, además de formular las recomendaciones necesarias e impulsar las acciones legales del caso.
6. Actuar como parte procesal, en tanto los informes emitidos son de trámite obligatorio y tendrán validez probatoria, en las causas que se instauren como consecuencia de sus investigaciones.
7. Solicitar a la Fiscalía la protección de las personas que denuncien o

---

219 Véase *Plan Nacional de Prevención y Lucha contra la Corrupción 2013-2017*, FTCS, Quito, 2013, p. 7. En: http://scpm.gob.ec/wp-content/uploads/2013/05/plan_lucha_contra_corrupcion_2013_2017.pdf

testifiquen en las investigaciones del Consejo, a través del sistema de protección de víctimas y testigos. En caso de riesgo inminente instará la actuación inmediata de la Fiscalía.

- Los Arts. 14 al 18 de la LOCPCCS se refieren a los *procedimientos*. El Art. 14 trata sobre la denuncia. El CPCCS está obligado a receptar, calificar, aceptar a trámite, e investigar de haber mérito suficiente, las denuncias sobre actos u omisiones que afecten la participación o generen corrupción. Se garantizará la reserva y protección de la o el denunciante[220]. Según esta norma, el Consejo "también podrá resolver iniciar investigaciones cuando de los documentos adjuntos a la denuncia se pueda verificar de manera clara, precisa y manifiesta que las instituciones que han actuado en el caso hayan incumplido sus atribuciones, previstas en la ley, o el caso a investigarse pueda constituir un precedente para las posteriores acciones del Consejo y otras instituciones en el marco de sus competencias". El Art. 15 precisa los criterios de admisibilidad de las denuncias[221]. El Art. 16 establece que la investigación se regirá según el reglamento que se dicte para el efecto[222]. Esta norma faculta además al CPCCS

---

220 Las denuncias podrán según el inciso final del Art 14 presentarse oralmente (se reducirán a escrito) o por escrito, pudiendo contarse con peritos intérpretes de ser necesario. Estas deberán contener, al menos, los siguientes requisitos: 1. Los nombres y apellidos, número de cédula de ciudadanía, estado civil, y domicilio de quien denuncia; 2. La mención clara de los fundamentos de hecho y de derecho que la motiven; 3. Señalar la autoridad, servidor público o persona de derecho privado que realice actividades de interés público o preste servicios públicos, que presuntamente hubiere incurrido en la irregularidad denunciada; y, 4. Documentación que fundamente la denuncia. Se aplica además el Reglamento de investigación de denuncias, expedido por el CPCCS mediante Resolución No. 3 (RO 226, 01.10.10).

221 Estos son cuatro: 1. Cuando el Consejo sea competente para conocer el caso en razón de la materia, atenten en contra de los derechos relativos a la participación o generen corrupción. 2. Cuando la denuncia cumpla con los requisitos legales. 3. Cuando no se haya iniciado un proceso judicial de cualquier índole por el hecho, ni exista sentencia ejecutoriada al respecto. 4. Y las demás establecidas en la Constitución, la ley.

222 Según el referido Reglamento de recepción de investigación de denuncias, se contempla que en estas investigaciones, las dependencias encargadas dentro del CPCCS de esta tarea serán la Dirección Nacional de Investigación y la Dirección Nacional de Transparencia.

a solicitar "a los órganos competentes de la Función Judicial las medidas cautelares o las acciones que considere oportunas, para impedir actos de corrupción o suspender los hechos o actos que perjudiquen los derechos de participación o impidan el ejercicio del control social". El Art. 17 dispone que el informe de la investigación sea conocido por el Pleno del CPCCS en forma previa a su aprobación, para garantizar su legitimidad y legalidad sobre la observancia de los derechos de las personas involucradas. Los informes emitidos deberán ser escritos, motivados y concluyentes. El Art 18 obliga al CPCCS a dar seguimiento de los procesos judiciales o administrativos que se deriven de sus informes del Consejo e impulsar las acciones legales y administrativas necesarias. Al efecto deberá intervenir como parte procesal en dichas causas.

- Finalmente, hay que señalar que el Estatuto orgánico por procesos de la Secretaria de Transparencia, emitido por Resolución 109 (RO Suplemento 72, de 21.10.10) había creado la *Secretaría Nacional de Transparencia de la Gestión* con atribuciones que compiten con las asignadas constitucionalmente a la FTCS y sobre todo al CPCCS. Este organismo fue absorbido el 1 de agosto de 2013 por la Secretaría Nacional de la Administración Pública, en cuya estructura ocupa el rango de Subsecretaría General de Transparencia de Gestión, cuya misión es más circunscrita al ámbito de la administración pública central en comparación a su entidad antecesora[223].

Para cerrar, de los elementos expuestos, tanto de la dimensión relativa al control y rendición de cuentas, como de aquella atinente a la lucha contra la corrupción, debemos destacar, algunos puntos críticos.

El derecho a fiscalizar los actos del poder público es un derecho de participación, lo cual implica el desarrollo de mecanismos y regulaciones suficientemente precisas para que permitan su ejercicio. Se

---

223 La misión de esta dependencia es: "Planificar, diseñar, coordinar, asesorar, analizar, normar y liderar la aplicación de políticas de transparencia de gestión, así como la investigación de presuntos hechos de corrupción en todas las instituciones circunscritas en el ámbito de acción de la Secretaría Nacional de la Administración Pública". Ver: *http://www.administracionpublica.gob.ec/subsecretaria-general-de-transparencia/*

observa no obstante, que a nivel legal es necesario seguir trabajando en algunos aspectos. Es importante definir mejor los roles institucionales de aquellas entidades que forman parte de la FTCS. En ese sentido, se requiere armonizar las bases legales de las instituciones que integran la FTCS, como las superintendencias, la Contraloría General del Estado y la Defensoría del Pueblo, en función de los estándares participativos que instituye la Constitución de Montecristi.

Así mismo, si bien se requiere coordinar las actividades de control, rendición de cuentas y lucha contra la corrupción entre las distintas funciones del Estado, es importante que se respeten las competencias en estas materias atribuidas a la FTCS y al CPCCS y coordinar evitando duplicar esfuerzos. En este sentido consideramos que es importante trabajar en fortalecer la instancia de control social propia del CPCCS y su capacidad de interactuar con las organizaciones sociales.

Acerca del desempeño de las instituciones, mecanismos e instancias estudiadas, vamos a referir con fines ilustrativos, algunos datos. El CPCCS ha emitido hasta el momento tres informes de rendición de cuentas: 2010-2011, 2011-12 y 2012-13. Los tres informes testimonian en general de los esfuerzos por institucionalizar el CPCCS, a través de distintos procesos y reglamentaciones, en particular del diseño de una estructura, objetivos y planes de trabajo. El informe 2010-11 da cuenta en este sentido del "fortalecimiento institucional"[224], igualmente el Informe 2011-2012[225]. El tercer informe que tiene una estructura distinta y más confusa, ya no hace referencia al fortalecimiento sino a temas como el cumplimiento de políticas y al presupuesto institucional[226]. De estos informes podemos destacar resultados relativos a cuatro aspectos.

- En primer lugar, respecto a la entrega de *informes rendición de cuentas* (IRC), los informes del CPCCS de 2010-11 y 2011-12

---

224 *Informe de rendición de cuentas del Consejo de Participación Ciudadana y Control Social marzo 2010-marzo 2011*, CPCCS, Quito, s/f, pp. 61-75.

225 Este también incluye un capítulo "Quinto eje: fortalecimiento institucional" (*Informe de rendición de cuentas marzo 2011-marzo 2012*, CPCCS, Quito, 2012, pp. 39-71.

226 Este Informe se refiere ya no a ejes sino a temas que se estructuran de acuerdo a la planificación constante en el PNBV y a la institucional. Véase *Informe final de rendición de cuentas del CPCCS marzo 2012-marzo 2013*, CPCCS, Quito, 2013.

arrojan un bajo porcentaje de cumplimiento de la obligación de las autoridades electas. Así, de acuerdo a lo dispuesto por el Art. 12 de la LOCPCCS entre 2010 y 2011 se presentaron 237 IRC, frente a 1238 instituciones que debieron entregarlos (un 19.14% de cumplimiento). No se indica que acciones tomó el CPCCS al respecto[227]. Entre 2011 y 2012, se indica que se entregaron 227 IRC de 1225 (21% de cumplimiento)[228]. No se explicita por qué la variación del total de instituciones (autoridades) obligadas a entregar el IRC. El Informe 2012-13 no se indica datos de rendición de cuentas.

- En segundo lugar, con relación a las *veedurías*, entre 2010 y 2011 se informa de la existencia de 29 veedurías ciudadanas en ejecución: 14 solicitadas por personas jurídicas, 10 por personas naturales y 5 por organizaciones de hecho. Además existían 6 veedurías desarrolladas por iniciativa del CPCCS, 41 específicas para elecciones de registradores de la propiedad y 2 solicitudes en proceso[229]. Se indica asimismo que se ha desarrollado un instructivo para propuestas de veedurías ciudadanas[230]. En el Informe 2011-12, se muestra que se tramitaron 269 solicitudes de veedurías de 278 (un 96.76%) que involucran a 2180 veedores[231]. No se desglosan datos como en el Informe anterior y no existe una presentación estandarizada de la información lo que no contribuye evidentemente a su estudio. En el informe 2012-13[232] es más confuso, este refiere 46 veedurías conformadas a nivel nacional en 2012[233]. Hay que destacar también que

---

227 *Informe final de rendición de cuentas del CPCCS marzo 2010-marzo* 2011, s/f, op. cit., p. 31.

228 *Informe final de rendición de cuentas del CPCCS*, 2012, op. cit., p. 27.

229 *Informe final de rendición de cuentas del CPCCS marzo 2010-marzo* 2011, s/f, op. cit., pp. 26-7.

230 Ibíd., pp. 102-5.

231 *Informe final de rendición de cuentas del CPCCS* 2012, op. cit., p. 23.

232 *Informe final de rendición de cuentas del CPCCS* 2013, op. cit. p. 32.

233 Una información más completa consta en el Boletín de prensa No, 1965, del 29 de octubre de 2013 respecto de las veedurías. Se indica que entre el 2012 y 2013 "el CPCCS ha integrado 119 veedurías ciudadanas en todo el país; 49 se ejecutaron en el 2012", lo cual coincide con el citado informe. Se afirma que "hasta octubre de 2013, 70 veedurías se integraron, de las cuales, 58 están en ejecución en 17 provincias, y 12 ya concluyeron su labor". Se refiere también que "De

en respuesta a un pedido de información formulado[234], se indica que se ha conformado 115 veedurías de las cuales se informa que han sido cerrados los procesos, entre 2010 y 2013. Llama la atención la inconsistencia de los datos, que seguramente responde a que se usan indicadores distintos.

- Un tercer aspecto hace relación al fortalecimiento de capacidades en el Estado para lograr transparencia. Hay que destacar en este sentido, del Informe 2012-13 entre otros datos, que se capacitó a 48 instituciones públicas, donde se inició en pilotaje del modelo de prácticas transparentes (PMPT) y se capacita a 6 delegaciones provinciales para contribuir a la realización de este plan piloto. Se refiere asimismo que se capacitó a 83 juntas parroquiales de algunas provincias en formación de transparencia y lucha contra la corrupción[235].
- En cuarto lugar, respecto de la lucha anticorrupción y más concretamente de las denuncias presentadas ante el CPCCS, el Informe 2010-11 señala que se aplicaron el Reglamento de Investigación de Denuncias ya referido y el de Procedimientos para Quejas o Pedidos (Resolución 003-34-CPCCS del 22.09.10). Se codificaron 3994 denuncias incluidas las provenientes de la antigua Comisión Anticorrupción (CCCC), de la Secretaría Anticorrupción y del CPCCS en su etapa de transición. De ellas fueron admitidas 1194[236]. Se habla luego de procesos de investigacio-

---

acuerdo con los actores sociales, las veedurías se han integrado 2 por pedido de organizaciones de hecho; 1 por organizaciones de derecho; 63 por pedido de la ciudadanía; y 4 por procesos convocados directamente por el Pleno del CPCCS [...] En cuanto al objeto de las veedurías, tienen que ver con pedidos para vigilar el acceso a las obras y servicios que están bajo competencia del gobierno nacional y gobiernos locales, tales como el estado de vías, calles en mal estado, servicios de agua o alcantarillado. Según el informe, 22 veedurías se integraron para vigilarla administración de obras, 15 la construcción, 6 de salud, 5 de designación de autoridades, 5 de educación, 4 de temas agrícolas, 4 de presupuesto, 2 de justicia, 2 de soberanía alimentaria, 1 de rendición de cuentas, 1 ambiental y 3 de otros temas". En: http://198.57.214.33/~home/?mod=foro_post&id=1351

234 Respondido mediante oficio suscrito por el Subcoordinador Nacional de Control Social (18.06. 2013).

235 Ibíd. p. 41.

236 *Informe final de rendición de cuentas del CPCCS marzo 2010-marzo* 2011, s/f, op. cit., p. 39.

nes en temas de incumplimiento de la participación ciudadana, corrupción e interés social en razón de las materias; se indica que hay 411 procesos admitidos para investigación y solamente 139 informes concluyentes[237]. También se refiere que se ha desarrollado un formato de queja o pedido para facilitar su presentación[238]. Entre 2011-12, se señala que la Dirección Nacional de Admisión y Orientación Jurídica procesó 211 denuncias de las que se admitieron 13 en investigación y 13 en transparencia, en trámite se hallan 37 (es decir un 29% habría sido admitido)[239]. En 2012-13, se indica que se ha desarrollado un sistema de apoyo legal para el trámite de denuncias "a través del cual se brinda orientación jurídica a la ciudadanía". Sin desglose alguno se indica que existen 796 requerimientos ingresados entre quejas y pedidos de los cuales se habría tramitado el 100%, sin que se precise cuál es el resultado de tal trámite[240]. Como se puede evidenciar, progresivamente se acusa una mayor oscuridad en los datos presentados en los más recientes informes.

A pesar de la inconsistencia de ciertos datos y la falta de precisión en la forma de presentación de las actividades cumplidas, puede advertirse en primer lugar, que el CPCCS realiza un esfuerzo a nivel nacional por atender las numerosas atribuciones relativas al ejercicio del DFAPP, sobre todo tomando en cuenta que cada competencia como el control social o la lucha contra la corrupción, puede implicar un sinnúmero de actividades específicas. Igualmente se advierte un esfuerzo por institucionalizar esta entidad a través del desarrollo de procesos internos. De todos modos, parece ser que la carga mayor de trabajo de esta entidad (y sus esfuerzos) se ha orientado a cumplir con la tercera gran competencia de esta institución que es organizar los procesos de elección de autoridades (aspecto que no es objeto de este análisis) y por tanto se habrían relegado las otras competencias relacionadas con el desarrollo del DFAPP.

No obstante es importante precisamente con miras a crear condiciones para un mejor ejercicio ciudadano del DFAPP mencionar tres

---

237 *Informe final de rendición de cuentas del CPCCS* 2013, p. 44.

238 Ibíd., pp. 96-7.

239 *Informe final de rendición de cuentas del CPCCS* 2012, op. cit., p. 33.

240 *Informe final de rendición de cuentas del CPCCS* 2013, op. cit., p. 37.

aspectos cruciales en los que el CPCCS y demás instituciones de la FTCS deben trabajar con mayor intensidad, estos tienen que ver con la vigilancia sobre los Informes de Rendición de Cuentas en primer lugar. Además, en este aspecto es necesario desarrollar mejores bases legales y reglamentarias en materia de RC en otras instancias del estado. Un segundo aspecto tiene que ver con la mejora en la efectividad del trámite de los procesos de denuncias por corrupción o falta de cumplimiento de los derechos de participación. En este sentido debe haber la suficiente coordinación con los mismos órganos de la FTCS, así como con los órganos judiciales y aquellos competentes para la investigación de delitos como la Fiscalía General del Estado. Un tercer aspecto que es necesario desarrollar con mayor intensidad se relaciona con la capacitación hacia la ciudadanía para ejercer el DFAPP en su integralidad y el desarrollo de criterios para ordenar la información y de medios de verificación más específicos[241].

3.4.5. Derecho a la revocatoria del mandato

La *revocatoria del mandato* (RM) es en el sistema constitucional ecuatoriano un derecho de participación y al tiempo una institución de democracia directa. Esta actúa sobre los representantes electos para dejar sin efecto el mandato formulado por los electores, antes de la terminación del período para el cual estos fueron electos, por razones políticamente relevantes. A continuación, se revisarán algunos elementos que permiten sustentar esta noción que hemos propuesto.

De acuerdo al Diccionario de la RAE el verbo revocar en su primera acepción significa: "Dejar sin efecto una concesión, un mandato o una resolución". Mientras que el término *mandato* en su quinta acepción de acuerdo al mismo diccionario se entiende como: "Encargo o representación que por la elección se confiere a los diputados, concejales". Estas definiciones nos ayudan a precisar el contenido del supuesto de hecho del derecho a revocar el mandato.

---

241 Esfuerzos en la línea de eventos de capacitación para los cuales el CPCCS debería trabajar con universidades y organizaciones sociales y por otro lado de un Índice de transparencia parecen ser esfuerzos localizados pero importantes de destacar. Véase, Boletín de prensa 1301, del 6 de mayo de 2014. En: *http://www.cpccs.gob.ec/?mod=foro_post&id=1725*

Ya en el ámbito constitucional, como bien precisan Aragón y López: "[E]l mandato se configura como un instrumento institucionalizado cuya finalidad se orienta a la participación indirecta de los ciudadanos en los asuntos públicos. Por su parte, la revocación constituye un procedimiento a través del cual los *electores* pueden destituir a un cargo público con anterioridad a la expiración del período para el que fue elegido"[242].

En democracias puramente representativas, el mandato otorgado a los representantes resulta generalmente de carácter no imperativo e irrevocable, por ser justamente un mecanismo esencial para este tipo de sistema. De forma que tras el sufragio el representante queda "desvinculado" del electorado específico que le hizo ganar la elección y ostenta la representación del conjunto de la sociedad, sea en un orden seccional o nacional[243]. La introducción del derecho a revocar el mandato si bien altera esta lógica del sistema representativo, adquiere sentido en Estados donde el sistema democrático incorpora elementos de otras concepciones de la democracia de tipo participacionista. Así también, como subrayan los autores antes referidos, la RM "ha adquirido cierto auge en algunas constituciones iberoamericanas como un instrumento de democracia directa destinado al control del abuso de poder de los que ocupan un cargo, especialmente en los ámbitos regional y local"[244].

En América Latina, las constituciones que contemplan la posibilidad de revocar el mandato de los representantes populares la limitan en general al ámbito local o regional[245]. Salen de este esquema las de

---

242 M. Aragón y J. L. López, "Revocatoria del mandato" en *Diccionario Electoral*, San José, CAPEL, en: *http://www.iidh.ed.cr/multic/controles/Biblioteca/BuscadorCategoria.aspx?contenidoid=3c2b8415-35f8-418e-a3eb-acf153bb1dc5&Cat=Diccionario_Electoral&Portal=CAPEL*

243 Ibíd.

244 Ibíd.

245 Aragón y López, precisan además que existen otras constituciones como las de México y Argentina que adoptando un esquema claramente representativo no contemplan la revocatoria del mandato. También explican los autores, que en Europa en general, con excepción de algunos cantones suizos donde se mantiene la institución de la "revocación popular", el mandato se configura como representativo y no se contemplan mecanismos para revocarlo (Ibíd.). Por su parte, Welp y Serdült refieren que "no fue en Suiza, sino en Estados Unidos, donde fue introducida la moderna revocatoria de mandato" en inicios del Siglo XX. El ar-

Venezuela, que establece en el inciso primero de su artículo 72 el principio de que: "Todos los cargos y magistraturas de elección popular son revocables" y la del Estado Plurinacional de Bolivia que dispone en el Art. 187.I que: "Toda persona que ejerza un cargo electo podrá ser revocada de su mandato". Así mismo, el Art 103 de la Constitución colombiana de 1991 consagra la revocaría como "mecanismo de participación del pueblo en ejercicio de su soberanía"[246], aunque la Ley 134 de 1994, la redujo posteriormente en este país, sólo para los alcaldes y gobernadores, no para otros cargos de elección popular.

La Constitución del Ecuador se ubicaría en la línea inaugurada por la Constitución venezolana[247], que posteriormente adoptaría también Bolivia. En el enunciado del Art. 61.6, de la Constitución prevé el derecho de "[r]evocar el mandato que hayan conferido a las autoridades de elección popular". El sistema ecuatoriano recordemos, incorpora por igual elementos de democracia representativa, participativa y directa. En este caso, en ejercicio de un derecho de participación, la ciudadanía puede accionar un mecanismo de democracia directa (MDD) para reconducir el resultado de un proceso representativo cuando este se sale de los términos fijados por el esquema constitucional. En otros términos la RM actúa de contrapeso frente a la representación.

De forma complementaria, el artículo constitucional 105 regula los términos del mecanismo por el cual se ejerce este derecho en cuatro aspectos:

a) Los sujetos que pueden ejercer la RM a las autoridades de elección popular tienen que encontrarse en goce de los derechos políticos.

---

gumento central a favor fue en ese entonces, "la potencialidad de los mecanismos de democracia directa para prevenir la corrupción dando poder a los ciudadanos". Actualmente, agregan estas autoras, 36 estados permiten revocatoria de representantes locales (Y. Welp y U. Serdült, "*¿Renovación, crisis o más de lo mismo? La revocatoria de mandato en los gobiernos locales latinoamericanos*", op. cit., pp. 174-175; citando a J. Spivak, "California's recall. Adoption of the 'Grand Bounce' for elected oficials", en *California History, 81*, 2004.

246 M. Aragón y J. L. López, "Revocatoria del mandato", op. cit.

247 A. Noguera F., "Participación, Función Electoral y Función de Control y Transparencia Social", en R. Ávila, A. Grijalva y R. Martínez Dalmau, (Eds.), *Desafíos constitucionales. La Constitución ecuatoriana del 2008 en perspectiva*, Ministerio de Justicia/Tribunal Constitucional, Quito, 2008, p. 139.

b) Los tiempos para presentar la solicitud: una vez cumplido el primero y antes del último año del periodo para el que fue electa la autoridad cuestionada.
c) Número de iniciativas: durante el periodo de gestión de una autoridad podrá realizarse sólo un proceso de revocatoria.
d) Respaldo: La solicitud de revocatoria deberá acompañarse por un número no inferior al diez por ciento de personas inscritas en el registro electoral correspondiente. Para el caso del Presidente de la República, se requerirá el respaldo de un número de firmas no inferior al quince por ciento de inscritos en el registro electoral.

De su parte, el Art. 106 de la Carta, establece en cambio las condiciones generales de desarrollo y aprobación de la RM:

El Consejo Nacional Electoral, una vez acepte la solicitud de revocatoria del mandato, convocará en el plazo de quince días al proceso correspondiente, el cual deberá efectuarse en los siguientes sesenta días.

- Para la aprobación de la revocatoria, se requerirá la mayoría absoluta de los votos válidos, salvo la revocatoria del Presidente de la República en cuyo caso se requerirá la mayoría absoluta de los sufragantes.
- El pronunciamiento popular será de obligatorio e inmediato cumplimiento, de forma que la autoridad cuestionada será cesada de su cargo y reemplazada por quien corresponda de acuerdo con la Constitución.

Antes de abordar lo relacionado con la regulación normativa de la revocatoria del mandato, debemos hacer referencia al fallo de la Corte Constitucional frente a demanda de inconstitucionalidad por omisión legislativa interpuesta por la Asociación de Municipalidades del Ecuador (AME) (No. 001-11-SIO-CC, RO 378, 4.02.11). La AME en su demanda hace dos pedidos: a) que se declare la inconstitucionalidad por omisión en cuanto a la regulación de la RM, argumentando que las normas existentes en ese momento (CD y LOPC), no contemplan "elementos normativos constitucionalmente relevantes" para el ejercicio de este derecho, b) como medida cautelar solicita que se suspendan los procesos de RM iniciados y dispuestos por el CNE por atentar gravemente contra derecho de las autoridades de elección popular de los GAD. En su fallo[248], la Corte de transición dispone tres cosas: 1) en lo principal, se niega la acción de inconstitucionalidad por omisión, 2) se dispone como medida cautelar suspender los procesos calificados por el CNE para revocatoria de mandato hasta que la Asamblea Nacional regule el derecho[249]; y 3) se ordena además, a la AN modificar la legislación existente sobre el tema.

La resolución de este caso merece lo siguientes comentarios:

- El fallo se concentra más en el análisis de qué es la inconstitucionalidad por omisión que en profundizar en los alcances del derecho mismo y su necesidad de ser regulado de acuerdo a estándares razonables. Así, si bien el referido análisis se realiza en términos aceptables, puede advertirse una tendencia elusiva respecto del tratamiento de cuestiones sustanciales referidas al derecho a revocar el mandato, así como cierto grado de contradicción cuando se determina que no hubo omisión por haber realizado la AN esfuerzos por regular el tema pero que las regulaciones son deficientes, por lo cual se manda a desarrollarlas.
- La "medida cautelar" de suspensión de los procesos de RM resulta ilógica y desproporcionada, pues se prefiere limitar el ejercicio de los derechos políticos de las mayorías por precautelar los derechos potencialmente afectados de las autoridades de los GAD. Esta elección, ausente de la debida ponderación, refleja nuevamente una contradicción del fallo: si la tesis es que no hubo omisión y hay regulación suficiente a pesar de haber vacíos, debería concluirse que no habría lugar a la medida cautelar.

---

248 Para un análisis más extenso del fallo véase Alex Valle, "Inconstitucionalidad por omisión en la jurisprudencia de la Corte Constitucional ecuatoriana. Sentencia No. 001-1L-SIO-CC (caso No. 0005-10-IO)", en *Foro, Revista de Derecho*, No. 13, UASB, Quito, 2010, pp. 147-160.

249 Ante una solicitud de ampliación de la Sentencia que interpuso el CNE, la CC aclaró que aquellos procesos cuya elección ya han sido convocada seguirán adelante mientras los que están en trámite se suspenden (serían 14 RM con convocatoria de un total de 69, según el CNE). Véase El Universo del 2.02.11 en: *http://www.eluniverso.com/2011/02/03/1/1355/corte-constitucional-suspendio-futuras-revocatorias-mandato.html*

- Finalmente, al atender el pedido de aclaración se agregan elementos que resultan en una modificación del fallo, atenuando los efectos de la medida cautelar[250].

Con relación al *desarrollo normativo,* de forma similar a los derechos a la IPN y la consulta, este se reparte entre la LOPC y el Código de la Democracia, reformados por una Ley innumerada publicada en el RO 445, del 11 de mayo de 2011, promulgada precisamente en virtud de lo dispuesto por el antes referido fallo de la Corte Constitucional. Así mismo, el Reglamento para el ejercicio de la democracia directa (RDD codificado en 2013) contiene también disposiciones que regulan la revocatoria. En lo que no repite las condiciones ya establecidas en la Constitución, esta normativa en síntesis establece los siguientes aspectos:

- Los Arts. 25 de la LOPC y 13 del RDD establecen que podrán proponer la revocatoria del mandato de las autoridades de elección en los tiempos establecidos en la Constitución, tanto los electores que estén empadronados en la circunscripción respectiva de la autoridad cuya revocatoria se propone, como un sujeto político (partido, movimiento). Se establece además la restricción de que solo podrá presentar por una vez la solicitud de revocatoria del mandato. El COOTAD por su parte se refiere en idéntico sentido a las autoridades en el ámbito de los GAD sometiendo el procedimiento a lo dispuesto en la Constitución y la ley (Art. 309).
- Para comenzar el proceso, se debe presentar una solicitud en un formulario entregado por el CNE[251], adjuntando copia de las cédulas de identidad y certificados de votación del o de los peticionarios (Art. 14 RDD) además de los motivos de la revoca-

250 Coincidimos con lo que señala Valle: "llama la atención que, en principio, se suspendan todas las acciones o procesos de revocatoria del mandato planteados ante el Consejo Nacional Electoral y que, luego, se reforme la decisión permitiendo realizar los pedidos de revocatoria que ya están en marcha" (A. Valle, "Inconstitucionalidad por omisión en la jurisprudencia de la Corte Constitucional ecuatoriana. Sentencia No. 001-1L-SIO-CC (caso No. 0005-10-IO)", op. cit., p. 159).

251 La solicitud puede presentarse en el CNE, sus delegaciones o los consulados del Ecuador en el caso de las y los ciudadanos residentes en el exterior (Art. 15 RDD).

toria que se describen el punto siguiente. En el caso de que más de un ciudadano suscriba una solicitud de formulario deberán designar un procurador común. (Art. 15 RDD).

- El Art. 25 de la LOPC reformado en 2011, introduce tres motivos por los cuales se puede proponer la RM, los cuales no se contemplan en la Constitución; mientras que el Art. 14 del RDD manda a que en la solicitud respectiva estos se precisen de la siguiente manera: a) en caso de incumplimiento del plan de trabajo presentado por la autoridad contra quien se dirige la petición al tiempo de la inscripción de su candidatura, establecer el aspecto o aspectos incumplidos (debe además adjuntarse el plan certificado por el CNE o sus delegaciones); b. Las disposiciones legales relativas a la participación ciudadana que consideran incumplidas o violentadas por la autoridad y la descripción de las condiciones en las que se habría producido el incumplimiento o violación legal; c. en el caso de incumplimiento de funciones y obligaciones constitucionales y legales, precisarlas, así como la descripción de las condiciones en las que se habría producido el incumplimiento. El Art. 14 del RDD precisa además que "la motivación no podrá cuestionar las decisiones asumidas en el cumplimiento de las funciones y atribuciones que por ley le corresponde a la autoridad".
- Los artículos, innumerado introducido luego del Art. 25 de la LOPC, 15 y 16 del RDD establecen que el CNE (o la delegación provincial) notificará a la autoridad cuestionada adjuntando copia de la solicitud para que en el término de 7 días ésta la impugne en forma documentada, si esta no cumpliese los requisitos de admisibilidad[252]. A partir de la recepción del expediente el Pleno del CNE revisará los requisitos de admisibilidad y tendrá un término para admitir o no la solicitud de revocatoria

252 El Artículo innumerado introducido en 2011 a continuación del 25 de la LOPC se refiere a los requisitos de admisibilidad: 1. Comprobación de la identidad del proponente y que este en ejercicio de los derechos de participación; 2. Demostración de no encontrarse incurso en alguna de las causales que lo inhabiliten; y, 3. La Determinación clara y precisa de los motivos por los cuales se solicita la revocatoria la misma que servirá de base para la recolección de firmas y el proceso de revocatoria.

presentada, el que según el Art. innumerado introducido luego del 25 de la LOPC es de 7 días, mientras que según el CD (Art. 200 reformado) y el RDD (Art. 16) existe un plazo de 15 días[253]. Aquí queda patente la redacción confusa y pesada de estos procedimientos.

- Si la solicitud es admitida, el CNE dispondrá la entrega del formato de formulario para la recolección de las firmas de respaldo necesarias (Arts. 27 reformado de la LOPC y 16 inciso final RDD). En dicha resolución el Consejo determinará el número de firmas respaldos válidos necesarios así como el tiempo del que se dispone para su presentación.
- En cuanto al número de firmas, el Art. 26 de la LOPC fija así los porcentajes de respaldo proporcional al número de los electores inscritos en el padrón de la correspondiente circunscripción: a) El 25% de respaldo para las circunscripciones de hasta 5 mil electores. b) El 20% de respaldos para las circunscripciones de 5.001 hasta 10 mil electores. c) El 17,5% de respaldos para las circunscripciones de 10.001 hasta 50 mil electores. d) El 15% de respaldos para las circunscripciones electorales de 50.001 a 150 mil electores. e) El 12,5% de respaldos para las circunscripciones de 150.001 a 300 mil electores. f) El 10% para las circunscripciones de más de 300 mil electores. Tratándose del Presidente de la República, se repite lo señalado por la Constitución: un respaldo no inferior al quince por ciento (15%) de las personas inscritas en el registro electoral nacional. Se enfatiza además en la parte final de esta norma, que: "Si la solicitud de revocatoria no cumple los requisitos señalados en esta Ley, será negada por el Consejo Nacional Electoral"[254]. Como puede verse, los porcentajes establecidos superan el límite de 10% de firmas, fijado por la Constitución.
- Por otra parte, el Art. 27 reformado de la LOPC así como el Art. 18 del RDD en concordancia con el Art. 23 del mismo

---

253 Adicionalmente el Art 200 del CD reformado en 2011 establece que si además el CNE encontrare que existen irregularidades en la solicitud, trasladará de ser el caso el expediente a las autoridades competentes.

254 El Art. 17 del RDD agrega que para el cálculo "se utilizará el registro electoral de la circunscripción del último proceso electoral".

reglamento, establecen plazos para recolección de firmas que van desde 60 hasta 180 días según el caso[255], que correrán a partir del día de entrega de los formularios por parte del CNE, sus delegaciones provinciales o los consulados en el exterior. De no cumplirse este plazo la solicitud no será finalmente admitida (Art. 23 RDD).

- Así, el trámite continúa de acuerdo al Art. 27 reformado de la LOPC, cuando el solicitante presente al CNE la petición de revocatoria del mandato de la autoridad cuestionada, acompañando los respaldos conforme a los porcentajes indicados. El Consejo, dentro del término de quince días, verificará la autenticidad de los respaldos[256], así como que éstos correspondan a los ciudadanos inscritos en el padrón de la circunscripción de la autoridad en cuestión[257]. De ser el caso, se convocará, en el término de tres días, al proceso revocatorio correspondiente[258],

---

255 Estos plazos son: 1. Ciento ochenta días para el caso de pedido de revocatoria a funcionarios nacionales y autoridades cuyas circunscripciones sean mayores a 300.000 electores. 2. Ciento cincuenta días para las circunscripciones electorales de entre 150.001 a 300.000 electores. 3. Ciento veinte días en las circunscripciones entre 50.001 hasta 150.000 electores. 4. Noventa días cuando se trate de circunscripciones de 10.001 hasta 50.000 electores. 5. Sesenta días cuando se trate de circunscripciones de hasta 10.000 electores.

256 Los Arts. 19 al 25 del RDD regulan lo referente al contenido de la solicitud de formularios, la verificación de la autenticidad de las firmas en medio físico y magnético y revisión en base de datos respectiva. Además, de acuerdo al Art. 28 del RDD, se podrá interponer reclamo o impugnación de carácter administrativa, que será resuelta por el CNE, de acuerdo a las facultades que le confieren los artículos 237 al 243 del Código de la Democracia.

257 El RDD codificado en 2013, prevé algunas normas que fomentan la transparencia y participación: El Art. 26 faculta a los proponentes una vez notificados, a acreditar delegados, los mismos que tendrán las siguientes facultades: a. Estar presentes en todas las fases de verificación de respaldos; b. Expresar su inconformidad con la autenticidad o no de una firma y solicitar el criterio pericial; y, c. Suscribir el reporte de cada jornada de trabajo y obtener una copia del mismo. También podrán acreditar delegados, la autoridad contra la que se propone la revocatoria del mandato, en cuyo caso no podrán ser funcionarios o empleados de la institución a la que pertenece dicha autoridad. Los Art. 27 al 29 facultan además, la intervención de observadores o Veedores por parte de la ciudadanía.

258 Aquí también al establecer un término de tres días se contraría lo previsto en la Constitución (Art. 106) como del CD reformado (Art. 200) de 15 días para la convocatoria.

que se realizará en el plazo máximo de los sesenta días siguientes.

- Otras disposiciones regulan la campaña: Los incisos finales del Art. 27 reformado de la LOPC disponen que: "Queda prohibido que las personas que pudieran ser las potenciales beneficiarias del proceso revocatorio de la autoridad cuestionada, intervengan de forma directa en la campaña". Se refiere en este caso a las autoridades que pudiesen suceder al revocado, las cuales "de no hacerlo podrán ser destituidas de su dignidad [...] El Consejo Nacional Electoral, dentro del período electoral, garantizará la difusión equitativa de los planteamientos de la autoridad en cuestión y de quien propone la revocatoria del mandato". Se prohíbe además, "a las autoridades ejecutivas de cada nivel de gobierno impulsar, promover o participar en la campaña electoral de revocatoria de los miembros de los órganos legislativos y viceversa", según los Arts., innumerado agregado luego del 26 reformado de la LOPC y 13 del RDD codificado en 2013. Finalmente, para asegurar la difusión equitativa de los argumentos de la autoridad sometida al proceso revocatorio y de los proponentes del mismo, el Art. innumerado incluido luego del 202 del CD reformado en 2011, dispone que la campaña no tendrá financiamiento público, se prohíbe a las autoridades usar recursos y medios públicos, sin embargo se garantiza espacios equitativos en medios públicos y espacios informativos en medios privados y comunitarios.
- La aprobación de la RM a que se refiere el Art. 28 de la LOPC, sigue lo dispuesto en el Art. 106 de la CRE en cuanto a mayorías requeridas y obligatoriedad, agregando que: "De encontrarse irregularidades cometidas por la autoridad cuestionada, el Consejo Nacional Electoral deberá trasladar el informe respectivo a las autoridades judiciales ordinarias o electorales, según sea el caso". Por su parte, el Art. 199 del CD, reformado prescribe que: "Se entenderá concluido el proceso cuando la autoridad electoral proclame resultados y sean notificados al órgano correspondiente para que proceda de acuerdo a la Constitución y la Ley".

Respecto de la regulación que hemos sintetizado, debemos formular algunos señalamientos:

- Como bien sugieren Welp y Serdült, la Constitución de 2008 tuvo sus efectos positivos "reduciendo barreras y facilitando la activación del mecanismo", lo que explica que en 2010 se produjeran según las autoras, unos 78 procesos de RM. No obstante "la nueva reforma ocurrida en 2011 volvió a limitar la institución, que no ha vuelto a activarse"[259].
- En este sentido, como ha señalado la Corporación de Participación Ciudadana en un documento de análisis del proyecto que se plasmó en 2011 la Ley reformatoria, si bien este permite "corregir varias falencias y omisiones existentes, originadas en la premura de tiempo con que fueron aprobados los proyectos originales", tales como "temas de procedimiento, financiamiento público, responsables de manejo económico (en el caso de mecanismos de democracia directa), etc."; no obstante se introducen tres puntos controvertidos, en síntesis: 1) Incorporación de causales. Por ejemplo, incumplimiento del plan de trabajo (se retorna así al esquema restrictivo de la Constitución de 1998, Art. 109); otorgando sobre todo, un grado de discrecionalidad al CNE en cuanto a la valoración de la motivación. 2) Establecimiento de una "tabla" progresiva de porcentajes de firmas requeridas, que como advertimos, supera los límites establecidos en la CRE. Si bien esto apela al grado de proporcionalidad de las firmas en relación con cada circunscripción, al manifestar la CRE tan categóricamente porcentajes, esto constituye una restricción de su sentido; y 3) Prohibición de que "la revocatoria se fundamente en el cuestionamiento a la ejecución plena de funciones y atribuciones que por Ley le corresponde cumplir a las autoridades"[260]. A esto agregaríamos un cuarto punto de

---

259 Y. Welp y U. Serdült, "*¿Renovación, crisis o más de lo mismo? La revocatoria de mandato en los gobiernos locales latinoamericanos*", op. cit., pp. 185 y 187, (citando datos de V ZDA-Avina Workshop (s.f.). *La revocatoria de mandato en los municipios latinoamericanos*, Recuperado de *www.dd-la.ch*).

260 Participación Ciudadana, "Modificaciones a la revocatoria del mandato", s/f, s/l en: *http://www.participacionciudadana.org/pc10/images/docu/pulso11/revocatoriamandato.pdf* (consulta 27.11.13).

preocupación señalado por Welp y Serdült en el sentido de que el filtro de la admisión ante el CNE incorporado también en la reforma "vuelve a crear un mecanismo de intervención semidirecta, en la medida en que otras instituciones deben aprobar y validar la solicitud ciudadana"[261].

- Los MDD articulados a algunos nuevos derechos de participación establecen una segunda vía democrática, que efectivamente altera la representación originalmente otorgada a ciertas autoridades, pero que con una adecuada regulación que sea proporcional con el ejercicio de los derechos de participación tradicionales, permite una coexistencia de varios mecanismos para perfeccionar el régimen democrático en su conjunto. Así, por una parte, si se sobre regulan los mecanismos que permiten el ejercicio de derechos de participación como los de consulta y revocatoria del mandato, estableciendo sobre todo, requisitos que pueden eventualmente inhibir tal ejercicio, no se contribuye en ningún caso a esta ordenación proporcionada necesaria para estimular varias vías de ejercicio democrático. Por otra parte, una instrumentalización en la práctica de mecanismos como la revocatoria podría convertirse más que en un mecanismo de participación y dinamización democrática en una nueva forma de disputa política entre elites, si no se cuenta insistimos, con una regulación proporcionada.

Finalmente en cuanto al *ejercicio de la RM*, examinemos las solicitudes de revocatoria del mandato presentadas al CNE entre 2010-2013:

Categoría	Número	Ámbito	Observaciones
Solicitudes de RM que presentaron firmas y se realizaron elecciones	78	Local GAD	Resueltas por el pleno del CNE entre 2010 y abril de 2011.
Solicitudes de formularios de RM que vencieron el plazo de entrega de 180 días	238	Local GAD	s/o.

261 Y. Welp y U. Serdült, "*¿Renovación, crisis o más de lo mismo? La revocatoria de mandato en los gobiernos locales latinoamericanos*", op. cit., p. 182.

Solicitudes de RM devueltas al proponente	1	Local GAD	Abril de 2011.
Solicitudes de formularios de RM que no cumplieron formalidades	69	Local y nacional	Hubo 1 solicitud nacional fue para revocar el mandato al Presidente de la República s/f.
Solicitudes de RM que se presentaron de conformidad a la resolución del CNE del 17 de mayo de 2011 y fueron resueltas	98	Nacional (asambleístas) Local Autoridades GAD	8 solicitudes corresponden a asambleístas, las demás a autoridades de los GAD. Solamente 3 fueron admitidas.
Solicitudes de RM que debían presentar firmas conforme a la reforma de la Ley (2011)	286	Nacional (asambleísta) Local GAD	Una solicitud corresponde a un asambleísta electo por la circunscripción de Europa, Asia y Oceanía. Se entendería que se encuentran en trámite.

Total 770 solicitudes
Fuente CNE[262], elaboración propia.

Estos datos permiten establecer que la gran mayoría de solicitudes se dirigen a la cesación de autoridades locales, desde miembros de juntas parroquiales hasta alcaldes, así como matizar lo señalado arriba en el sentido de que los procesos de RM han experimentado un decrecimiento pero no por falta de iniciativa ciudadana sino porque la mayoría no cumplen con los filtros establecidos por las regulaciones, esta tendencia es categórica luego de la reforma de 2011 pues solamente dos solicitudes fueron aprobadas (y no se señala expresamente si se realizó el proceso electoral respectivo).

Cabe finalmente referir algunas otras evidencias que arroja la investigación coordinada por Ramírez[263]. Esta investigación maneja datos entre 2010 y 2012. En ella se ratifica que fueron 78 los procesos de RM que llegaron a elecciones, esto es 10.4% de un total de 748, todas ellas antes de la reforma de 2011. En cuanto a los resultados, en 53 procesos se negó la revocatoria, mientras que en los 21 restantes

262 Informaciones proporcionadas a solicitud de los investigadores, mediante oficio 0882-SG-CNE-2013, del 5 de junio de 2013.

263 F. Ramírez G. (Coord.), *Nuda Política. Democracia, participación y conflictos. Ecuador 2009-2012*, op. cit., pp. 126-134. Este estudio ofrece un interesante análisis desde la perspectiva política, así como un examen cuantitativo más exhaustivo del desarrollo de la RM.

se aprobó la RM, es decir que las autoridades, todas ellas a nivel cantonal o parroquial, fueron destituidas. Los 21 procesos donde operó positivamente la RM corresponden a un 2.8% del total de 748 solicitudes. Así también, compartimos la conclusión del citado estudio en el sentido de que la RM es, aun con las reformas señaladas, el MDD más dinámico y que esta ha contribuido ya a redefinir los procesos políticos en Ecuador. Con todo, no hay que olvidar, que la RM no es meramente un mecanismo sino un derecho constitucional y como tal, este debería regularse para restricciones oportunas, idóneas y razonables.

3.4.6. Derecho a la resistencia: configuración y justiciabilidad

En la mayoría de Constituciones las garantías de los derechos se han entendido siempre ligadas a la función judicial, reconociéndose las llamadas garantías jurisdiccionales. Sin embargo, también se han reconocido en algunos textos, otros tipos de garantías como las llamadas "garantías sociales". Estas garantías tienen un primer antecedente en la Constitución francesa de 1793 cuyo Art. 23 establecía "la garantía social consiste en la acción de todos para asegurar a cada uno el goce y conservación de sus derechos", la cual descansa en la "soberanía nacional". Esta "garantía social" actuaba como técnica de tutela de los derechos confiada a los propios destinatarios de los mismos, es decir, a los ciudadanos, individual o colectivamente[264].

Las garantías sociales pueden adquirir la forma de participación ciudadana en la configuración de las decisiones institucionales que pretendan tutelar derechos. Pero pueden actuar también como vías de acción directa de defensa o reclamo de un derecho social en ámbitos no institucionales mediante el *derecho a la resistencia.*

Cuando hablamos aquí de derecho a la resistencia, no nos referimos a su forma clásica como doctrina del "tiranicidio"[265], el cual ya

---

264 En la doctrina contemporánea, recuperan esta noción de garantía social: L. Ferrajoli, *Garantismo. Una discusión sobre derecho y democracia*, Trotta, Madrid, 2006, p. 944. También la utilizan: V. Abramovich y C. Courtis, *El Umbral de la ciudadanía: el significado de los derechos sociales en el Estado social constitucional*, Editores del puerto, Buenos Aires, 2006.

265 Esta fue defendida ya por autores como Santo Tomás de Aquino, Petrarca, Boccaccio, Bartole de Sassoferrato o Coluccio Salutati, quienes veían el abuso de

no tendría razón de ser en un Estado Constitucional, no absolutista, donde la garantía contra el abuso de poder se lleva a cabo a través de la división de poderes y el reconocimiento de derechos[266]; sino a la idea contemporánea de la desobediencia como forma de ejercicio de determinados derechos[267] vulnerados por acción u omisión por

---

poder (la tiranía) como el principal problema del gobierno y por eso, defendían el derecho de oponerse y derrocar al tirano (tiranicidio). Santo Tomás escribió: "*El hombre debe obedecer al poder secular sólo en tanto lo exige el orden y la justicia. Por consiguiente, los súbditos pueden desobedecer cuando el poder es ilegítimo o cuando manda cosas injustas, exceptuados algunos casos para evitar el escándalo o algún mal mayor*" (T. de Aquino, *Suma Theológica*, Club de lectores, Buenos Aires, 1944, T. II, p. 104); Petrarca en su *De Remediis Utriusque Fortunee* hace un análisis exhaustivo de la tiranía haciendo una defensa, aunque discreta, del tiranicidio, dejándolo a la decisión de una asamblea de prudentes; Bocaccio en *De casibus vororum illustrium* escribe sobre los tiranos de la antigüedad, critica severamente los malos príncipes, que por su amor al placer y al vicio, se convierten en tiranos y aprueban abiertamente el tiranicidio; B. de Sassoferrato en su libro *De Tyrannia*, diferencia entre diversos tipos de gobiernos tiránicos, analizándolos desde un punto de vista jurídico, y defiende también el tiranicidio; Asimismo, Coluccio Salutati, en *De Tiranno*, limita la aplicación del tiranicidio al hecho de sí se está ante un príncipe legítimo o ante un usurpador. Con el primero, señala, es preciso tomar ciertos procedimientos de justicia, en tanto que, con el segundo, aquel que injustamente se apoderó del gobierno, cualquiera puede resistirle individualmente (Sobre todo esto, ver: C.A. Torres Caro, *El derecho de resistencia: una aproximación a la defensa de los derechos humanos*, Universidad Complutense de Madrid, Madrid, 1993; F. Rubio Llorente, "La doctrina del derecho de resistencia frente al poder injusto y el concepto de Constitución", en *Libro homenaje a J. Sánchez Covisa*, Universidad Central de Venezuela, Caracas, 1975, pp. 905-924; P. Carvajal, "Derecho de resistencia, derecho a la revolución, desobediencia civil", en *Revista de Estudios Políticos*, núm. 76, abril-junio 1992, pp. 63-101).

266 Ver: N. Bobbio, "La resistencia a la opresión, hoy", en N. Bobbio, *El tiempo de los derechos*, Sistema, Madrid, 1991, pp. 189-202; M. A. Andrade Esteves, *A Constitucionalizaçáo do Direito de Resistencia*, AAFDL, Lisboa, 1989, p. 13.

267 Esta es una idea de R. Dreier, "Derecho y Moral", en E. Garzón Valdés, *Derecho y Filosofía*, Alfa, Barcelona, 1985. También R. Castiglia presenta una idea similar, señalando que si bien actualmente "la técnica de la resistencia está, en la mayor parte de sus manifestaciones, *normatizzada*" debe tenerse en cuenta que "junto a estas formas de resistencia legal, habría otras que podemos denominar legalitarias *(legalitaríe)*, que pueden experimentarse con todos los medios que ponen en discusión la legitimidad del funcionamiento del sistema jurídico" o de alguna de sus normas "por cuanto ya no aceptadas consensuadamente e inadecuadas a la realidad del momento actual de la acción". Tales formas de "resistencia" pueden ejercitarse, por ejemplo, mediante "la formación de comités de

el Estado. Esto es, todo acto de desobediencia jurídica destinado a sustituir al Estado en la función de garantía del orden constitucional. No se trata ahora de un derecho del ciudadano contra el poder del Estado Constitucional, sino de una garantía y al tiempo de un derecho-competencia para defender tal orden. El hecho que las garantías sociales puedan actuar en ámbitos extra-institucionales no equivale, necesariamente, a que operen contra el Derecho positivo. El derecho a la resistencia y el Derecho positivo, aun y presentándose como inconciliables, no tienen por qué ser contradictorios[268]. No obstante, esta consideración acerca de la compatibilidad o no entre derecho positivo y derecho a la resistencia ha acusado variaciones a lo largo del tiempo.

Históricamente, la aceptación en términos jurídicos y justiciabilidad del derecho a la resistencia ha dependido directamente de las fuentes del derecho de las que partimos. El derecho a la resistencia ha sido aceptado jurídicamente y justiciabilizado en aquellos momentos históricos en que se ha partido del Derecho natural como fuente del derecho, mientras que no lo ha sido cuando se ha partido del "imperio de la ley" (Estado de derecho) como fuente del derecho.

La propia evolución histórica de este derecho que se remonta a los orígenes mismos del constitucionalismo, pone de manifiestos tal hipótesis. En una época donde el Derecho era derecho natural, la separación entre lo legítimo (derecho natural) y lo legal (voluntad del

---

agitación, recogida de firmas, sentadas, etc., o bien en todas aquellas actividades que expresen una consciente voluntad participatoria [...]" (R. Castiglia, «Nuove forme di "autonomía" e "resistenza" nel diritto pubblico», en AAVV, *Autonomía e diritto di resistenza*, *Studi Sassaresi*, III, Giuffré, Milán, 1973, p. 447).

268 Así lo manifiesta C. Mortati al señalar que el derecho a la resistencia como función de garantía constitucional no tiene por qué entrar en contradicción con el resto del ordenamiento jurídico. La resistencia entra en contradicción cuando va dirigida a la subversión de ese orden, es decir, como poder constituyente, pero no cuando le damos el sentido de garantía constitucional, esto es entendida como reintegración del orden violado. Aquí la resistencia permanece en el campo del derecho, en consideración del objetivo perseguido. Esta resistencia, concluye Mortati, bien podría ser considerada como un "modo de manifestación del estado de excepción, caracterizado por el *arresto* de las formas legales cuando ello lo exija la *salus reipublicae*" (C. Mortati, "Principii Fondamentali (art. 1-12)", *Commentario della Costituzione*, a cura de G. Branca, Bolonia-Roma, 1975, p. 33).

monarca) hacía de la resistencia o desobediencia al Derecho un instrumento aceptable en términos jurídicos.

A nivel teórico, a finales del siglo XVII y de la mano de John Locke en sus *Dos tratados sobre el gobierno civil* (1689), la rebelión contra la autoridad aparece ya como una de las ideas que distinguieron en sus orígenes al constitucionalismo[269]. Estas ideas resultaron trasladadas luego a las dos grandes revoluciones del siglo XVIII: la norteamericana y la francesa. El derecho a la resistencia aparece en las Declaraciones norteamericanas[270] y en la francesa de derechos del hombre y del ciudadano de 26 de agosto de 1789[271] o en la Constitución francesa de 1793 (art. 33), como instrumento jurídico legítimo de reacción del pueblo frente al abuso de poder.

---

269 Locke plantea esta idea como reacción a los escritos de Robert Filmer. Como defensor de la Monarquía Absoluta o del Derecho Divino, Filmer escribió el texto *El Patriarca o el poder natural de los reyes*, con el objeto de combatir a dos "ladrones" que querían crucificar a la monarquía: el Papa y el pueblo. El argumento de Filmer es sencillo: La monarquía es una institución natural, como la familia; así el Rey es un padre. Todo padre puede ser injusto y equivocarse, pero en sus actos prevalece siempre el amor por sus hijos, y por ello éstos le deben obediencia. De modo que, concluye Filmer, es falso que el pueblo goce de una libertad natural originaria, puesto que la creación misma comienza con un padre y no con la elección del padre por los hijos. Por tanto, no tiene derecho el pueblo a deponer a los reyes, ni a limitar su gobierno con la ley. El fundamento natural del orden social es la obediencia y, si se quiebra, no sobreviene la libertad, sino la guerra civil. El libro, compuesto para defender la prerrogativa de Carlos I de Inglaterra, quien acabó ejecutado en 1649, fue publicado póstumamente en 1680 para defender los derechos dinásticos de Jacobo II (Ver R. Filmer, *El patriarca o el poder natural de los reyes*, Alianza, Madrid, 2010).

270 Dentro de las Declaraciones norteamericanas que recogen el derecho de resistencia podemos hacer referencia al tercer apartado de la Declaración de Derechos del Buen Pueblo de Virginia (12 de junio de 1776), la parte inicial de la Declaración de Independencia de los Estados Unidos (4 de julio de 1776), el artículo 5 de la Declaración de Pennsylvania (28 de septiembre de 1776), la Declaración de Maryland (11 de noviembre de 1776), el artículo 7 de la Declaración de derechos de Massachusetts (1780) o el artículo décimo de la Declaración de Derechos inserta en la Constitución de New Hampshire (1784).

271 El artículo 2 de la Declaración señalaba: "La finalidad de toda asociación política es la conservación de los derechos naturales e imprescriptibles del hombre. Tales derechos son la libertad, la propiedad, la seguridad y la resistencia a la opresión".

Varios autores[272] han afirmado que el encaje del derecho a la resistencia en estas primeras Constituciones era posible sin generar contradicción de ningún tipo porque estos eran textos donde se recogían enunciados de derechos que no fueron concebidos como prescriptivos, esto es, como portadores de consecuencias jurídicas en sí mismos, sino como enunciados meramente declarativos de derechos naturales. Esta primera fase del proceso de garantizar los derechos del hombre fue una fase de "iusnaturalización" y "formalización declarativa", diferente de la segunda fase de "constitucionalización" de los derechos, momento en que si aparecerán contradicciones entre resistencia y Derecho positivo. A partir del siglo XIX el derecho a la resistencia va perdiendo fuerza hasta terminar desapareciendo del constitucionalismo. El factor que propicia el fin del derecho a la resistencia como jurídicamente aceptable fue la conversión, en el siglo XIX, del imperio de la ley como nueva fuente jurídica por excelencia, lo cual eliminó la separación entre lo legítimo y lo legal tan fundamental para el derecho a la resistencia.

Con el surgimiento en el siglo XIX del término "Estado de Derecho", la noción de "legitimidad" empezó a confundirse con la de "legalidad". La expresión "Estado de Derecho" es introducida por Robert Von Mohl en 1829[273]. Este "Estado de Derecho" surge como un concepto político de lucha contra el Estado absolutista, donde el rey estaba desvinculado de las leyes (*legibus solutus*), que propugnaba la sujeción del poder público al Derecho. Ello hizo que el llamado "imperio de la ley" (sometimiento de los poderes públicos y ciudadanos a la ley) constituya la nota primaria y fundamental del Estado de Derecho.

---

272 Sobre la distinción entre estas dos fases, ver J.I. Ugartemendia, "El derecho de resistencia y su constitucionalización", Revista de Estudios Políticos, No. 103, 1999, pp. 222-230; P. Cruz Villalón, "Formación y evolución de los derechos fundamentales", *Revista Española de Derecho Constitucional*, No. 25, 1989, pp. 44 y ss.

273 La expresión "Estado de Derecho" (*Rechtsstaat*) se introdujo en la discusión sobre la política y el Estado cuando R. Von Mohl la utiliza en su *Staatsrecht des Königsreichs Württemberg* de 1829, aunque había sido utilizada antes por primera vez, por C. Th. Welcker, *Die letzten Gründe von Recht, Staat und Strafe*. Giessen, 1813, p. 25; y reaparece luego en J. Ch. Freiherr v. Aretin, *Staatsrecht der konstitutionellen Monarchie I*, 1824, p. 11 (citados por E.W. Böckenförde, *Estudios sobre el estado de derecho y la democracia*, Trotta, Madrid, 1993, p. 19).

Y es por esto que, el Estado de Derecho puso el énfasis principal de su justificación, no tanto por la conformidad con una ley natural superior de justicia emanada del pueblo, como por el hecho de haber impuesto en todos los ámbitos de su jurisdicción el primado de la ley positiva y el estricto sometimiento de todas las instancias estatales a esta ley. El especial énfasis en este aspecto supuso que progresivamente se fuera produciendo un tránsito o evolución de la idea de soberanía como concepto político, hacia la soberanía como concepto jurídico[274].

El tránsito evolutivo de la noción de soberanía de concepto político a jurídico lo completó contemporáneamente Kelsen con su *Teoría General del Estado*[275], aunque la idea originaria es de Kant en sus *Fundamentos de la metafísica de las costumbres* de 1785[276]. De acuerdo con la nueva concepción, por definición, un gobierno legal se considera legítimo[277]. Además, esta conversión de la soberanía de

---

274 Este es un hecho que Max Weber apuntó como característico de las comunidades políticas contemporáneas, cuando afirmó: "*la forma de legitimidad hoy más corriente es la creencia en la legalidad...* —esto es—... *la obediencia a preceptos jurídicos estatuidos según el procedimiento usual y formalmente correctos*" (M. Weber, *Economía y Sociedad*, Fondo de Cultura Económica, México, 1969, T.I, p.30).

275 Dice Kelsen: "A medida que la democracia desplazó a la autocracia, el Derecho se ha ido colocando poco a poco por encima de aquél, hasta que, por fin, en el Estado moderno, la soberanía es del Derecho y no del Estado, pues sólo él es un *Estado de Derecho*. Ya que, si el Estado se somete al Derecho, su propio orden jurídico, no puede ser propiamente soberano, porque la soberanía corresponde al Derecho. Al suprimirse le dualismo de Estado y derecho, desaparece también esta cuestión", H. Kelsen *Teoría General del Estado*, Ed. Nacional, México, 1965, p.141).

276 Acerca de la tesis kantiana sobre la contradicción entre Estado de derecho y derecho de resistencia, ver N. Bilbeny, "Kant y la Revolución Francesa. Refutación del derecho de resistencia civil", *Anuario de Filosofía del Derecho*, VI, 1989, pp. 23-31; W. Schwarz, "The right of resistance", *Ethics*, 74, 1964, p. 126-134; F. Carpintero Benítez, "Poder y derecho. La modernidad ante la resistencia a la injusticia", *AFD*, VII, 1990, p. 404 y ss.

277 Algunos otros autores que han establecido el paralelismo entre legalidad y legitimidad han sido Maurice Duverger, quien señaló: "La legalidad de un gobierno reside en su conformidad con las disposiciones de los textos o de las costumbres constitucionales anteriores a su establecimiento. Un gobierno es legal cuando está organizado de acuerdo a la Constitución en vigor, sea escrita o consuetudinaria. Ahora bien, para nosotros el problema de la legitimidad no se plantea más

concepto político a jurídico, va de la mano del inicio de la codificación, ambas manifestaciones de un mismo proceso. La codificación implicó el abandono del contenido generalizado, diverso y desordenado de las viejas compilaciones de normas por la aprobación de leyes, entendidas como única expresión válida de la "voluntad general" representada en el Parlamento, caracterizadas por una pretensión de exhaustividad en la regulación de todas las cuestiones posibles, desde unos principios iniciales y generales hasta unos últimos preceptos concretos que se refieran a los casos específicos. En consecuencia, la identificación entre los conceptos de legitimidad y legalidad, unida al surgimiento de la ley como fuente jurídica por excelencia, dio lugar a la idea de que todos aquellos comportamientos que se apartasen de lo jurídicamente regulado y permitido no sólo no tienen la categoría de "legitimidad" ni de "juridicidad", sino que en tanto alguno de ellos pueda infringir lo establecido, pasan a ser delito, usurpaciones de funciones o sistemas normativos, *anti-jurídicos* y por tanto perseguibles mediante la violencia legítima del Estado.

En suma, mientras el constitucionalismo se entendió como garantía jurídica de unos derechos naturales contra el absolutismo o como un medio de limitar el poder, el derecho a la resistencia fue aceptable en términos jurídicos. En el momento en que el constitucionalismo y principalmente la ley, se convirtieron en la única y esencial fuente del derecho, la doctrina de la resistencia empezó a perder importancia y aceptación en términos jurídicos. De todo lo anterior, podemos llegar concluir que, desde el siglo XIX en adelante, el derecho a la resistencia y Estado de derecho basado en el "imperio de la ley" se han considerado, incompatibles[278]. Ello explica el hecho de que a pesar de

---

que cuando se está en presencia de un gobierno que no cumple las condiciones precedentes, pues un gobierno legal es siempre legítimo, por definición misma" (M. Duverger, "Contribution à l'étude de la legitimité des gouvernements de fair", *Revue du Droit Public*, 1945, pp. 55 y 73); o L. Legaz Lacambra, véase de este autor: "Legalidad y legitimidad", en *Revista de Estudios Políticos*, CEPC, Madrid, 1958, p. 6).

278 En este sentido se expresa Garzón Valdés al señalar: "El derecho de resistencia, no obstante su formulación positiva constitucional, se encuentra más allá del orden pacífico estatal. El derecho de resistencia es esencialmente lucha... La decisión acerca de la resistencia no sigue tanto la ratio jurídica cuanto la *ratio* política (...). La autorización constitucional del derecho de resistencia tiene

que constituciones como la Ley Fundamental de Bonn (art. 20.4)[279] o la Constitución de Portugal (art. 21)[280] incluyeron el derecho a la resistencia y que éste ha sido alegado en algunos casos[281], no hay en la práctica sentencias judiciales que hayan reconocido la desobediencia a la ley como legítima en ejercicio del derecho a la resistencia.

No obstante, en contra de esta concepción, una de las novedades a destacar de la nueva Constitución ecuatoriana de 2008 no es sólo que

---

tan poco sentido como una garantía de libertad en condiciones anárquicas. Los casos en los que se puede recurrir a él son precisamente aquellos en los que el poder constitucional ha desaparecido: o bien es ineficaz, o bien ha sido sustituido por un poder eficaz pero contrario a las normas constitucionales antes vigentes. O, lo que es lo mismo: dentro del marco jurídico constitucional, el derecho de resistencia es de realización imposible. Como sanción jurídica desaparece... y se pone de manifiesto su carácter suprapositivo" (E. Garzón Valdés, "Acerca de las limitaciones legales al soberano legal", *Sistema,* 43/44, 1981, pp. 48-49).

279 Art. 20.4: "Contra cualquiera que intente eliminar este orden [constitucional] todos los alemanes tienen el derecho de resistencia cuando no fuere posible otro recurso". Este artículo fue introducido en la Ley Fundamental de Bonn mediante reforma operada en su Art. 20 por la 17ª Ley de reforma constitucional de 24 de junio de 1968. Para el estudio de este derecho en la doctrina alemana, v. E. W. Böckenförde, "Die Kodifizierung des Widerstandsrechts im Grundgesetz", en *Juristen Zeitung,* 1970, pp. 168 y ss.; M. Kriele, "Ziviler Ungehorsam? Vom Widerstandsrecht in der Demokratie", en P. Glotz (Ed.), *Ziviler Ungehorsam im Rechtsstaat,* Suhrkamp, Frankfurt, 1983, pp. 54-75; R. Dreier, "Widerstandsrecht im Rechtsstaat? Bemerkungen zum zivilen Ungehorsam", en *Recht und Staat im sozialen Wandel: Festschrift für H.U. Scupin,* Berlin, 1983, pp. 573 y ss.

280 Art. 21: "Todos tendrán derecho a resistir a cualquier orden que atente a sus derechos, libertades y garantías y a repeler por la fuerza toda agresión, cuando no sea posible recurrir a la autoridad pública". Para el estudio del derecho a la resistencia en la Constitución portuguesa, ver: J.J. Gomes Canotilho, *Direito Constitucional,* Almedina, Coimbra, 1995, p. 171; J. Bacelar Gouveia, *Os direitos fundamentais atípicos,* Aequitas Editorial Notícias, Lisboa, 1995.

281 Recientemente encontramos el caso del ciudadano portugués Alcides Santos, con más de dos años en situación de desempleo y cobrando 600 euros al mes de los cuales 400 iban destinados a pagar un préstamo bancario. Ante esta situación, el 2 de abril de 2013, Alcides envió una carta al Defensor del Pueblo portugués, en la que alegaba que por encima de sus deberes como contribuyente está el deber de dar de comer a sus hijos y que legitimado por el ejercicio del derecho a la resistencia del art. 21 de la Constitución, iba a dejar de pagar impuestos (*http://www.publico.pt/sociedade/noticia/desempregado-reclama-na-justica-o-direito-de-nao-pagar-impostos-1589808*). Esta reivindicación quedó desactivada puesto que Alcides Santos fue contratado por una empresa pocos días después de anunciar públicamente el envío de la carta.

constitucionaliza el derecho a la resistencia (no reconocido antes en el constitucionalismo ecuatoriano), sino que además, incorpora éste en el marco de una nueva forma de Estado (el "Constitucional de derechos y justicia"), lo que abre, por primera vez en la historia, posibilidades de que este derecho pueda ser eficaz y justiciable repetidamente en el interior de un Estado políticamente estable, como cualquier otro derecho subjetivo. Sin embargo, a pesar de esta voluntad del constituyente ecuatoriano de armonizar resistencia y Derecho positivo, pasados seis años desde la aprobación de la Constitución, podemos decir que ello no se ha logrado convenientemente.

A continuación, analizaremos el tratamiento jurídico que del derecho a la resistencia se ha hecho durante los últimos años en Ecuador, veremos previamente algunos antecedentes y examinaremos qué fórmula plantea la Constitución ecuatoriana de 2008 para compatibilizar resistencia y Derecho en el interior del ordenamiento jurídico, destacando cuáles son aquellos factores que han imposibilitado esta armonización y planteando algunas propuestas para desencallar tal situación.

Algunos autores[282] señalan como manifestaciones recientes del derecho a la resistencia en Ecuador las movilizaciones llevadas a cabo por diferentes movimientos sociales del país para derrocar los ex-Presidentes Bucaram destituido en 1997, Jamil Mahuad derrocado en el 2000 y sobre todo, Lucio Gutiérrez derrocado en 2005.

No hay duda que, en la práctica, estas movilizaciones pueden ser calificadas como acciones colectivas de resistencia orientadas a conseguir la caída y sustitución de un gobierno al que se considera como transgresor de la Constitución; sin embargo, aún y si en ellas se ha producido un acto claro de resistencia, no se da ni previa ni posteriormente a las marchas contra los ex-presidentes, un reconocimiento jurídico expreso, ni normativo, ni jurisprudencial, del ejercicio del derecho a la resistencia como tal. Podemos decir que aquí este era un derecho que adoptaba la forma todavía de lo que A. Podgórecki llamó

---

282 F. Ramírez, *La insurrección de abril no fue solo una fiesta*, op. cit., pp. 23-27; M. Pumalpa y R. Trujillo, *Criminalización de los Defensores y Defensoras de Derechos Humanos en Ecuador*, Fundación Regional de Asesoría en Derechos Humanos, Quito, 2011, p. 54.

un *Crippled Human Right*, que a diferencia de los *Complete Human Rights*, existen sólo en el nivel de las demandas intuitivas pero son aun ignorados por los aparatos legales oficiales[283].

El primer antecedente claro de reconocimiento normativo y justiciabilidad del derecho a la resistencia se da durante la Asamblea Constituyente (AC) de 2007-2008. Así, en el Art. 7 de su Mandato Constituyente No. 1, de 29 de noviembre de 2007[284], la AC había disuelto el Congreso y asumido sus funciones[285], entra las cuales estaba, de acuerdo con el artículo 130.15 de la anterior Constitución de 1998, la de conceder amnistías generales por delitos políticos e indultos por delitos comunes. De conformidad con ello, tanto el Presidente Correa como organizaciones de derechos humanos y ambientalistas presentaron a la AC peticiones en este sentido. Podemos referirnos así, al caso enarbolado por la Comisión Ecuménica de Derechos Humanos (CEDHU), Acción Ecológica y la Fundación Regional de Asesoría en Derechos Humanos (INREDH), que solicitó amnistías para "los centenares de líderes sociales y comunitarios criminalizados sistemáticamente a causa de ejercer el derecho fundamental a protestar y resistir ante proyectos altamente destructivos de la naturaleza y violatorios de los derechos humanos"[286].

Previo informe de la Mesa No. 10 de Legislación y Fiscalización, el Pleno de la AC aceptó algunas de las solicitudes. Fruto de ello pode-

---

283 A. Podgórecki, "Towards a Sociology of Human Rights", op. cit., p. 421.

284 De acuerdo con el art. 2.2 del Reglamento de Funcionamiento Interno de la AC, los Mandatos Constituyentes eran decisiones y normas que expedía la AC para el ejercicio de sus plenos poderes. Estos mandatos tenían efecto inmediato, sin perjuicio de su publicación en el órgano respectivo. Además, tal como señalaba el art. 3, éstos no eran susceptibles de control o impugnación por parte de alguno de los poderes constituidos.

285 De acuerdo con este artículo 7, la AC asume "...las atribuciones y deberes de la Función Legislativa. En consecuencia, declara en receso a los diputados y diputadas principales y suplentes [...] Durante este receso los diputados no gozarán de inmunidad, fuero especial, ni sueldos, dietas o remuneración alguna, tampoco podrán autoconvocarse por ningún motivo". La votación de los artículos del Mandato constituyente No. 1 se hizo por separado, siendo éste el artículo que obtuvo más votos, 110 de 130 votos.

286 Conjuntamente con las anteriores, algunos ex-funcionarios de la Agencia de Garantía de Depósitos (AGD) y ex-presidentes de la República acusados por delitos de diversa índole, también presentaron solicitudes a la Asamblea.

mos mencionar, entre otras, la resolución de amnistía de 22 de julio de 2008, que benefició aproximadamente a 120 personas involucradas en los hechos acaecidos en Chillanes (provincia de Bolívar) en el paro nacional minero y en casos de criminalización por defender la territorialidad, derechos colectivos y de los pueblos y los recursos naturales tales[287]. En el informe de mayoría que la Mesa 10 trasladó al Pleno de la AC solicitando la amnistía, se establecieron como criterios en que se fundamentaba la solicitud de amnistía la "legítima defensa de la naturaleza y los derechos humanos" y el "derecho a la resistencia o rebelión"[288]. En su informe y resolución, aun y no estar todavía jurídicamente reconocido en el país, la AC implícitamente reconoció el derecho a la resistencia ejercido por los amnistiados como forma legítima de ejercicio de otros derechos como "la defensa de la naturaleza y otros derechos humanos".

Por la naturaleza de los casos amnistiados, la AC podía haber justificado jurídicamente la concesión de la amnistía a los activistas sociales sin necesidad de hacer referencia al derecho a la resistencia, fundamentándola simplemente en el ejercicio de derechos clásicos como la libertad de manifestación o de expresión y en la incorrecta

---

287 Concretamente, la resolución se refiere a los casos por defender la territorialidad, derechos colectivos y de los pueblos (caso Comunidad "El barrio" o "La Togila"/intereses particulares; caso Comunidades de Saraguro/Comandancia de Policía; caso Pobladores de Taracoa/Fiscalía de Orellana; caso Cooperativa Vitelma Dávila), por defender bosques manglares y posesiones campesinas (caso Predio Pambilar/ENDESA-BOTROSA; caso Pescadores artesanales/camaronera PURO-CONGO), por intervención minera (caso Comunidades del sur del país/Estado y proyectos mineros a gran escala), por explotación petrolera (caso Pueblo Kichwa de Pastaza/Empresa AGIP; caso Cristalino/PETROBELL; caso Comunidad La Victoria/PETROPRODUCCIÓN; caso Comunidades de Sucumbíos/PETROPRODUCCIÓN y Fiscalía de asuntos petroleros; caso Comunidad 7 de julio/PETROPRODUCCIÓN; caso Campesino de Tiwino/Empresa PETROBELL) y por defender el agua (caso Comunidad Yuyauti Bajo/Alcaldía de Alausí; caso San pablo de Amali/Hidrotambo).

288 En este informe se utiliza la negrita y el subrayado para resaltar una frase que dice: "*es un derecho fundamental de los seres humanos oponerse, individual o colectivamente, de una manera activa, a los hechos, políticas, leyes y proyectos que pongan en peligro su vida y la de la comunidad*" (Puede verse el informe en: *http://documentacion.asambleanacional.gob.ec/alfresco/service/api/node/ workspace/SpacesStore/b05fc562-8e76-4f6a-8aa1-eaa9547c4829/*content.pdf?alf_ticket=TICKET_785 0e9d33ae9e34681002844c6a 6352f6ad925cd).

aplicación de determinados tipos penales (terrorismo y sabotaje) que habían limitado inadecuadamente los primeros. De hecho esta última ha sido la manera utilizada en España por el Tribunal Constitucional para resolver determinados casos absolviendo activistas en una situación parecida sin necesidad de que esté reconocido el derecho a la resistencia ni hacer referencia al mismo (STC 59/1990)[289]. No obstante, la bancada mayoritaria dentro de la AC ecuatoriana (Acuerdo País), integrada en gran parte por asambleístas provenientes de las distintas luchas y movimientos sociales, optó por fundamentar la amnistía en el reconocimiento del derecho a la resistencia queriendo visualizar

---

289 La STC 59/1990 resolvió un amparo contra una sentencia del Tribunal Supremo (Sala Segunda), de 24 de octubre de 1987 (recurso de casación 2548/1984) que casó y anuló la sentencia absolutoria dictada por la Audiencia de Huelva, y condenó por delito de desórdenes públicos a parte de los asistentes a una manifestación convocada en 1984 por la Federación Estatal del Campo de Comisiones Obreras donde se cortó una carretera durante 2 horas, fundamentando la condena en la vulneración del art. 246 del Código Penal que castiga "los que actuando en grupo y con el fin de atentar contra la paz pública, alteren el orden, obstaculizando las vías públicas". El TC resolvió a favor el amparo, declarando la nulidad de la Sentencia de 1987 y absolviendo a los jornaleros. Se argumentó que el derecho de reunión y manifestación del art. 21 CE había sido inadecuadamente limitado como consecuencia de una mala aplicación del tipo penal del art. 246 CP. Este artículo del CP fue introducido durante el franquismo (Ley de 15 de noviembre de 1971) como una modalidad de delito de terrorismo encuadrado dentro de los "delitos contra la seguridad interior del Estado" (en el antiguo título segundo del capítulo IX hasta la Ley 82/1978). Al encerrar un tipo abierto que precisa de una valoración jurídica, ha de ser interpretado de conformidad con la Constitución, pues los conceptos de "paz pública" y de "orden público" no son los mismos en un sistema político autocrático que en un Estado social y democrático de Derecho. En tal sentido, el TC declaró que el concepto de orden público ha adquirido una nueva dimensión a partir de la vigencia de la Constitución de 1978 (STC 43/1986) y que "el ejercicio del derecho de reunión y de manifestación forma parte de aquellos derechos que, según el art. 10 de la norma fundamental, son el fundamento del orden político y de la paz social", por lo que "el principio de libertad del que es una manifestación exige que las limitaciones que a él se establezcan respondan a supuestos derivados de la Constitución y que en cada caso resulte indubitablemente probado que se ha traspasado efectivamente el ámbito de libertad constitucional fijado" (STC 101/1985), cosa que no quedaba probada en este caso, puesto que no se produjo alteración del orden o la paz pública, ni obstaculización de la vía, ya que quedó probado que los jornaleros no se opusieron a los que instaron el paso, dejando expedito el mismo a algunos que arguyeron razones de urgencia para hacerlo, asimismo tras ser requeridos por la Guardia Civil para que desalojaran la carretera en media hora, estos obedecieron.

éste y enfatizar en la legitimidad de las luchas sociales que habían conducido a la victoria electoral del frente de izquierdas liderado por Rafael Correa y a la convocatoria a la AC. Además de este ejemplo, la AC concedió otras amnistías fundamentándose también en el derecho a la resistencia[290]. En definitiva, estas resoluciones de amnistía de la AC fueron el primer antecedente del reconocimiento jurídico del derecho a la resistencia en Ecuador.

Luego, de manera coherente con la justificación de las resoluciones de amnistía dictadas durante el proceso constituyente, la Asamblea acabó incorporando en el artículo 98 de la nueva Constitución el derecho a la resistencia en el Art. 98, en los términos siguientes:

---

[290] Podemos referirnos por ejemplo, a las tres resoluciones de amnistía dictadas el 14 de marzo de 2008. Una para las personas detenidas o en investigación por paralización, cierre de vías e interrupción de la producción petrolera en Dayuma (Orellana) del 26 de noviembre al 2 de diciembre de 2007; otra para 5 ex trabajadores de Correos del Ecuador a quienes les habían imputado delitos por su lucha en contra de la intermediación y la tercerización laboral; y una tercera mediante la que se concedió amnistía general a 352 personas vinculadas a "*las acciones de resistencia y de protesta* (...) *en defensa de sus comunidades y de la naturaleza, frente a proyectos de explotación de los recursos naturales y que por ello han sido enjuiciados penalmente por delitos comunes tipificados en el Código Penal*". Esta última amnistía hacía referencia a las personas procesadas por realizar actos de resistencia frente a la intervención minera (caso Intag/Ascendant Copper Corporation; caso Yantzaza/Aurelian; caso El Pangui/ECSA; caso Poblador/Minero industrial; caso Limón Indanza/Sipetrol; caso Echandía y Las Naves/Curimining o Salazar S.A.; caso Victoria del Portete/IAMGOLD; caso Molleturo/Ecuadorgold y EMC), a la intervención petrolera (caso Payamino/Perenco; caso Pindo/Petroriental; caso Técnico petrolero/compañía Petrobrás), por proyectos hidroeléctricos (caso San Pablo de Amalí/Hidrotambo; caso Pangua/PRODUASTRO; caso Pangua y La Maná/ENERMAX), por defender tierras comunales, derechos colectivos y espacios públicos (caso Salango/empresario hotelero; caso Las Acacias/Municipio de Quito; caso Centro Comunitario Lorenzo Voltoline/Cantón Latacunga), por defender el agua y la calidad ambiental (caso Tumbaco/EMAAP-Q; caso El Rosal/ADELCA) y por explotación maderera (caso Predio Pambilar/ENDESA-BOTROSA). A las anteriores podemos añadir, la resolución de amnistía de 13 de junio de 2008, a favor de 62 personas ex comandos de la Fuerza Aérea que participaron en el alzamiento contra el gobierno de León Febres Cordero el 16 de enero de 1987. Y la resolución de amnistía del 4 de julio de 2008 a favor de todos los detenidos por el levantamiento de la Comunidad del cantón Vinces (provincia de Los Ríos) del 1 al 5 de febrero de 2007, contra sus autoridades municipales, reclamando incumplimientos de sus fines establecidos en la ley.

> Los individuos y los colectivos podrán ejercer el derecho a la resistencia frente a acciones u omisiones del poder público o de las personas naturales o jurídicas no estatales que vulneren o puedan vulnerar sus derechos constitucionales, y demandar el reconocimiento de nuevos derechos.

No obstante, este artículo no se encuentra en la carta de derechos o parte dogmática de la Constitución sino en la parte orgánica, concretamente, en la Sección segunda (Organización colectiva) del Capítulo primero (Participación en democracia) del Título IV (Participación y organización del Poder). Y aunque a primera vista pueda parecer que la resistencia aparece en el texto constitucional no como un derecho estrictamente, sino como otro tipo de norma, no es así. Por la propia naturaleza de la Constitución ecuatoriana, la ubicación de este derecho fuera de la carta de derechos no supone que su tratamiento deba ser diferente, en cuanto a su pleno reconocimiento y justiciabilidad, que el del resto de derechos constitucionales. Ello, básicamente, por dos razones:

La primera, porque la Constitución de 2008 supera el trato desigual entre grupos de derechos, eliminando la distinción entre derechos fundamentales y no-fundamentales y catalogando a todos los derechos sin distinción, como de igual jerarquía, todos con el mismo rango o categoría, esto es como derechos que vinculan en igual manera al Estado y a los particulares. De forma que, esta Constitución ya no habla de "derechos fundamentales", sino simplemente de "derechos".

Normalmente, en los textos constitucionales se habla de "Derechos Fundamentales" para establecer algún tipo de diferencia entre todos los derechos que aparecen en ellos. Esta diferencia expresa que en esta Constitución no sólo aparecen los derechos explícitos en la declaración de derechos, los fundamentales que son de aplicación directa, sino que a lo largo de su texto aparecerán muchos otros derechos de desarrollo legislativo. Además, la consagración positiva de un derecho como fundamental obliga a los operadores jurídicos a maximizar, en el momento de la interpretación constitucional, los mecanismos que permitan su protección frente a otros. Sin embargo, en modelos donde las diferencias entre derechos ya no existen en el orden lógico-deóntico, ni en la ausencia o presencia de características como la exigibilidad judicial, o en cuanto a las obligaciones que generan, como sucede en el caso ecuatoriano, ¿qué sentido tiene continuar manteniendo la diferenciación entre derechos fundamentales y no-fundamentales? Esta es una diferenciación que sólo es útil a paradigmas ideológico-políticos de "negación parcial de derechos"[291], pero no a modelos basados en la indivisibilidad e interdependencia de los derechos[292]. Es por eso que la Constitución de Ecuador de 2008 ya no usa la expresión "derechos fundamentales", sino que, como decía antes, hablan sólo de "derechos" sin más[293].

Y, la segunda, porque a diferencia de sus predecesoras, la Constitución de 2008 no sitúa las garantías constitucionales dentro del Título o la Parte de derechos, sino que las ubica en un Título totalmente independiente (Título III: "Garantías Constitucionales"). Situadas dentro del mismo título de los derechos, como sucede en todas las Constituciones, las garantías se convierten en instrumentos para garantizar sólo la aplicación de la carta de derechos, no el resto de la Constitución. En cambio, en la estructura de la Constitución ecuatoriana de 2008, con el objetivo de llevar a cabo una revalorización jurídica de las garantías y de extender el carácter garantista a todo el texto constitucional, no sólo a la carta de derechos sino también, por ejemplo, al Título IV (Participación y organización del Poder) u otros; lo que hace es unificar y sistematizar en un Título propio y diferenciado las formas o mecanismos concretos a través de los cuales se garantiza el

---

291 Este es un concepto usado por Peces-Barba para referirse a aquellos modelos constitucionales donde se otorga fundamentalidad sólo a un grupo de derechos, excluyendo a los otros (ver, G. Peces-Barba, *Lecciones de derechos fundamentales*, Dykinson, Madrid, 2004, p. 58).

292 El artículo 11.6 de la Constitución de 2008 establece: "Todos los principios y los derechos son inalienables, irrenunciables, indivisibles, interdependientes y de igual jerarquía".

293 La anterior Constitución ecuatoriana de 1998, ubicaba en distintos Capítulos dentro del Título III ("Derechos, deberes y garantías") a los distintos grupos de derechos: derechos civiles, políticos, económicos, sociales y culturales, y colectivos. Este Título III de la Constitución no usaba tampoco el término de "derechos fundamentales" sino simplemente el de "derechos". No obstante, sí que en otros puntos de la Constitución se usaba el concepto de "derechos fundamentales" para referirse a los derechos reconocidos en el Título III, por ejemplo, en el artículo 96, referido a la función de defensa de los mismos por el Defensor del Pueblo, pero considerando a todos los grupos de derechos como fundamentales y, por tanto, sin establecer jerarquías.

carácter normativo y el cumplimiento de todo el texto constitucional en cualquiera de sus partes, en lugar de solo reconocer las garantías como parte del título de derechos[294].

Podemos decir así, que a pesar de encontrase ubicado en la parte orgánica de la Constitución, el derecho a la resistencia es reconocido en ella en igualdad de condiciones que el resto de derechos. El propio texto constitucional establece que "los derechos y garantías establecidos en la Constitución", independientemente del Título en que se encuentren ubicados, tendrán "igual jerarquía" (art. 11.6) y serán por igual "directamente aplicables" y "plenamente justiciables" (art. 11.3), entendiéndose además según su texto, que pueden ejercerse tanto frente a los poderes públicos como frente a terceros privados.

En cuanto a sus caracteres, debemos indicar igualmente, que el derecho a la resistencia tendría una suerte de doble condición, no solo derecho sino que, por su funcionalidad y objetivos, constituiría una garantía de los demás derechos.

Como garantía, su funcionamiento sería de tipo extra y para-institucional. Lo primero, por cuanto su empleo no está supeditado a procedimiento alguno[295]. Lo segundo, pues su uso no excluiría el ejercicio

---

294 Sobre ello, ver A. Noguera, "El constitucionalismo de los derechos: apuntes sobre la nueva Constitución ecuatoriana de 2008", en *Revista Vasca de Administración Pública*, No. 83, IVAP, 2009, pp. 124-125.

295 Podría entenderse que el Art. 99 se refiere al procedimiento del derecho a la resistencia, en cuanto da cuenta de una "acción ciudadana" que "se ejercerá en forma individual o en representación de la colectividad, cuando se produzca la violación de un derecho o la amenaza de su afectación" la cual "será presentada ante autoridad competente de acuerdo con la ley" y cuyo ejercicio "no impedirá las demás acciones garantizadas en la Constitución y la ley". Esto consideramos debe descartarse, justamente atendiendo a este carácter garantista de la Carta (Art. 427) y al carácter extra institucional del derecho a la resistencia. Asociar ambas normas terminaría por anular el derecho a resistir. Incluso, no obstante que en inicio, como refiere Córdova, habría habido una intención del constituyente de relacionar los Arts. 98 y 99, estableciendo esta "acción ciudadana" como garantía específica del derecho a la resistencia, se habría terminado dejando esta garantía como indeterminada y abierta a garantizar todos los derechos. Cfr. H. P. Córdova, op. cit., pp. 125-126. Esta interpretación se ratificaría porque el legislador no regula el derecho a la resistencia en la LOGJCC ni en la parte de las garantías ni cuando se refiere a los mecanismos de participación, mientras que en la Ley Orgánica de Participación Ciudadana (Art. 44) prácticamente solo se reproduce el texto del Art. 99 de la CRE consagrando la referida indeterminación.

de las garantías jurisdiccionales y más medios contra violaciones de derechos o reconocimiento de nuevos derechos. De manera que, dado el texto abierto de la Constitución, como expresión de la participación, el derecho a la resistencia podría ejercerse al mismo tiempo que se accionan otras garantías[296].

Lo propio de este derecho es pues, esta doble condición y su énfasis en que constituye una forma constitucional de participación. Esto último supone que su ejercicio sería por acción directa y que muchas veces constituiría una reacción[297], frente a las violaciones de derechos o a la urgencia del reconocimiento de nuevos derechos. Y lo mencionado nos lleva justamente al último rasgo a destacar acerca del derecho a la resistencia, que radica en su doble propósito, como se ha referido, por una parte, dirigido a defenderse de acciones u omisiones del poder público o de personas naturales o jurídicas privadas que vulneren o puedan vulnerar sus derechos constitucionales; y por otra, a demandar el reconocimiento de nuevos derechos.

Ahora bien, a pesar de este pleno reconocimiento constitucional, en la práctica, la jurisprudencia en materia de derecho a la resistencia, desde 2008 hasta hoy, es casi inexistente tanto por parte de los tribunales ordinarios como de la Corte Constitucional. Ocasiones no han faltado para ello. En sede de tribunales ordinarios, el derecho a la resistencia ha sido alegado en múltiples momentos, desde el 2008 en adelante, por individuos y por colectivos. Desde entonces hasta hoy, sólo una sentencia en todo el país ha reconocido y protegido jurisdiccionalmente el uso del derecho a la resistencia. En el resto de

---

296 Este ejercicio entrañaría sin embargo la necesaria responsabilidad sobre la vulneración de derechos de otras personas y colectivos, de lo cual se desprendería que las formas propias del derecho de resistencia deben ser fundamentalmente pacíficas.

297 Véase la definición general que hace Raúl Canosa Usera, del derecho a la resistencia como "garantía de carácter reactivo" (R. Canosa, "Derecho a la resistencia. Evolución histórica, esbozo de una teoría constitucional y análisis de su reconocimiento en la Constitución ecuatoriana", en R. Canosa, et. al., *El Derecho a la resistencia en el constitucionalismo moderno*, UCSG, Guayaquil, 2011, p. 54; también respecto del caso ecuatoriano, Patricio Abad, *Derecho a la resistencia en la Constitución del Ecuador del 2008*, Tesis de grado, PUCE, Quito, pp. 29-40.

casos, tanto cuando el conflicto se resuelve por vía política como por vía judicial, éste derecho no ha sido reconocido.

La única sentencia en el país que ha reconocido y protegido el derecho a la resistencia es la del 29 de septiembre de 2009, del Juzgado vigésimo quinto de lo civil de Pichincha (Quito) en el Juicio No. 2009-1028 (caso Luis O. Tamayo c. Rodrigo Ricaurte M.). Se trata de un caso de "resistencia individual o del particular"[298]. Los hechos tienen relación con un proceso de arbitraje sobre un contrato de compraventa de dos apartamentos, que no pudo cerrarse por desacuerdo entre las partes[299]. En el marco del procedimiento de arbitraje (No. 001-2008) que fue llevado a cabo por el Centro Nacional de Arbitraje de la Cámara de Construcción de Quito (CENAMACO), el árbitro solicita a las partes la entrega de las llaves de los apartamentos objeto del juicio. Una de las partes, los cónyuges H.V., expresan por medio de su abogado que si bien si permiten acceso al apartamento para realizar las inspecciones no van a entregar sus llaves, argumentando que ellos nunca lo ofrecieron y tampoco

---

298 Junto a la figura del derecho de resistencia colectiva, es también posible encontrar la expresión derecho de resistencia calificada con el adjetivo "individual" o como "derecho de resistencia del particular". Con esta expresión "derecho de resistencia individual" se suele hacer referencia a la existencia de una facultad de las personas para poder resistir legítimamente ciertas actuaciones del poder público (Sobre ello, ver: P. Barile, *Diritti dell 'uomo e liberta fondamentali*, Il Mulino, Bolonia, 1984, pp. 452-457). A su vez, dentro de estas resistencias individuales legítimas es también posible distinguir entre aquellas resistencias originadas en un contexto de "relaciones de subordinación jerárquica" y aquellas otras que se generan en el contexto de unas "relaciones de mera subordinación" o de subordinación política de un particular respecto a los representantes del poder público (Sobre ello, ver: J. J. Queralt, *La obediencia debida en el Código Penal*, Bosch, Barcelona, 1986, pp. 71 y ss.).

299 El caso versa sobre un contrato de compraventa con canje a tres partes, por el cual: 1) los cónyuges H.V. prometieron transferir un departamento de su propiedad ubicado en Atacames (Esmeraldas) a los señores G.K. por 79000 dólares; 2) De su parte, los cónyuges G.K. prometieron transferir la propiedad de un departamento ubicado en Quito, a los señores G.H., a quienes voluntariamente entregaron las llaves para que lo habiten; y, 3) los señores G.H. prometieron pagar en efectivo los 79000 dólares a los conyugues H.V. La compraventa definitiva nunca se firmó porqué los cónyuges G.H. al ocupar el apartamento descubren que tiene vicio oculto que lo hace inhabitable y, además, por su divorcio, y por eso no lo quieren adquirir y lo desocupan.

hay providencia escrita ordenándolo bajo prevención legal, lo que lleva al árbitro a imputar un primer desacato a este abogado. Posteriormente, el árbitro reclama a las partes propietarias de los dos apartamentos en litigio, el pago de los impuestos prediales como un aporte para la culminación del informe del Perito evaluador. Ninguna de las dos partes propietarias paga los impuestos. El árbitro imputa un segundo desacato al mismo abogado de los cónyuges H.V. y le impone e este una sanción de cincuenta salarios mínimos vitales generales, en base al art. 33 de la Ley de Arbitraje y Mediación (LAM)[300], acusándolo de usar artimañas y procedimientos de mala fe para retardar indebidamente el progreso del arbitraje, sin embargo, no sanciona al abogado de la otra parte propietaria que tampoco pagó los impuestos.

Con la sanción, el abogado afectado alega que sufrió un perjuicio que viene dado no sólo por el pago de la multa sino también por su repercusión legal sobre su derecho a mantener su honor y buen nombre (Art. 66.18 de la CRE) además que la sanción merma su posibilidad de ejercer funciones públicas en donde sea requisito no haber sido sancionado. A la vez, el afectado se encuentra en una situación de indefensión pues una vez él solicitó la revocación de la multa, que fue denegada por el árbitro, no puede usar la acción de nulidad que prevé el art. 31 de la LAM, ni acudir a la vía administrativa ni a la justicia ordinaria para defenderse[301]. Se alega además, que el Art. 33

---

300 Art. 33 LAM: "No podrán aceptarse en el curso del proceso incidentes que promuevan las partes, para retrasar el trámite o entorpecer cualquier diligencia. Las peticiones que en tal sentido se presentaren serán rechazadas con multa de diez a cien salarios mínimos vitales generales, que será fijada por el árbitro o árbitros".

301 No puede hacer uso de la acción de nulidad del art. 31 de la LAM porque la acción del árbitro no se encuentra comprendida dentro de las causas de nulidad del art. 31, que establece, que la nulidad es procedente cuando el laudo se refiera a cuestiones no sometidas al arbitraje o conceda más allá de lo reclamado; pero que en el presente caso se trata de una providencia y no de un laudo arbitral, y tampoco procede dicha acción, como lo menciona la norma señalada y más cuando el árbitro se excede en su competencia, sancionando a un abogado que no es parte procesal. En cuanto a la vía administrativa, no puede recurrir ya que el art. 190 de la Constitución y los arts. 17.2 y 7.4 de la Ley Orgánica de la Función Judicial vigente al momento de la demanda, sitúan el arbitraje como autónomo, sin que éste y sus resoluciones se encuentren bajo control disciplinario ante órgano alguno ni al control del Consejo Nacional de Judicatura que es el órgano ante el

de la LAM señala claramente que la sanción se impondrá a las partes procesales que promuevan incidentes, lo que no se hace en este caso, donde por el contrario se impone al abogado, más cuando se trata de acciones que no le corresponden.

Así, sin instancia alguna donde acudir en busca de amparo de sus derechos constitucionales vulnerados (derecho al honor y buen nombre, derecho a contradecir los hechos imputados, a poder acogerse a la revisión judicial, etc.), el accionante recurre al derecho a la resistencia del Art. 98, además como única vía para hacer efectivo el art. 75 de la Constitución que establece que toda persona tiene derecho al acceso a la justicia, a la tutela de sus derechos y que en ningún caso quedará en indefensión.

Ante estos hechos y al analizar la demanda presentada por el afectado contra el árbitro, alegando el derecho a la resistencia para no pagar la multa, el juzgado vigésimo quinto de la civil de Pichincha llega a la conclusión de que, efectivamente, el abogado al no disponer de otros medios se encuentra en estado de indefensión, lo que lleva al juzgado a verificar "que no se trata de una interposición abusiva o fraudulenta de la acción constitucional de resistencia" sino de una acción legítima. Como señala el juez en su sentencia "quedando como único recurso, el derecho a la resistencia, ante el estado legal, es decir, cuando el ordenamiento legal en sí mismo es el que se constituye en obstáculo para el ejercicio de derechos e instrumento para su vulneración. Como en el caso que nos ocupa [...] se acepta

---

cual en general, se puede presentar queja. Asimismo, el art. 30 de la LAM expresa: "Los laudos arbitrales dictados por los tribunales de arbitraje son inapelables, pero podrán aclararse o ampliarse a petición de parte, antes de que el laudo se ejecutoríe, en el término de tres días después de que ha sido notificado a las partes. Dentro de ese mismo término los árbitros podrán corregir errores numéricos, de cálculo, tipográficos o de naturaleza similar. Las peticiones presentadas conforme a lo establecido en este artículo serán resueltas en el término de diez días contados a partir de su presentación. Los laudos arbitrales no serán susceptibles de ningún otro recurso que no establezca la presente ley". El abogado no pudo intentar además, el reclamo administrativo por que el árbitro del CEMANACO no es funcionario u autoridad pública ni el recurrente tiene la calidad de administrado o su subordinado para intentar la acción contencioso-administrativa que prevé la Ley de la materia, cuyos jueces tampoco son competentes. Tampoco puede presentar ante la justicia ordinaria una demanda que deje sin efecto la sanción del árbitro, pues ésta sería rechazada por falta de competencia.

el presente recurso del derecho a la resistencia, disponiendo se deje sin efecto la multa [...] y demás actos que se derivaron de la sanción impuesta"[302].

Al margen de este caso aislado y como hemos señalado, en el resto de casos, tanto cuando el conflicto se resuelve por vía política como por vía judicial, éste derecho no ha sido reconocido. De cualquier forma, resulta interesante revisar algunos casos relevantes en los cuales se invoca por parte de los afectados, el derecho a la resistencia.

El caso *Quimsacocha*[303], sería el primer juicio en Ecuador donde de manera indirecta se considera la alegación de los imputados en torno al derecho a la resistencia. El caso se refiere a la protesta de un grupo de alrededor de 150 indígenas y campesinos que tuvo lugar el 4 de mayo de 2010, organizada por la Confederación de Nacionalidades Indígenas del Ecuador, CONAIE y la Confederación Kichwa del Ecuador, ECUARUNARI, con el objeto de resistir al proyecto de la Ley de Aguas y la explotación minera en la zona de Quimsacocha (Provincia del Azuay). Durante esta protesta son detenidos en flagrancia los dirigentes Carlos Pérez Guartambel, Ángel Guzmán y Efraín Arpi por miembros de la Policía Nacional, bajo acusaciones de "sedición, alteración del orden público, agresión a miembros policiales y destrucción de bienes públicos, paralización y obstaculización de servicios públicos"[304], en razón de que durante la protesta procedieron a bloquear la vía Panamericana Sur, interrumpiendo el tránsito en el sector de la Y de Tarqui con piedras, palos y troncos.

Empero, en el *acta de la audiencia de calificación de flagrancia* del mismo día, desarrollada ante el juez del Juzgado Segundo de Garantías Penales de Cuenca se presenta un cambio en el tipo penal solicitado por representante Fiscal, al delito de sabotaje a los Servicios Públicos, tipificado en el artículo 158 del Código Penal en ese entonces

302 Función Judicial de Pichincha, Proceso No. 2009-1028, sentencia del 29 de septiembre de 2009.

303 Agradecemos la información que sobre este proceso nos ha proporcionado Mariana Jiménez.

304 Corte Provincial de Justicia del Azuay, Proceso No.128-11, Conjuez Ponente: Dr. Vicente Vallejo Delgado.

vigente[305]. En esta diligencia, los procesados centraron su argumento de defensa en la "resistencia", alegando que "el pueblo se encuentra amenazado de la salud por la afección del agua" y que "por los convenios y tratados internacionales se dio el derecho a la resistencia, por lo que se ha dado una protesta pacífica" de comuneros de varias provincias[306]. El juez de la causa, con una sumaria motivación ordena la prisión preventiva de los detenidos por el ya referido delito de sabotaje y terrorismo. No obstante, al no contar con suficientes pruebas para la acusación con estos tipos penales, el agente Fiscal remplaza nuevamente el tipo penal en la instrucción, por el delito de obstaculización de vía pública, previsto en el Art. 129 del Código Penal[307]. En primera instancia, el Primer Tribunal de Garantías Penales del Azuay mediante sentencia de 24 de agosto de 2010, considera de manera motivada que la Fiscalía no ha probado la existencia de los hechos ni la responsabilidad de los acusados; revocando la orden de prisión y confirmando la inocencia de los imputados.

La Fiscalía interpone recurso de apelación que es resuelto por la Primera Sala Especializada de lo Penal y Tránsito de la Corte Provincial, mediante sentencia del 10 de agosto de 2011 aceptando la apelación y revocando la sentencia subida en grado, con lo que queda firme la condena con base en el Art. 129, así como la pena de un año de prisión correccional para los procesados. Sin embargo, "en consideración de las condiciones humanas de los procesados, esto es, por tratarse de personas que no constituyen peligro para la sociedad y que las motivaciones para su inconducta fueron de carácter altruista y social a favor de los pueblos de Tarqui y Victoria del Portete, en defensa del agua que temen sea contaminada por la actividad minera" las cuales constituyen para la Sala un atenuante trascendental (Art. 74 del Código Penal); la Sala aplica el art. 73 del Código Penal, impo-

---

305 Se toma en cuenta que los manifestantes además de bloquear la vía, han procedido a destruir las señales de tránsito, así como los postes de alumbrado público, además de agredir a los diferentes vehículos transitaban y que a los miembros de la policía se les ha lanzado piedras causándoles laceraciones. Ibíd.

306 Ibíd.

307 El Artículo 129 del Código Penal vigente al momento prescribe que será sancionado con prisión de uno a tres años el que "ilegalmente impidiere el libre tránsito de vehículos, personas o mercaderías por las vías públicas del país".

niéndoles la pena de ocho días únicamente, para cada uno de ellos[308]. De este último fallo, los condenados interponen recurso de casación, que fue resuelto por la Corte Nacional de Justicia el 15 de enero de 2013, declarándolo improcedente.

Por otra parte, un ejemplo de caso resuelto por la vía política es en 2009 el de la negativa de los maestros de la Unión Nacional de Educadores (UNE), amparándose en el art. 98 de la CRE, a someterse al examen de evaluación impuesto por el Ministerio de Educación para medir su capacidad para la educación. Frente a ello, el Gobierno argumentó que no se trataba de resistencia sino de "desacato a la ley" y el Presidente de la República firmó el Decreto 1740/2009· por el que se modificó el art. 77 del *Reglamento General a la Ley de Carrera Docente y Escalafón del Magisterio Nacional* estableciéndose que los docentes que no asistieran a la evaluación serían convocados a un segunda llamamiento en el plazo de 30 días, siendo destituidos si no asistían a este sin causa justificada. Ello motivó a muchos docentes, temerosos de perder su trabajo, a asistir al examen, resolviéndose el conflicto por la fuerza.

Respecto a otros ejemplos de casos resueltos por la vía judicial, podríamos referir diversos procesos de resistencia por parte de las poblaciones indígenas o campesinas en cuyos territorios se pretende establecer o se están desarrollando proyectos que pueden afectar los derechos de la naturaleza[309] o de la comunidad. Al parecer, estas

---

308 Corte Provincial de Justicia del Azuay, Primera Sala Especializada de lo Penal y Tránsito, Proceso No.128-11, Conjuez Ponente: Dr. Vicente Vallejo Delgado, pp. 29-30.

309 El texto constitucional ecuatoriano reconoce, en su art. 10, a la naturaleza como sujeto de derechos autónomos y desarrolla estos en el Capítulo séptimo del Título II (Derechos de la naturaleza). Además, al otorgar a los derechos de la naturaleza aplicabilidad directa (art. 11.3) e igual jerarquía (art. 11.6) que el resto de derechos constitucionales, ubica los derechos de la naturaleza en posición de plena igualdad con los derechos de los seres humanos.
Después del reconocimiento por la Constitución de la naturaleza como sujeto de derechos, los jueces del país han emitido diversas sentencias donde se interpreta el daño ambiental *per se*, el daño causado a la naturaleza, como un daño autónomo y diferente del daño civil ambiental [puede verse, por ejemplo, el caso *Nelson Alcívar y otros contra oleoducto de crudos pesados (OCP) Ecuador S.A.* (2009); o *Marcelo Franco Benalcazar vs. Oleoducto de Crudos Pesados (OCP) Ecuador S.A.* (2010)]. Y, otras donde se resuelve a favor de ríos y en contra de

acciones de resistencia cumplirían todos los requisitos para ser consideradas como tales por confrontar actos del poder público o privado que serían contrarios a la Constitución; sin embargo la respuesta por parte del Estado frente a estas protestas de las comunidades a la ejecución de los proyectos mencionados, habría sido la del apoyo a las denuncias presentadas por las empresas con resoluciones judiciales que centradas en una concepción basada en el imperio de la ley, condenan a los acusados por vulneración de disposiciones del Código Penal (delitos contra la propiedad, contra el bien público, sabotaje, terrorismo, etc.). Como señala W. Guaranda, ninguna de las sentencias se han detenido a analizar los componentes políticos que giran alrededor de estos temas sino que aplican literalmente la ley y no realizan un ejercicio de razonamiento respecto a que estos actos son consecuencia de una expresión política legítima, por lo cual merecen un tratamiento más holístico que le diferencie de los actos penales, considerando que el sujeto, en el contexto de la resistencia social, no tiene como finalidad delinquir para beneficiarse, sino por el contrario, el delito que pudo haber resultado de la acción de resistencia fue producto de su intención de mejorar una situación de discriminación, vulneración o desconocimiento de un determinado derecho que le afecta gravemente[310].

Para ver algunos ejemplos de cómo las movilizaciones de oposición a leyes y políticas estatales sobre el uso de recursos naturales son contestadas con detenciones e imputaciones penales de motivación política, puede verse el informe de Amnistía Internacional[311], donde se analizan 7 casos que afectaron a 24 dirigentes de comunidades y organizaciones

---

la Administración pública. Un ejemplo de ello es la sentencia de la Sala Penal de la Corte Provincial de Loja, de 30 de marzo de 2011, donde se resuelve a favor del río Vilcabamba y se condena al Gobierno Provincial de Loja por el impacto ambiental producido por la obra de ensanchamiento de la carretera Vilcabamba-Quinara que depositó grandes cantidades de piedras y material de excavación sobre el río.

310 W. Guaranda, "La Consulta Previa y el Derecho a la Resistencia", en Luis A. Saavedra (ed.), *Nuevas Instituciones del Derecho Constitucional ecuatoriano*, INREDH, Quito, 2009, p. 162.

311 Amnistía Internacional, *Para que nadie reclame nada: ¿criminalización del derecho a la protesta en Ecuador?*, Amnisty International Publications, Londres, 2012.

indígenas, por protestas ocurridas entre enero de 2009 y junio de 2010 contra los Proyectos de Ley de Minería[312] y de Ley de Aguas[313].

---

312 El 14 de noviembre de 2008, el gobierno presentó en la Asamblea Nacional un *Proyecto de Ley de Minería*. Pese a las garantías constitucionales que establecen que las comunidades afectadas tienen derecho a ser consultadas, como referimos antes, las comunidades alegaron que no se les había consultado adecuadamente antes de presentar la ley para su aprobación. La nueva ley abría el camino al desarrollo de una industria minera en gran escala. En ella se establecían los requisitos que tenían que cumplir las empresas para poder optar a concesiones, los permisos que necesitaban para operar en áreas protegidas, y las normas que debían seguir para contratar mano de obra local (ver: W. Guaranda, "Diagnóstico legal de la minería en el Ecuador", *Biodiversidad en América Latina y el Caribe*, Argentina, 10 de julio de 2009, en: *http://www.biodiversidadla.org/content/view/full/50457*). Estas tensiones terminaron estallando en protestas que se propagaron por todo el país, especialmente en las provincias del sur de Ecuador, entre diciembre de 2008 y enero de 2009.

313 En cuanto a la Ley de Aguas, en agosto de 2009, en plena escalada de la tensión en torno a la Ley de Minería, el gobierno presentó a la Asamblea Nacional el *Proyecto de Ley Orgánica de los Recursos Hídricos, Uso y Aprovechamiento del Agua*. Según el informe *El Mundo indígena 2010* editado en Copenhague por el Grupo Internacional de Trabajo sobre Asuntos Indígenas, esta Ley no habría sido sometida a una consulta adecuada con las comunidades, y la participación de los grupos indígenas se había limitado a compartir información (C. Mikkelsen (ed.), "Ecuador", en *El Mundo Indígena 2010*, Grupo Internacional de Trabajo sobre Asuntos Indígenas (IWGIA), Copenhague, 2010, pp. 177-191). Además de por la ausencia de consulta, los dirigentes indígenas y campesinos expresaron su preocupación por las lagunas de la ley que, según ellos, permitían la privatización del agua. Asimismo, no estaban de acuerdo con la creación de una agencia para la gestión del agua compuesta por representantes gubernamentales, y exigían contar con un representante en dicha agencia, para poder participar en sus decisiones.

Las protestas contra la propuesta de Ley de Aguas se produjeron en dos momentos. En septiembre de 2009, los grupos indígenas protestaron porque el proyecto de ley se había presentado a la Asamblea Nacional sin que se hubiera realizado una consulta adecuada. En mayo de 2010 comenzó otra oleada de protestas, cuando llegó el momento de someter la ley a votación en la Asamblea Nacional. A raíz de estas movilizaciones se empezaron procesos penales contra muchos de los dirigentes indígenas: A Vicente Zhunio se la atribuyeron cargos de sabotaje por participar en las movilizaciones de 5 de enero de 2009; a Rosa Justina Chuñir Quizhpi, Georgina Beatriz Gutama, Rosa Gutama Chuñir, Priscila Gutama Gutama, José Salustino Gutama, Gonzalo Gutama Urgilés, Manuel Pacheco y Miguel de la Cruz, cargos de terrorismo por las movilizaciones de 5 de enero de 2009; a Ángel Geovanny Uyuguari, Carlos Rumipuglla Uyuguari y Germán

Estos y otros casos, demuestran cómo a pesar del reconocimiento constitucional del derecho a la resistencia, continua vigente en la cultura jurídica de todos los operadores del derecho (abogados, jueces, etc.) un positivismo legalista que impide la justiciabilidad del derecho a la resistencia. Parece haber un olvido del potencial normativo garantista de los principios de aplicación e interpretación de los derechos previstos en la Constitución, que establecen una clara separación entre derechos y ley mediante el principio de aplicabilidad directa de los derechos. Frente a ello, se siguen considerando que justicia y ley son sinónimos, y se defiende una interpretación de las fuentes totalmente dependiente de la voluntad del legislador[314], que lleva a que cualquier comportamiento de resistencia que desobedece la ley pueda considerarse anti-jurídico y punible. Se produce por tanto, un choque de culturas jurídicas, la nueva cultura del nuevo constitucionalismo garantista establecido en la Constitución frente a una vieja interpretación originalista y omnipotente de la ley extendida todavía en los poderes públicos, que impide cualquier ejercicio de activismo jurisprudencial para la aceptación jurídica y justiciabilidad del derecho a la resistencia.

Con relación a la Corte Constitucional en particular, sería necesaria una actitud activa de este órgano en razón a mejorar la justiciabilidad de este derecho. No existe todavía en la jurisprudencia de esta alta Corte un reconocimiento claro del derecho a la resistencia. Constan si tres sentencias donde la Corte trata casos vinculados con este derecho. En todas ellas, el derecho a la resistencia aparece en la sentencia de la Corte como mero *Obiter dictum* pues se resuelve el

---

Naikiai Shiki, cargos de terrorismo por las movilizaciones de 5 de enero de 2009; a José acacho, Fidel Kaniras y Pedro Mashiant, cargos de terrorismo, sabotaje y homicidio por las movilizaciones de 30 de septiembre de 2010; a Carlos Pérez, Federico Guzmán y Efraín Arpi, cargos de sabotaje sustituidos por obstrucción ilegal de vías por las movilizaciones de 4 de mayo de 2010; a Marco Guatemal, César Cuascota y José Miguel Tocagón, cargos de sabotaje y terrorismo sustituidos por obstrucción ilegal de vías por las movilizaciones de 4 de mayo de 2010; y, Delfín Tenesaca y Marlon Santi, cargos de terrorismo por las movilizaciones de 24 de junio de 2010. En la mayoría de estos casos, los cargos se retiraron por falta de pruebas.

314 Sobre ello, ver: J. Montaña, *Teoría utópica de las fuentes del derecho ecuatoriano*, Corte Constitucional/CEDEC, Quito, 2012, pp. 96-99.

caso en base a la existencia de vicios procedimentales sin tener que entrar a pronunciarse sobre la resistencia como tal[315].

---

[315] Las dos primeras se refieren a casos de resistencia colectiva: la Sentencia Nº 0004-09-SAN-CC, Caso Nº 0001-08-AN (Pambilar/ENDESA-BOTROSA), de 24 de septiembre de 2009; y, la Sentencia N.° 008-12-SAN-CC. Caso N.° 0085-09-AN (El Rosal/ADELCA), de 17 de abril de 2012. Ambas tratan de casos donde la Corte resuelve una acción por incumplimiento, prevista en el art. 93 CRE. La primera interpuesta Floresmino Villalta y la segunda por Ligia Raquel Pillaguano Collaguazo. Ambos activistas sociales fueron beneficiarios de la antes mencionada Resolución de Amnistía de la AC, de 14 de marzo de 2008, y ante la negativa de los jueces ordinarios de ejecutarla presentaron una Acción por incumplimiento ante la Corte Constitucional. En ambos casos, la Corte Constitucional resolvió a favor de sus acciones, obligando a ejecutar la amnistía. Sin embargo, en su argumentación la Corte no hace referencia al derecho a la resistencia, sino que se basa en el principio de legalidad y a la seguridad jurídica.; y la tercera a un caso de resistencia individual: la Sentencia Nº. 034-13-SCN-CC, Caso Nº. 0561-12-CN, de 30 de mayo de 2013.

IV. EL VACIAMIENTO DEL CARÁCTER CONSTITUYENTE DE LOS NUEVOS DERECHOS DE PARTICIPACIÓN Y SU CONVERSIÓN EN DERECHOS CONSTITUCIONALES*

Una vez analizados, la nueva institucionalidad, los sujetos y los mecanismos de participación que reconoce la Constitución de 2008, en los ámbitos político, económico y social, puede afirmarse que existe en el texto constitucional la base jurídica suficiente para poder desarrollar un modelo donde la participación adquiera un *carácter constituyente*.

Sin embargo, habiendo visto también el desarrollo normativo y el despliegue práctico de la participación hallamos una tensión entre el diseño constitucional y el desarrollo-implementación posterior de los nuevos derechos de participación que ha acabado vaciando tales derechos de su carácter constituyente, convirtiéndolos en derechos constitucionales.

En el capítulo anterior nos hemos centrado en el análisis concreto de los nuevos derechos de participación deteniéndonos en los límites que las tendencias de desarrollo de estos derechos en la normativa infraconstitucional presentan. En este capítulo nos detendremos en otras limitaciones políticas, culturales, jurisprudenciales, etc. aún no superadas que prácticamente consolidan un vaciamiento del carácter constituyente de los nuevos derechos de participación y refuerzan su naturaleza de derechos constitucionales. Algunas de ellas, en las que nos detendremos, son: la existencia de un paradigma participativo de tendencia centralista; la existencia de una cultura jurídica positivista y la burocratización de los procesos participativos; la interpretación restrictiva de los mecanismos de participación y su reforma constitucional por vía parlamentaria; y el avance de una concepción restringida de la plurinacionalidad e individualista de la persona.

---

* Los apartados primero, segundo, tercero y cuarto han sido redactados por Albert Noguera Fernández.

1. UN PARADIGMA PARTICIPATIVO DE TENDENCIA CENTRALISTA

A grandes rasgos, podríamos decir que un modelo participativo es de tendencia centralista cuando se verifiquen en él algunos de los siguientes aspectos:

1. Cuando los temas de debate y participación son temas generados en el nivel central atendiendo a sus intereses, aunque operen en nombre de un interés general. Es decir, los asuntos de discusión y participación parten de los intereses y metas del Gobierno central. Esto en correlación con que se atiendan menos o se esquiven aquellos debates y procesos participativos acerca de temas o asuntos que tienen sentido y trascendencia para la experiencia colectiva diferente a la agenda convocada por el Gobierno.
2. Si se trata de un proceso orientado por el Gobierno central que pone todas sus instituciones y medios de difusión social, a todos los niveles, para asegurar una homogeneidad propagandística y comunicativa.
3. Cuando el proceso participativo se enfoca no como un proceso de reflexión, discusión y deliberación sobre el asunto de discusión, señalando los argumentos en contra y a favor de cada una de las opciones a elegir, sino como una prueba más para demostrar el apoyo popular masivo al proyecto de un régimen frente a los "enemigos externos". Por ejemplo, si se produce una intensa personalización en el planteamiento de una consulta o debate, capaz de desvirtuar su sentido y aun su propia literalidad para transformarlo en una mera ratificación de confianza al Presidente o al Gobierno. El tema consultado queda en un segundo plano mientras el "no" queda simplificado y convertido en un "no al régimen".

No es imprescindible que todos estos elementos se den a la vez para que un proceso participativo pueda ser visto como uno que en cierta medida acusa una tendencia centralista, pero es obvio que cuantos más de ellos se den más carácter centralista adquirirá la participación.

Un análisis de las experiencias de consultas populares celebradas en Ecuador desde 2008 en adelante permite detectar la existencia de ciertos indicadores que otorgan a la participación en este ámbito una tendencia centralista.

Se han producido en los últimos años diversas consultas impulsadas desde arriba por el Gobierno, con una fuerte implicación personal del propio Presidente de la República en algunas de ellas, como la consulta a la reforma constitucional de 2011, a la vez que han sido rechazadas aquellas consultas impulsadas desde abajo por sectores y organizaciones sociales, especialmente en el ámbito ambiental, las cuales producto de la polarización política, en caso de su ratificación popular, probablemente podrían haber impugnado el modelo de desarrollo elegido por el Gobierno, obligándole a cambiar de rumbo.

Detengámonos en algunos casos relevantes de consultas activadas desde arriba y desde abajo.

1.1. *Consultas populares impulsadas desde el Gobierno: la reforma constitucional de 2011*

Desde la entrada en vigor de la Constitución, se han impulsado distintas consultas populares desde el poder Ejecutivo o poderes públicos, algunas de alcance local[317] y otras de alcance general.

La única gran consulta popular de alcance general que ha tenido lugar en el país desde 2008, fue impulsada por el Ejecutivo y tuvo que ver con la reforma constitucional de 2011, introduciendo, en función de su proyecto político, entre otras, importantes modificaciones destinadas a satisfacer determinados planteamientos con relación, sobre todo, a la reorganización del Poder Judicial.

---

317 A nivel local, como referimos ya, podemos mencionar por ejemplo, al Decreto Ejecutivo No. 946, de 28 de noviembre de 2011, por el que el Presidente de la República dispone al Consejo Nacional Electoral que convoque a consulta popular en el Cantón de La Concordia. Esta consulta que se llevó a cabo el 5 de febrero de 2012, perseguía preguntar a los ciudadanos de este cantón sobre su voluntad de continuar formando parte de la provincia de Esmeraldas o pasar a ser parte de la provincia de Santo Domingo de Tsáchilas. Otro ejemplo recordemos, es la resolución de la Corte Constitucional, de 11 de diciembre de 2008, ordenando al municipio de Quito que solicitara al órgano electoral la convocatoria de consulta popular en la comunidad indígena de Caspigasí del Carmen para consultar a los miembros de la misma si querían pertenecer a la parroquia de Calacali o a la de San Antonio de Pichincha. Consulta que se realizó casi 3 años más tarde, el 27 de noviembre de 2011.

El 17 de enero de 2011, de acuerdo con el art. 441 CRE y el art. 100 de la Ley Orgánica de Garantías Jurisdiccionales y Control Constitucional, el Presidente de la República, mediante oficio No. 5715-SNJ-11-55, presentó ante la Corte Constitucional el pedido de dictamen para proceder a la convocatoria de un referéndum y una Consulta Popular a fin de enmendar la Constitución de la República. La Corte emitió los dictámenes Nos. 001-11-DRC-CC y 001-DCP-CC-2011 de 15 de febrero de 2011, declarando la constitucionalidad formal condicionada a la modificación del redactado de algunas preguntas del referéndum y la consulta. A continuación y mediante Decreto Ejecutivo 669 con fecha 21 de febrero de 2011, el Presidente de la República dispuso al Consejo Nacional Electoral a que convocara a un referéndum de cinco preguntas y consulta popular de cinco preguntas más[318].

Uno de los aspectos de la reforma que ciertamente causó mayor polémica fueron la cuarta y quinta pregunta del referéndum, donde se proponía sustituir el Pleno del Consejo de la Judicatura por un Consejo de la Judicatura de Transición, conformado por tres miembros designados, uno por el Ejecutivo, uno por el Legislativo (con mayoría del partido de gobierno) y uno por la Función de Transparencia y Control Social, para que en el plazo improrrogable de 18 meses, ejerza las competencias del Consejo de la Judicatura y "reestructure" la Función Judicial. Asimismo, la pregunta quinta planteó una reforma sobre la composición final del Consejo de Judicatura[319].

En este sentido, podría decirse que la activación desde el Ejecutivo de un referéndum que permitiría en el plazo 18 meses "reestructurar" la Función Judicial y en el proceso, ganar influencia en la composición de su órgano de gobierno, expresa más allá del importante pronunciamiento popular, la voluntad de un poder central para perfeccionar un acto que fortalece su proyecto político y que no obstante, sin ese intervención ciudadana no existiría como acto jurídico.

---

318 Pueden verse las preguntas en: file:///C:/Users/USER/Desktop/documentos%20 bajados/convocatoria-pdf.pdf

319 Véase: *http://www.eluniverso.com/2011/02/16/1/1355/preguntas-consulta-referendum-sus-anexos.html*

1.2. La contestación y no reconocimiento de las Consultas populares impulsadas desde los pueblos y organizaciones en defensa de la naturaleza

Por otro lado, otras iniciativas de consulta popular que han sido reivindicadas y activadas desde organizaciones sociales críticas con la gestión política del gobierno, especialmente en el ámbito medioambiental, han experimentado obstáculos. Examinaremos más detenidamente tres casos: el proceso de consulta comunitaria en Tarqui y Victoria de Portete, el 2 de octubre de 2011, no reconocido por el Gobierno; la Sentencia 001-10-SIN-CC de la Corte Constitucional para el periodo de Transición sobre el caso de la consulta pre-legislativa en la Ley de Minería, que ya comentamos brevemente al referirnos al derecho a la consulta; y el episodio del no reconocimiento de firmas por parte de las instancias electorales, en relación con la solicitud de consulta sobre la explotación petrolera del Parque Nacional Yasuní.

1.2.1. La consulta popular comunitaria de 2 de octubre de 2011 en Tarqui y Victoria del Portete

El 18 de abril de 2008, la Asamblea Constituyente ecuatoriana aprobó el Mandato Constituyente No. 6, conocido como el Mandato Minero, en cuyo art. 3 se declaraba la extinción sin compensación económica alguna de las concesiones mineras que afectasen nacimientos y fuentes de agua[320]. Sin embargo, el 27 de enero de 2009, la Asamblea Nacional aprobó, sin consulta previa, la Ley de Minería la cual entraría en contradicción, en este aspecto, con el citado mandato[321].

A raíz de ello, se llevaron a cabo en provincias como el Azuay movilizaciones contra esta ley y el entonces proyecto de Ley de Recursos hídricos[322], en base a dos reivindicaciones principales: la prohibición

---

320 Puede verse el mandato constituyente, en: *http://www.superley.ec/pdf/mandatos/06.pdf*

321 Véase C. Pérez, *Agua u Oro: Kimsacocha la resistencia por el agua*, Facultad de Ciencias Médicas de la Universidad de Cuenca, 2012, pp. 148-151.

322 A ellas nos referimos al examinar el derecho a la resistencia en el así llamado caso Quimsacocha.

de la minería en nacimientos y fuentes de agua; y el derecho de consulta previa libre e informada de acuerdo con la normativa constitucional e internacional[323]. Ante la actitud reactiva del gobierno, la organización de Usuarios del Sistema de Agua Comunitaria de Tarqui-Victoria del Portete de la provincia del Azuay, decidió convocar unilateralmente a una consulta popular comunitaria para que los ciudadanos se pronunciaran sobre la explotación minera en el páramo de Quimsacocha. La consulta se realizó el 2 de octubre de 2011, ajustándose a los parámetros establecidos en la Constitución ecuatoriana, el Convenio 169 de la OIT, la Declaración de las Naciones Unidas sobre los Derechos de los Pueblos Indígenas y las normas internas de las comunidades[324], y en la que participaron cerca de 1.037 personas con un 93% de los votos en contra de la explotación minera, bajo la mirada de 15 observadores nacionales e internacionales, autoridades nacionales, representante de organizaciones indígenas y asambleístas.

Empero, el Estado ecuatoriano no reconoció esta consulta comunitaria ni sus resultados alegando que no se siguieron los procedimientos legales, sobre todo, en razón de la competencia exclusiva de las autoridades estatales para organizar la consulta previa, libre e informada[325].

1.2.2. La Sentencia 001-10-SIN-CC de la Corte Constitucional de Ecuador: caso consulta pre-legislativa en la Ley de Minería

Durante el proceso de discusión y aprobación de la citada Ley de Minería, la Confederación de Nacionalidades Indígenas del Ecuador (CONAIE) y la Asociación de Sistemas Comunitarios de Aguas de las

---

323 C. Pérez, *Agua u Oro: Kimsacocha la resistencia por el agua*, op. cit., pp. 156.158.

324 De manera previa a la consulta se realizaron procesos de información en todas las parroquias sobre el contenido de la consulta y el proceso que se llevaría a cabo. La Asamblea de Usuarios del Sistema de Agua, nombró a una comisión que se encargó de la organización del proceso. Así, se elaboraron padrones electorales y papeletas que fueron depositadas por cada uno de los participantes en urnas selladas. El escrutinio fue público y verificado por los observadores (P. Carrión, *Consulta previa: legislación y aplicación*, Konrad Adenauer Stiftung, Quito, 2012, p. 46).

325 C. Pérez, *Agua u Oro: Kimsacocha la resistencia por el agua*, op. cit., p. 174.

parroquias Tarqui y otras de la provincia del Azuay presentaron, el 17 y 31 de marzo de 2009 una acción de inconstitucionalidad ante la Corte Constitucional cuestionando tanto la forma como los contenidos de la ley[326].

La solicitud de inconstitucionalidad de forma terminó adquiriendo una gran importancia por sus posibles consecuencias. Concretamente se cuestionaba la falta de consulta pre-legislativa a pueblos y nacionalidades indígenas, por cuanto las actividades mineras concesionadas o a concesionar se encontraban dentro de sus territorios, derecho garantizado en el art. 6 del Convenio 169 de la OIT, el art. 19 de la Declaración de Derechos de los Pueblos Indígenas de Naciones Unidas y el art. 57.17 CRE.

Conocedores de la oposición de estas organizaciones indígenas frente a la ley y de los potenciales resultados de una consulta pre-legislativa, el Gobierno rehuyó la realización de la misma. Durante el proceso ante la Corte, tanto el Ejecutivo como el Poder legislativo de transición (Comisión de Legislación y Fiscalización[327]), alegaron que durante el proceso de tramitación parlamentaria de la ley, la Comisión de Legislación y Fiscalización abrió un periodo de alegaciones de los ciudadanos, durante el cual la CONAIE presentó sus peticiones. Además, señalaron, hubiera resultado improcedente que los demandantes afirmen que debía realizarse una consulta destinada de manera

---

326 La demanda fue promovidas por Marlon René Santi, en calidad de presidente de la CONAIE y Carlos Pérez Guartambel, presidente de los sistemas comunitarios de aguas de las parroquias Tarqui y otras de la provincia del Azuay, contra varias disposiciones de la Ley de Minería. Concretamente, las normas constitucionales supuestamente violadas por la Ley de Minerías eran: los arts. 11.2; 57.4, 7, 8, 11, 16; 66, nos. 4, 22, 26; 133, 316, 326, 408 y 425 CRE. Adicionalmente la Ley también atentaría contra normas contenidas en los siguientes tratados internacionales: arts. 4, 6, 13, 14, 15 y 16 del Convenio 169 de la OIT sobre pueblos indígenas y tribales; los arts. 8, 10, 19, 23, 25, 26, 29 y 32 de la Declaración de las Naciones Unidas sobre los derechos de los pueblos indígenas. Los arts. 1.1; 21, 24 y 26 de la Convención Americana sobre derechos humanos. El art. 1 del Protocolo Adicional a la Convención Americana de Derechos Humanos en materia de derechos económicos, sociales y culturales; y el art. 2.1 del PIDESC.

327 La Comisión Legislativa y de Fiscalización fue el nombre que se le dio a Asamblea Nacional del Ecuador de transición que funcionó desde la entrada en vigencia de la Constitución de 2008 hasta la posesión del primer periodo legislativo de la Asamblea Nacional.

particular a los sectores que ellos representan, puesto que ello vulneraría el principio de generalidad de la ley, de igualdad ante la ley y la no discriminación, y que el concepto de Estado unitario presupone anteponer el interés general al particular.

Del análisis del caso se puede deducir claramente que incluso pudiendo llegar a considerar cubierto el derecho de consulta reconocido en el art. 398 de la CRE, esto es la consulta en materia ambiental dirigida a la comunidad en general sin especificación o diferencia alguna; la solicitud de los demandantes se refiere a una vulneración del derecho a la consulta previa pre-legislativa que, como mostramos, es un derecho propio de los pueblos y nacionalidades indígenas diferente del anterior, reconocido en el Art. 57.17 de la CRE y que efectivamente, no se cumplió.

Una sentencia favorable de la Corte hubiera creado un antecedente importantísimo obligando en adelante a que toda ley posterior que afectara los derechos de los pueblos y naciones indígenas debiera ser debidamente consultada. Sin embargo, el 18 de marzo de 2010, la Corte Constitucional para el Período de Transición decidió desechar la impugnación de inconstitucionalidad por la forma. De la Sentencia 001-10-SIN-CC la Corte podemos destacar dos aspectos:

Primero, a pesar de no poder negar y reconocer la existencia, en la legislación nacional e internacional, de un derecho a la consulta pre-legislativa de los pueblos y naciones indígenas, y de reconocer que en la aprobación de la Ley Minera esta no se llevó a cabo; la Corte Constitucional hace una "pirueta política" para no tener que declarar la inconstitucionalidad de la ley evitando así el enfrentamiento con el Ejecutivo.

La Corte considera que, en circunstancias de institucionalidad regular y ordinaria, la consulta pre-legislativa constituye un requisito previo *sine qua non* que condiciona la constitucionalidad de cualquier medida legislativa que pudiera afectar cualquiera de los derechos colectivos de las comunidades, pueblos y nacionalidades del Ecuador. No obstante, señala, el hecho de que la adopción de la Ley de Minería se produjera en una coyuntura excepcional como dice ser los meses siguientes a la entrada en vigor de la nueva Constitución, donde el país atravesaba un proceso de transición y cambios en la estructura institucional, y en el que la promulgación de una serie de leyes había de someterse a los plazos previstos en las disposiciones transitorias de la Constitución; hace que la no convocatoria de la consulta pre-legislativa quede excusada. Además, esta justificación vendría reforzada, afirma la Corte, por la ausencia en ese momento de regulación legal infraconstitucional para la realización de la consulta pre-legislativa prevista en el art. 57.17 CRE y art. 6 del Convenio 169 de la OIT, lo cual es cuestionable pues existe normativa internacional y jurisprudencia de Cortes y Tribunales constitucionales de otros países que han dictado lineamientos sobre la materia en sus sentencias. A todo lo anterior añade, que aunque el proceso de consulta implementado durante la tramitación de la ley guarde mayor conformidad con la consulta ambiental del art. 398 de la CRE, el hecho de que un sector de las comunidades y pueblos indígenas participaran en el mismo puede interpretarse como que en la práctica, aun y no realizarse específicamente, se hubiera dado la consulta pre-legislativa a los pueblos indígenas afectados[328].

Y en segundo lugar, como que al parecer de la Corte, en este caso concreto quedaría excusada la no garantía del derecho pero en el futuro éste debe ser garantizado, lo que hace en las páginas 40 a 43 de la Sentencia es establecer una reglamentación para los procesos de consulta pre-legislativa y consulta previa a pueblos y nacionalidades indígenas. De acuerdo con tal reglamentación, la Asamblea Nacional establecerá unilateralmente "los temas sustantivos a ser consultados, el procedimiento de consulta, los tiempos de la consulta y el procedimiento de diálogo y toma de decisiones", lo cual pone en riesgo el carácter libre de la consulta y denota la intención de apostar por un modelo de participación de tendencia claramente centralista.

---

[328] En la página 35 de la Sentencia, la Corte afirma que aunque el proceso llevado a cabo "guarda mayor conformidad con la disposición prevista en el 398 CRE, no cabe duda que el hecho de que en él participara un sector de las comunidades y pueblos indígenas, denota también una aplicación directa del art. 57.7 de la Constitución".

1.2.3. La solicitud de consulta sobre la explotación petrolera del Parque Nacional Yasuní

Por último, podemos referirnos a los recientes acontecimientos alrededor de la solicitud de consulta que el colectivo "Yasunidos" presentó para poder preguntar a los ciudadanos sobre la decisión tomada por el Gobierno el 3 de agosto de 2013, de ampliar la explotación petrolera de los bloques 31 y 43, este último dentro del Parque Nacional Yasuní, ubicado en las provincias de Pastaza y Orellana entre el río Napo y el río Curaray en plena cuenca amazónica, territorio que es considerado como una de las zonas con mayor biodiversidad del planeta.

Al efecto, hay que referir lo que establece el Art. 407 de la CRE, textualmente:

> "Se prohíbe la actividad extractiva de recursos no renovables en las áreas protegidas y en zonas declaradas como intangibles, incluida la explotación forestal. Excepcionalmente dichos recursos se podrán explotar a petición fundamentada de la Presidencia de la República y previa declaratoria de interés nacional por parte de la Asamblea Nacional, que, de estimarlo conveniente, podrá convocar a consulta popular".

Ante ello, el Presidente de la República solicita que la Asamblea Nacional declare de interés nacional conforme establece el Art. 407 de la Constitución, el proyecto que permite la explotación de los referidos bloques, sin que crea necesario convocar ninguna consulta popular.

La reacción de las organizaciones sociales no se hace esperar, el 18 de agosto de 2013 nace el Colectivo *Yasunidos*, integrado por una pluralidad de personas, colectivos y organizaciones, el mismo que promueve que la decisión del Gobierno sea sometida a consulta popular. Con este objetivo, el 22 de agosto, solicitan al Consejo Nacional Electoral (CNE) el inicio del proceso de consulta y presentan ante la Corte Constitucional una propuesta de pregunta[329] para que ésta califique su constitucionalidad. El Ejecutivo paralelamente sigue los

---

329 La pregunta que presentan es: "¿Está usted de acuerdo en que el gobierno ecuatoriano mantenga el crudo del ITT, conocido como bloque 43, indefinidamente bajo el subsuelo? Sí o No".

pasos para declarar la explotación de los bloques petroleros por ser de interés nacional. El 17 septiembre 2013, en el marco de una fuerte y polarizada controversia pública entre gobierno y ecologistas, se presenta el informe para primer debate en la Asamblea Nacional sobre la declaratoria de interés nacional de la explotación del Yasuní y el 3 de octubre se aprueba definitivamente.

Sobre la solicitud del Colectivo *Yasunidos*, la Corte Constitucional dispuso a través de un auto, que previo a emitir el dictamen sobre la constitucionalidad de una consulta popular de iniciativa ciudadana para evitar que se explote parte del Parque Nacional Yasuní, el Consejo Nacional Electoral deberá remitir a la Corte un informe favorable sobre el cumplimiento del requisito de "legitimidad democrática" de los proponentes[330]. Esto suponía sobre todo el verificar que se haya recabado el número necesario de firmas exigido por la Constitución, el cual sería fijado por el CNE en 584.324 firmas, que representan el 5% del padrón electoral, a conseguir en un plazo de 180 días.

El 12 de abril de 2014, el colectivo *Yasunidos* presentó ante el Consejo Nacional Electoral 107.088 formularios con espacio para 8 firmas cada uno, en respaldo al pedido de una consulta popular para la no explotación petrolera en el Bloque en el Parque Nacional. Cada registro contiene el número de cédula, los nombres y apellidos y la firma de los ciudadanos que respaldan dicha consulta. El grupo afirmaba contar con 757.623 firmas, valor que superaba holgadamente el número de 584.323, equivalente al 5% del padrón electoral, necesario para la convocatoria a la consulta popular.

El 6 de mayo de 2014 el Consejo Nacional Electoral afirmó que, una vez analizadas las firmas, el grupo Yasunidos obtuvo únicamente 359.761 firmas válidas, y que por tanto no alcanzaba el valor mínimo requerido para la consulta[331]. A partir de aquí se inicia un conjunto de acusaciones y denuncias cruzadas entre el Colectivo y los organis-

---

330 El auto dispone en lo principal: "El Consejo Nacional Electoral deberá remitir a la Corte, junto con la petición de consulta, el informe favorable de cumplimiento de la legitimación democrática, en observancia a lo dispuesto en el inciso cuarto del artículo 104 de la Constitución, requisito que deberá ser verificado por la Sala de Admisión". Esta disposición de la Corte se basaba en el Dictamen 001-13DCP-CC del 25 de septiembre de 2013.

331 Resolución PLE-CNE-2-8-5-2014.

mos estatales. Yasunidos presenta, pocos días más tarde, apelación al Consejo Nacional Electoral.

Frente a esta situación, un grupo conformado por profesores universitarios, decide realizar una verificación técnica del número de firmas válidas presentadas, mediante la estimación estadística basada en una muestra aleatoria de alta confiabilidad[332]. Como resultado del análisis estadístico, el grupo de académicos llegó a la conclusión de que el Colectivo *Yasunidos* entregó al CNE un número de registros con nombres y números de cédulas correspondientes a los que constan en los registros oficiales de aproximadamente 673.862 ciudadanos. Con un nivel de confianza del 99%, esta cifra tiene un margen de error muestral del 0.76%, de forma tal que el total de registros válidos se encuentra entre 667.334 y 680.339. En consecuencia, el grupo de académicos alegaba que existían razones de fondo para dudar de la objetividad de los resultados de análisis realizado por el CNE.

El 3 de junio de 2014, el CNE contestó la apelación de *Yasunidos* aceptando sólo 10.000 de las casi 500.000 firmas impugnadas, con lo que se seguía sin llegar al mínimo exigido. El 18 de junio el colectivo entrega recurso de apelación al Tribunal Contencioso Electoral, el cual se niega "por extemporáneo"[333]. *Yasunidos* anuncia finalmente que acudirá a instancias internacionales, fracasando, al menos de momento, en su intento de imponer al Gobierno la convocatoria de una consulta popular.

Más allá del número concreto de firmas válidas y no válidas, resulta evidente que esta consulta impulsada desde los movimientos sociales resultaba incomoda al Gobierno y que desde los órganos estatales se habrían utilizado todos los resquicios legales posibles para evitarla, lo que pone de manifiesto una vez más lo que hemos denominado como tendencia centralista del paradigma de participación en el país.

---

332 En el proceso de verificación se contrastó los números de cédula y los nombres y apellidos contenidos en las imágenes digitales de los formularios entregados al CNE (escaneados y entregados por el CNE a *Yasunidos* el día 12 de abril 2014) con la información correspondiente almacenada en el registro electoral elaborado por el organismo electoral para las elecciones de 2014. Puede verse el informe en: http://sitio.yasunidos.org/images/informe_final_verificacion_independiente.pdf

333 Causa 187-2-14-TCE, sentencia del 20 de junio de 2014.

2. CULTURA JURÍDICA POSITIVISTA Y BUROCRATIZACIÓN DE LOS PROCESOS PARTICIPATIVOS

Otro de los elementos limitantes de algunos de los derechos de participación son la presencia de una cultura jurídica positivista en las instancias del poder político y las judiciales, así como la burocratización de los procesos participativos. Detengámonos en los dos aspectos. Veremos en tal sentido, cómo el positivismo jurídico actúa claramente como un limitante de la acción colectiva participativa por ejemplo, en el caso del derecho a la resistencia del Art. 98 de la CRE; y los objetivos y consecuencias que hay detrás de la burocratización de los procesos participativos.

2.1. Positivismo jurídico y limitación de la acción colectiva participante mediante el derecho de resistencia del art. 98 CRE

La aceptación jurídica del derecho a la resistencia o del "derecho a desobedecer el derecho" se ha planteado, históricamente, como irrealizable en el interior de la forma "Estado de derecho" basada en el "imperio de la ley". La Constitución ecuatoriana de 2008 reconoce el derecho a la resistencia e intenta como referimos, salvar tal contradicción incorporándolo al interior de una nueva forma de Estado (el Estado Constitucional de derechos y justicia) que, partiendo de la teoría neoconstitucionalista, quiere superar el viejo Estado de derecho y el imperio de la ley, lo que abre, por primera vez en la historia, posibilidades de que la resistencia pueda ser eficaz y justiciable repetidamente en el interior de un Estado políticamente estable, como cualquier otro derecho subjetivo. Sin embargo, la incapacidad de superar una fuerte cultura jurídica positivista por parte de los poderes públicos ha terminado imposibilitado esta armonización y limitando el derecho a la resistencia a poco más que un mero reconocimiento simbólico. Desarrollemos este razonamiento.

2.1.1. La incompatibilidad histórica entre derecho a la resistencia y Estado de Derecho

Hemos dicho que históricamente, la aceptación en términos jurídicos y la justiciabilidad del derecho a la resistencia ha dependido de las fuentes del derecho de las que partimos.

El derecho a la resistencia ha sido aceptado partiendo de la referencia al Derecho natural, mientras que no lo ha sido cuando se ha partido del "imperio de la ley" (Estado de derecho). Hemos señalado al analizar el derecho a la resistencia que a partir del siglo XIX este va perdiendo fuerza hasta terminar desapareciendo del constitucionalismo; pues en el momento en que este y, principalmente, la ley se convirtieron en la única y fundamental fuente del derecho, la doctrina de la resistencia pierde importancia y aceptación en términos jurídicos. No obstante, como también aseveramos, la Constitución ecuatoriana de 2008, en contra de esta concepción legalista, incorpora el derecho a la resistencia en el marco de la nueva forma de Estado Constitucional de derechos y justicia, lo cual permite que este derecho pueda ser eficaz y justiciable repetidamente en el interior de un Estado constitucional políticamente estable, como cualquier otro derecho.

2.1.2. Derecho a la resistencia y forma de Estado en la Constitución de 2008

Para entender la voluntad del constituyente ecuatoriano respecto al derecho a la resistencia hay que detenerse en la definición del Estado como "Estado constitucional de derechos y justicia". La incompatibilidad, mencionada antes, entre Derecho a la resistencia y Estado de derecho basado en el imperio de la ley, hizo que se fuera consciente que la única manera de conseguir que el reconocimiento de éste y otros derechos no fuera algo meramente retórico, exigía modificar también la forma de Estado, superando la vieja forma basada en el "imperio de la ley".

Las formas de Estado han evolucionado en el constitucionalismo europeo desde su creación, pudiéndose señalar como momento destacable, el paso, en el siglo XX, del "Estado legislativo de derecho" al "Estado constitucional de derecho". Sin embargo, en ninguna de estas dos formas se ha producido una superación de los rasgos básicos del "Estado de derecho" o del "imperio de la ley".

En el "Estado legislativo de derecho", vigente en el siglo XIX, la Constitución determinaba simplemente lo que entonces se consideraban las normas fundamentales del ordenamiento: a) la llamada "forma de Estado"; b) la llamada "forma de gobierno"; y, c) las normas sobre la producción jurídica[334]. Las Constituciones eran textos cortos que se entendían como meramente "programáticos" y donde se establecían las normas que conferían competencias para que fueran los Poderes del Estado los que emitieran, de acuerdo con los procedimientos legalmente establecidos, las leyes que se constituían en la principal fuente material o sustancial de derecho. En este sistema la fuente principal de producción del derecho era el Parlamento; el procedimiento de producción del derecho era, fundamentalmente, el procedimiento legislativo parlamentario; y la "ley" como encarnación paradigmática de la voluntad general era el acto normativo supremo e irresistible al que no le era oponible ninguna norma superior cualquiera sea su forma o fundamento[335].

La aparición del Estado social, después de la Segunda guerra mundial, supone una transformación de la Constitución, incorporándose a éstas los derechos sociales y la llamada Constitución económica, lo que implica cambios importantes en el campo de las fuentes del derecho y en la propia naturaleza de la Constitución. El nuevo Estado constitucional de derecho implica que determinadas partes de la Constitución dejen de ser un "programa político" o el simple establecimiento de límites formales y se convierten en "normas jurídicas" aplicables que implican obligaciones y límites sustanciales a los poderes públicos, incluidos el legislativo. La Constitución reemplaza a la ley en la cúspide del ordenamiento y del sistema de fuentes.

Sin embargo, como han señalado algunos autores, la modificación del sistema de fuentes, fruto del cambio del Estado legislativo de derecho al Estado constitucional de derecho, "no va acompañada de la transformación real de la cultura jurídica europea, pues (...) el procedimiento para la determinación y especialmente la aplicación del

---

334 L. Paladin, *Diritto costituzionale*, CEDAM, Padova, 1991, p. 25.

335 J. Montaña, *Teoría utópica de las fuentes del derecho ecuatoriano*, op. cit., p. 16.

derecho vigente sigue siendo prácticamente el mismo"[336]. Dotar de carácter normativo a la Constitución, no ha resuelto en la mayoría de países de Europa la cuestión clave para poder superar la vieja forma Estado de derecho basado en el imperio de la ley, que es el problema de la falta de aplicabilidad directa de la Constitución, ya sea por el alto nivel de indeterminación de las reglas constitucionales o bien por el tratamiento constitucional de los derechos sociales y la constitución económica. España es un ejemplo claro de ello.

En materia de derechos sociales, aunque la Constitución española (CE) de 1978 incorpora la mayoría de los derechos sociales clásicos, los define como "principios", ubicándolos dentro del capítulo "Principios rectores de la política social y económica" (arts. 39 al 52) y condicionando, de conformidad con el art. 53.3 CE, su justiciabilidad a su desarrollo legislativo[337].

Ello hace que las disposiciones referidas a los derechos sociales que la Constitución contiene son mandatos normativos dirigidos al legislador, por tanto, solo afectará a los demás órganos del Estado y a los particulares en la medida en que sus preceptos se hayan desarrollado mediante una ley[338]. Prueba de ello es que en aquellas ocasiones en que se procede a la justiciabilidad directa de derechos sociales, que

---

336 Ibíd. p. 25

337 La STC 80/1982, de 20 de diciembre, señaló que "el valor normativo inmediato de los artículos 39 a 52 de la Constitución ha de ser modulado en los términos del artículo 53.3 de la Norma Fundamental" (FJ1). El art. 53.3 CE establece: "(…) los principios reconocidos en el Capítulo tercero (…) Sólo podrán ser alegados ante la Jurisdicción ordinaria de acuerdo con lo que dispongan las leyes que los desarrollen".

338 Así lo considera el propio Tribunal Constitucional (TC). De un lado, a partir de identificar la inviable tutela directa a través del recurso de amparo con la imposibilidad de perfilar posiciones subjetivas a partir de los principios rectores, el TC da a entender que de los principios rectores no cabe obtener ningún tipo de derecho subjetivo (ATC 241/1985). De otro lado, subraya el carácter no vinculante de los medios necesarios para cumplir los fines o las prestaciones constitucionales; por ejemplo, en relación al principio de protección familiar (art. 39) sostiene que "*es claro que corresponde a la libertad de configuración del legislador articular los instrumentos normativos o de otro tipo, a través de los que hacer efectivo el mandato constitucional, sin que ninguno de ellos resulte a priori constitucionalmente obligado*" (STC 222/1992); y, lo mismo cabe decir de la seguridad social, pues si bien corresponde a todos los poderes públicos la tarea de acercar la realidad al horizonte de los principios rectores, de "entre

efectivamente también las hay, se hace indirectamente por la vía de relacionarlos o considerarlos parte de otros derechos fundamentales pero no mediante su aplicación directa dada la dificultad de derivar *ex constitutione* una justiciabilidad absoluta e incondicional de todo el contenido de estos derechos[339]. Valga como ejemplo, la protección en repetidas ocasiones del derecho a la salud del art. 43 CE por la vía de vincularlo o considerarlo parte del derecho a la vida y la integridad física del art. 15 CE[340].

En consecuencia, la eficacia indirecta de partes importantes de la Constitución que afectan a materias en relación a las cuales se dan, a menudo, episodios de movilización y resistencia popular (derechos sociales y constitución económica) implica que la Constitución, como fuente jurídica suprema, sólo obliga en éstas directamente al legislador que se verá obligado a acomodar el contenido de sus leyes a la Constitución, siendo éstas objeto de control de constitucionalidad, de tal suerte que la Constitución solo estará presente en la vida jurídica por mediación del legislador y del órgano que lleve a cabo el control de constitucionalidad[341], pero no en la relación de los ciudadanos con la justicia ordinaria que continuará estando subordinada al imperio de la ley[342].

---

tales poderes son el legislador y el gobierno quienes deben adoptar decisiones y normas…" (STC 189/1987).

339 Sobre ello, ver: A. Noguera, "El Estado social y el tratamiento de los derechos sociales en la Constitución Española de 1978", en A. Noguera y A. Guamán (dir.), *Lecciones sobre Estado social y derechos sociales*, op. cit. pp. 197-210.

340 Ver como ejemplos las SSTC 119/2001, 5/2002, 62/2007, 160/2007 o 37/2011.

341 J. Montaña, *Teoría utópica de las fuentes del derecho ecuatoriano*, op. cit., p. 26.

342 Si bien algunos autores han afirmado que en el caso español, el reconocimiento, en determinados casos, de la eficacia directa del derecho a la libertad de conciencia podría servir para eximir a los ciudadanos del cumplimiento de determinadas obligaciones independientemente de lo que establezca la ley, esta afirmación queda cuestionada por la Sentencia de la Sala Tercera del Tribunal Supremo, de 11 de febrero de 2009 (rec. 905/2008), en la que afirma que no existe un derecho constitucional general a la objeción de conciencia, ni siquiera como proyección del artículo 16 de la Constitución, porque éste encuentra su límite en la Ley. A mayor abundamiento, el Tribunal Supremo opone a la objeción de conciencia el artículo 9.1 de la Constitución y afirma que lo contrario supondría hacer depender las normas de su conformidad a cada conciencia individual. Sólo la objeción de conciencia a la prestación del servicio militar se reconoce en la Constitución, de forma que, cualquier otro reconocimiento dependerá de la estricta voluntad

Ello hace que la "inserción" del derecho a la resistencia en un texto constitucional pero sin modificar la eficacia indirecta de parte de la Constitución y manteniendo un sistema de Estado de derecho basado en el imperio de la ley, implicaría en la práctica que el derecho a la resistencia no tuviera más que un significado retórico.

Consciente de ello, el constituyente ecuatoriano lleva a cabo una transformación de la forma de Estado que no sólo se plasma en la propia denominación del mismo en el art. 1[343], sino también en la transformación de la naturaleza de la Constitución y el tratamiento general de los derechos y sus garantías. Esta nueva forma de Estado persigue dos objetivos:

El primero es desplazar a la ley como fuente del derecho por excelencia y convertir la Constitución en una norma suficientemente completa para poder valer como regla para casos concretos, debiendo ser utilizada directamente por todos los sujetos del ordenamiento jurídico, ya sean los jueces, la administración pública o los particulares[344]. La Constitución debe conformarse en fuente directa de posiciones subjetivas para los sujetos del ordenamiento, en todo tipo de relaciones en que puedan entrar, refiriéndose también, directamente, a

---

del legislador. Además, autores como Francesco Biondo han presentado recientemente una crítica frente a toda una tradición teórico jurídica que habría insistido en ubicar la resistencia o la desobediencia civil bajo el rótulo de derecho subjetivo de la libertad de conciencia. A diferencia de la libertad de conciencia, la resistencia señalan estos autores, no puede entenderse como una opción íntima, privativa, específica del sujeto que en nombre de la conciencia individual que, en el marco de una visión atomista de la sociedad y del sujeto individual, esgrime un derecho (en el terreno jurídico) o deber (en el campo moral) a desobedecer esta, esa o aquella norma. La resistencia debe entenderse como una suerte de virtud del ciudadano comprometido, concernido al menos, con las normas que le rodean, así como una acción colectiva (Ver: F. Biondo, *Disobbedienza civile e teoria del diritto. I conflitti presi sul serio*, Giappichelli Editore, Torino, 2012).

343 Insistimos que, a diferencia de la vieja fórmula "Estado social de derecho" utilizada en Europa, la Constitución ecuatoriana define el Estado en el art. 1 con los adjetivos de "Estado Constitucional de derechos y justicia".

344 Como señala Zagrebelsky, la primera de las grandes tareas de las constituciones contemporáneas consiste en distinguir claramente entre ley, como regla establecida por el legislador, y los derechos como pretensiones subjetivas absolutas, válidas por sí mismas con independencia de la ley (ver el capítulo "La separación de los derechos respecto de la ley" en G. Zagrebelsky, *El derecho dúctil*. Madrid, Editorial Trotta, 1995).

las relaciones entre los individuos y a las relaciones sociales. La Constitución debe establecer normas que pueden ser invocadas, cuando sea posible, como reglas, por ejemplo, para las relaciones familiares, en las relaciones en las empresas, en las asociaciones, etc.

Y, el segundo, convertir a los derechos en el principal centro de atención del texto constitucional, debiéndose considerar como el centro axiológico de la Constitución, como una fuerza expansiva que inunda o irradia el conjunto del sistema. Ello significa que éstos deben leerse como el núcleo criteriológico de interpretación y aplicación de toda la Constitución. La parte referida a los derechos no debe ser sólo vista como un listado de derechos y garantías que disciplinan únicamente determinadas esferas públicas de relación entre individuos o de éstos y el poder, sino que debe verse también como el conjunto de criterios para interpretar y aplicar el resto del articulado constitucional y que se hacen operativos en todo tipo de relaciones jurídicas.

Para conseguir estos objetivos el texto constitucional ecuatoriano de 2008 incluye los siguientes aspectos:

Uno, un desarrollo largo y casi reglamentario de los derechos. La Constitución ecuatoriana tiene 444 artículos. Ello evita la indeterminación y permite una completitud que hace del texto constitucional un instrumento didáctico y normativo mediante el cual los ciudadanos pueden resolver casi todos los asuntos.

Y dos, el reconocimiento del principio de aplicabilidad directa e inmediata por y ante cualquier servidora o servidor público, administrativo o judicial, de oficio o a petición de parte, de todos los derechos que aparecen en la Constitución y en los tratados internacionales de Derechos Humanos (art. 11.3). Así como la imposibilidad de ninguna norma jurídica de poder restringir el contenido de los derechos ni de las garantías constitucionales (art. 11.4).

Todo ello tiene como consecuencia una desvalorización de la ley y un fortalecimiento del papel de la Constitución en el sistema de fuentes del derecho. La relación entre ciudadanos y justicia ordinaria ya no está mediada principalmente por la ley sino por la Constitución. Este carácter de la constitución como norma directamente aplicable por encima de la ley abre la posibilidad que en base a la aplicación de la misma se pueda reconocer la legitimidad de la "desobediencia de leyes", lo que resulta fundamental para la justiciabilidad del derecho a la resistencia[345].

En resumen, lo que hace la constitución de 2008 es superar el viejo Estado de derecho incompatible con la justiciabilidad del derecho a la resistencia, diseñando una nueva forma de Estado que permita la aceptación jurídica y eficacia del derecho a la resistencia, incluso cuando ello implique desobedecer leyes.

2.1.3. El choque de culturas jurídicas entre constitución y poder político y judicial

Como hemos señalado antes, sólo existe una sentencia en el país que haya reconocido el derecho a la resistencia y se trata de un caso de resistencia individual. Los casos de resistencia o movilizaciones de oposición a leyes y políticas estatales sobre el uso de recursos naturales y otras cuestiones son contestadas por el gobierno y los jueces en la mayoría de casos con detenciones e imputación de cargos penales por hechos de motivación política[346]. Estos casos, y muchos otros, demuestran cómo a pesar del reconocimiento constitucional del derecho a la resistencia y del diseño de la nueva forma de Estado constitucional, continua vigente en la cultura jurídica de los operadores generales del derecho (abogados, jueces, etc.) un positivismo legalista que impide la justiciabilidad del derecho a la resistencia.

---

345 Con ello se rompe la concepción de la imposible justiciabilidad del derecho a la resistencia expresada por autores como Bobbio: "(...) jurídicamente el derecho de resistencia es un derecho secundario, del mismo modo que son normas secundarias las que procuran la protección de las primarias: es un derecho secundario que interviene en un segundo momento, cuando se conculcan los derechos de libertad, de propiedad y de seguridad que son derechos primarios. (...) el derecho de resistencia interviene tutelando los otros derechos pero no puede a su vez ser tutelado y, por tanto, debe ejercerse por propia cuenta y riesgo" (N. Bobbio, "La revolución Francesa y los derechos del hombre", en N. Bobbio, *El tiempo de los derechos*, op. cit., p. 141).

346 Más arriba nos hemos referido al informe de Amnistía Internacional, *Para que nadie reclame nada: ¿criminalización del derecho a la protesta en Ecuador?* donde se analizan siete casos, que afectaron a 24 dirigentes de comunidades y organizaciones indígenas, de manifestaciones que tuvieron lugar entre enero de 2009 y junio de 2010 contra los Proyectos de Ley de Minería y de Ley de Aguas.

Tanto desde el Estado como de la judicatura frecuentemente se olvida el potencial normativo garantista de los principios de aplicación e interpretación de los derechos establecidos en la Constitución y que establecen una clara separación entre derechos y ley. Frente a ello, al parecer se sigue considerando que justicia y ley son sinónimos, y se defiende una interpretación de las fuentes totalmente dependiente de la voluntad del legislador[347], que lleva a que los comportamientos de resistencia que desobedecen las normas penales o la Ley deban considerarse anti-jurídicos y punibles.

Se produce por tanto, en el país, un choque de culturas jurídicas, la nueva cultura del neoconstitucionalismo garantista establecido en la Constitución frente a una vieja interpretación originalista y de omnipotencia de la ley, extendida todavía en el Poder político y judicial, que impide cualquier ejercicio de activismo jurisprudencial para la aceptación jurídica y justiciabilidad del derecho a la resistencia, pues no puede pasarse por alto que, en última instancia, los encargados de aplicar y justiciabilizar los derechos son los jueces.

Resulta entonces evidente cómo la cultura jurídica positivista, viva entre los operadores de justicia y entre gran parte de la clase política del país, actúa como limitante del desarrollo de mecanismos constitucionales de participación como el derecho a la resistencia.

2.2. La burocratización de los procesos participativos

A la vez que se excluyen las formas comunitarias de participación como vías problematizadoras del *statu quo* mediante las cuales los individuos o grupos sociales se relacionen entre sí, autoejecuten y autogestionen derechos sin la mediación del Estado, ubicando esta participación dentro del ámbito del derecho penal y por tanto, tornándola perseguible mediante la violencia organizada del aparato estatal; el Estado desarrolla y estructura, paralelamente, una amplia legislación, institucionalidad y procedimentalización encargadas de normativizar e implementar la participación dentro de los cauces de la racionalidad estatal.

---

347 Sobre ello, ver: J. Montaña, *Teoría utópica de las fuentes del derecho ecuatoriano*, op. cit., pp. 96-99.

Como hemos procurado mostrar en la parte intermedia de esta obra, durante los últimos años se han emitido una gran cantidad de legislación que regulariza la participación a la que hemos hecho referencia en el capítulo anterior, como la Ley Orgánica Electoral y de Organizaciones Políticas de la República del Ecuador, Código de la Democracia, de 9 de abril de 2009; la Ley Orgánica del Consejo de Participación Ciudadana y Control Social, de 3 de septiembre de 2009; la Ley Orgánica de Participación Ciudadana, de 12 de abril de 2010; o la Ley Orgánica de Transparencia y Acceso a la Información Pública (promulgada con anterioridad a la Constitución). Además de otras leyes que integran la participación, como por ejemplo, La Ley Orgánica de Educación Superior, de 6 de octubre de 2010, que integra la participación ciudadana, el control social y la generación de espacios de inclusión de la ciudadanía en la gestión de la educación superior.

Como hemos mostrado, se ha creado una nueva estructura institucional de la participación; a modo de ejemplo, la Ley Orgánica del CPCCS establece como órgano superior de éste el Pleno del Consejo del que derivan diversas comisiones especializadas. Asimismo, crea la Secretaría Técnica de Participación y Control Social que se estructura a través de una Dirección Nacional de Promoción de la Participación, una Dirección Nacional de Control Social y una Dirección Nacional de Rendición de Cuentas; y la Secretaría Técnica de Transparencia y Lucha contra la Corrupción que se estructura a través de una Dirección Nacional de Admisión y Orientación Jurídica, una Dirección Nacional de Transparencia, una Dirección Nacional de Investigación y una Dirección Nacional de Patrocinio. Estas instancias tienen además delegaciones provinciales.

Y se ha desarrollado un sinnúmero de reglamentaciones, guías, instructivos y formularios para implementar la participación. Entre otros aspectos, para la implementación de la rendición de cuentas, el CPCCS emitió en 2013: la Resolución 007-259-CPCCS-2013[348] y la Resolución 08-271-2013[349]; en el año 2014 emitió: la Resolución

---

[348] *http://www.cpccs.gob.ec/docs/niceditUploads/tempo/1392414463Resoluci%C3%B3n%20007-259-CPCCS-2013.pdf*

[349] *http://www.cpccs.gob.ec/docs/niceditUploads/tempo/1392414525Resolucion%2008-271-2013.pdf*

004-293-CPCCS-2014[350] y la Resolución 005-320-CPCCS-2014[351]; ha elaborado además, 11 guías especializadas para realizar la rendición de cuentas en las distintas instituciones del Estado, algunas de ellas con instructivo de aplicación complementario incluido[352], y existen 50 formularios distintos a rellenar para la rendición de cuentas, uno para cada uno del tipo de entidad que debe rendir cuentas[353]. En cuanto a las veedurías ciudadanas existe como referimos, el Reglamento General de Veedurías Ciudadanas, emitido mediante Resolución No. 014-015-2010-CPCCS de 1 de julio de 2010, decenas de resoluciones del CPCCS publicitando convocatorias a veedurías[354], formularios de inscripción para la conformación o para ser parte integrante de veedurías ciudadanas[355], etc.; Existe también un Reglamento para el trámite de denuncias y pedidos sobre actos u omisiones que afecten la participación o generen corrupción (Resolución No. 005-242-CPCCS-2013 del CPCCS), un Reglamento de procedimientos para quejas o pedidos al CPCCS (Resolución No. 004-034-CPCCS-2010), un Reglamento de Comisiones ciudadanas de Selección (Resolución 015-023-2010 CPCCS), etc.

El desarrollo específico de esta gran variedad de reglamentaciones e instrumentos administrativos para la implementación de la participación está siendo el terreno propicio para la burocratización de los procesos participativos.

La burocratización[356] es el proceso mediante el cual se van depositando todos los mecanismos de participación en el poder de la norma,

---

[350] *http://www.cpccs.gob.ec/docs/niceditUploads/tempo/1400084149Resoluci%C3%B3n%20004-293-CPCCS-2014.pdf*

[351] *http://www.cpccs.gob.ec/docs/niceditUploads/tempo/1421094779Resolucion%20005%20CPCCS%20-%202014.pdf*

[352] *http://www.cpccs.gob.ec/index.php?mod=Guias2014*

[353] *http://www.cpccs.gob.ec/index.php?mod=Formurc*

[354] *http://www.cpccs.gob.ec/index.php?mod=registrador-de-la-propiedad-bloque-61*

[355] *http://www.cpccs.gob.ec/?mod=formvee&id=1*

[356] Sobre el concepto de burocratización, vid. C. Lefort, "¿Qué es la burocracia?", en *Teoría de la burocracia estatal*, Paidos, Buenos Aires, 1984; G. Lapassades, *Grupos, organizaciones e instituciones. La transformación de la burocracia*, Granica, Bracelona, 1977; O. Oszlak, "Estado, planificación y burocracia: los procesos de implementación de políticas públicas en algunas experiencias latinoamericanas", en *25 aniversario del INAP 1955-1980*, México, 1980, pp. 205-231.

se tiende a una práctica participativa atada a disposiciones normativas y reglamentarias, plazos preestablecidos, formularios de inscripción o queja, criterios estandarizados de control, etc. La participación ciudadana se puede llevar a cabo aquí a partir de ciertas pautas preestablecidas. La institucionalidad estatal determina la modalidad de mecanismos de participación a través de reglamentos, formularios, solicitudes, etc., asimismo fija los términos para dar curso a esa participación y su camino en la toma de decisiones.

De ello se deriva una importante consecuencia a la hora de determinar el carácter constituyente o constitucional de los derechos de participación. La participación se convierte en un mero procedimiento técnico desideologizado que pierde poder crítico frente al orden. Toda participación implica una interacción (problematizadora o no) entre sujetos y realidad. Con la burocratización de la participación se ejerce un control anticipado de esta interacción. Se constituye un sistema ideal de relaciones en el que sus distintos componentes se comportan según pautas y criterios previamente diseñados por el poder. A los actores se les asignan determinadas posiciones, recursos, roles, comportamientos y se les guía, a través del ejercicio del planificador estatal, hacia aquel destino previamente especificado. Si la praxis participativa se mantiene dentro de estas pautas y criterios se presupone el éxito de la participación. Toda desviación, carencia u obstáculo, toda "anormalidad" ocurrida fuera de los márgenes de la "racionalidad" de los procesos participativos prefijados aparece, desde esta óptica, como un signo de patología que pretende sabotear la participación.

En consecuencia, la participación acaba siendo no la irrupción popular en el escenario político para la creación común de normas, sino la mera implementación del contenido de un conjunto de normas estatales. La burocratización de la participación proporciona un mecanismo de control social que permite regular en forma óptima la participación, fijando los límites de la misma e impidiendo que esta adquiera ningún carácter problematizador con el *statu quo* en tanto que se produce un proceso de creciente expropiación, por parte de los organismos públicos especializados, de ámbitos de acción que deberían ser propios de la sociedad civil. Las instituciones estatales pasan a ser el sujeto de la participación y los ciudadanos el objeto de la participación.

La burocratización de los procesos participativos es, en resumen, el medio de transformar la "acción comunitaria" participante y transformadora en una "acción societal" organizada racionalmente y de tendencia conservadora.

De ahí que hablemos de la burocratización como uno de los elementos que vacía el carácter constituyente de los nuevos derechos de participación y los convierte en derechos constitucionales.

3. LA INTERPRETACIÓN RESTRICTIVA DE LOS MECANISMOS PARTICIPATIVOS Y SU REFORMA CONSTITUCIONAL POR VÍA PARLAMENTARIA

Del Capítulo Tercero del Título IX de la Constitución y el Art. 101 de la Ley Orgánica de Garantías Jurisdiccionales y Control Constitucional (LOGJCC), se desprende la existencia de un sistema graduado de procedimiento de rigidez que se plasma en tres mecanismos de reforma de la Constitución, recordemos:

- La "Asamblea Constituyente" (art. 444 CRE). Cualquier reforma que tenga por objeto o efecto restringir el alcance de los derechos y garantías constitucionales fundamentales o modificar el régimen procedimental de reforma a la Constitución sólo podrá tramitarse de acuerdo con el procedimiento previsto en el art. 444 de la Constitución, esto es a través de su activación mediante consulta popular, convocatoria a una Asamblea Constituyente y ratificación mediante referéndum;
- La "reforma parcial" (art. 442 CRE). Cuando la reforma se refiera a la estructura del Estado o al carácter y elementos constitutivos del estado, como señalamos antes, se tiene que hacer un trámite legislativo de dos debates y se debe convocar a referéndum.
- Y las "enmiendas constitucionales" (art. 441 CRE). Cuando los cambios no traten sobre ninguno de los aspectos anteriores (derechos, garantías, estructura del Estado o el carácter y elementos constitutivos del Estado ni el procedimiento de reforma a la Constitución) el proceso debe realizarse:

Mediante referéndum solicitado por la Presidenta o Presidente de la República, o por la ciudadanía con el respaldo de al menos el 8% de las personas inscritas en el registro electoral; o,

Mediante tramitación parlamentaria, por iniciativa de un número no inferior a la tercera parte de los miembros de la Asamblea Nacional. El proyecto se tramitará en dos debates; el segundo debate se realizará de modo impostergable en los treinta días siguientes al año de realizado el primero. La reforma sólo se aprobará si obtiene el respaldo de las dos terceras partes de los miembros de la Asamblea Nacional.

Una vez establecidos estos mecanismos de reforma constitucional, el art. 443 CRE y el art. 100 de la LOGJCC señalan que será la Corte Constitucional la que en cada caso determinará que procedimiento debe seguirse.

De acuerdo con estos procedimientos, el 26 de junio de 2014, la Presidenta de la Asamblea Nacional remitió un proyecto de 17 "enmiendas constitucionales" a la Corte Constitucional para que ésta calificara cuál de los dos procedimientos del art. 441 CRE es el que corresponde (caso N. 001-14-RC).

Sobre ello y en relación al tema que aquí nos interesa (la participación), debemos detenernos en dos aspectos: uno el contenido de las "enmiendas constitucionales" y otro el procedimiento de aprobación de la reforma que se propone.

Respecto al contenido, el art. 2 del texto "Enmiendas a la Constitución de la República de Ecuador 2008" presentado por la Asamblea Nacional a la Corte, propone dos modificaciones del art. 104 de la Constitución relativo a la consulta popular. Concretamente, se plantea:

- "Al final del inciso tercero (del art. 104 CRE), suprímase el signo gramatical punto y a continuación añádase la siguiente frase: "que sean de competencia del correspondiente nivel de gobierno". Con ello se limita la consulta popular de los gobiernos autónomos descentralizados. Con la Constitución vigente los gobiernos autónomos podrían proponer consulta popular sobre "cualquier asunto de interés", salvo lo dispuesto en el inciso sexto del mismo artículo que excluye expresamente dos temas: asuntos relativos a tributos o a la organización política administrativa del país. No obstante, la propuesta de reforma amplía la limitación a "asuntos de su competencia".

- En el inciso cuarto suprímase la frase "sobre cualquier asunto". Este inciso es el que trata sobre la consulta popular por iniciativa ciudadana. En este caso, también el inciso sexto del Art. 104 ya restringía la consulta ciudadana a cualquier asunto salvo los mencionados de tributos y de organización política y administrativa del país. Sin embargo, al eliminar las palabras "sobre cualquier asunto" del texto constitucional y por tanto, la amplitud de temas que pueden ser consultados por la ciudadanía se abre la puerta a una posible restricción mediante ley357 o mediante interpretación discrecional por parte de la Corte Constitucional de este derecho.

Este desmontaje o regresividad de los nuevos derechos de participación no parece ir en la dirección de conformarlos como derechos constituyentes, sino más bien todo lo contrario.

En segundo lugar y en cuanto a la forma, la Asamblea Nacional propone tramitar la reforma mediante "enmienda constitucional" y por vía parlamentaria, sin participación popular. Ello resulta discutible, en tanto que es al menos cuestionable que la reforma del art. 104 no implique restringir el alcance de los derechos y garantías constitucionales.

El art. 95 CRE dice "la participación de la ciudadanía en todos los asuntos de interés público es un derecho, que se ejercerá a través de los mecanismos de la democracia representativa, directa y comunitaria". Además, la participación a través de la consulta popular es un derecho, tan importante como cualquier otro pues la Constitución reconoce que todos los principios y los derechos son inalienables, irrenunciables, indivisibles, interdependientes y de igual jerarquía (art. 11.6 CRE).

Teniendo claro que el derecho a la consulta es un derecho, ¿cuándo se produce una restricción del mismo? en la nota del art. 11 de las "Normas para la confección de los informes periódicos previstos en el art. 19 del protocolo de San Salvador", adoptadas por la Asam-

---

[357] Referimos también que ya la LOPC limita indebidamente la posibilidad de consulta también a asuntos relativos a gasto público, Art. 21 LOPC.

blea General de la OEA, el 7 de junio de 2005[358], se define la regresividad de la siguiente manera: "por medidas regresivas se entiende todas aquellas disposiciones y políticas cuya aplicación signifique un retroceso en el nivel de goce o ejercicio de un derecho protegido". Por tanto, para determinar que una norma es regresiva, es necesario compararla con la norma que esta ha modificado o sustituido, y evaluar si la norma posterior suprime, limita o restringe derechos o beneficios concedidos por la anterior[359]. Ello abre el debate sobre si en este caso concreto hay o no restricción del derecho. Alineándose al lado de la posición oficialista, la Corte Constitucional, en su dictamen, afirma que no, con lo cual ratifica y autoriza la opción de realizar la reforma constitucional sin necesidad de participación ciudadana.

Respecto la primera propuesta de modificación, la del inciso 3º del art. 104 CRE, la Corte establece que el Capítulo IV (Régimen de competencias), del Título V de la Constitución, establece las competencias exclusivas para los diferentes niveles de gobiernos autónomos descentralizados[360]. Por ello, expresa la Corte, es lógico suponer que cuando el art. 104 inciso tercero se refiere a "temas de interés de su jurisdicción", tiene relación con las competencias establecidas por la constitución, de modo que a su juicio, la modificación del texto constitucional lo único que hace es precisar el sentido de dicha disposición normativa, pero sin que en realidad se esté produciendo ninguna modificación sustancial. De hecho, lo que se hace es "complementar" los principios establecidos por la Constitución sobre descentralización y "fortalecer" los gobiernos autónomos descentralizados[361].

358 Cf. Resolución AG/RES. 2074 (XXXV-0/05).

359 C. Courtis, "La prohibición de regresividad en materia de derechos sociales: apuntes introductorios", en C. Courtis (ed.), "Ni un paso atrás: la prohibición de regresividad en materia de derechos sociales", Editores del puerto, Buenos Aires, 2006, p. 4.

360 Regionales, provinciales, municipales, de los distritos municipales y parroquiales urbanos.

361 "Entonces, modificar esta regla constitucional, añadiendo que estos temas de interés deben ser aquellos relacionados a su competencia de gobierno, complementa los principios establecidos por la Constitución sobre descentralización y fortalecimiento de los gobiernos autónomos descentralizados (previsto en el art. 1 CRE), dado que los asuntos sobre los cuales debe centrar su competencia son aquellos previstos en el régimen competencial dispuesto en la Constitución de la República, es decir, aquello que guarda relación con la eficiencia administrativa

Respecto a la segunda propuesta de modificación, la del inciso 4° del art. 104 CRE, la Corte establece que aunque la Constitución vigente reconozca en este inciso el derecho de la ciudadanía a convocar una consulta popular "sobre cualquier asunto", en realidad, este no es un derecho ilimitado sino limitado por el propio texto constitucional en otros artículos. Concretamente, el art. 135 CRE afirma: "Sólo la Presidenta o Presidente de la República podrá presentar proyectos de ley que creen, modifiquen o supriman impuestos, aumenten el gasto público o modifiquen la división político administrativa del país". O, el ya referido inciso sexto del mismo art. 104 que dice: "Las consultas populares que soliciten [...] la ciudadanía no podrán referirse a asuntos relativos a tributos o a la organización político administrativa del país, salvo lo dispuesto en la Constitución".

Así pues, dice la Corte, en tanto que ya existían estos límites y que el inciso 4° del art. 104 CRE, como cualquier otro, debe ser comprendido e interpretado a la luz de la integralidad del texto constitucional, la supresión de la frase "sobre cualquier asunto" del mismo no implica ninguna modificación ni restricción en el ejercicio del mismo que no estuviese ya contemplada.

En consecuencia, señala la Corte, la propuesta de modificación del art. 104 CRE, procede que sea tramitada por enmienda constitucional vía tramitación parlamentaria y sin participación popular, de conformidad con lo previsto en el art. 441.2 de la Constitución.

Como decíamos antes, y a pesar de la posición de la Corte ratificando la postura oficialista, es al menos discutible que tales reformas no impliquen una doble restricción del derecho de participación.

---

de los gobiernos autónomos descentralizados a enfocar su gestión en el régimen competencial, razón por la cual no se advierte en qué medida podría alterar ni la estructura fundamental, el carácter y elementos constitutivos del Estado; tampoco implica una afectación o restricción a los derechos y garantías establecidos en la Norma Suprema, pues esta pretensión se vincula de modo directo con aquella disposición constitucional que invoca el principio de legalidad en la actuación de las instituciones del Estado, sus organismos, dependencias, las servidoras o servidores públicos y las personas que actúan en virtud de una potestad estatal, previsto en el art. 226 CRE" (Corte Constitucional, Dictamen N°. 001-14-DCR-CC, Caso N° 0001-14-RC, 31 de octubre de 2014, p. 48).

Por un lado, puede argumentarse que la limitación de que las consultas populares que convoquen los gobiernos autónomos descentralizados a asuntos de su competencia local, implica imponer restricciones a la participación amplia y diversa sobre los asuntos de interés social. Como señalan Acosta y Ávila en el *Amicus Curiae* presentado ante la Corte en el presente caso, con las normas vigentes, si se trata de la provincia de Orellana, el gobierno autónomo podría organizar una consulta sobre la explotación petrolera, con la propuesta, como el manejo de recursos naturales no es competencia del gobierno provincial, entonces no se podría organizar una consulta sobre el tema extractivo. Pero además, por otro lado, implica excluir del debate la muchas veces necesaria e inseparable interconexión entre las dificultades o problemas locales del territorio descentralizado con las políticas generales estatales. Ya que el tratamiento de un asunto local a partir de su relación directa con asuntos generales, es un tratamiento que queda fuera de competencia automáticamente. Todo ello lleva a que la participación queda circunscrita a asuntos de interés menor.

Pero incluso, independientemente y al margen del debate sobre si con la reforma del Art. 104 CRE se da o no realmente una restricción de derecho a la consulta, la cual cosa es discutible, de la solicitud de la Asamblea Nacional y el dictamen de la Corte Constitucional podemos extraer dos conclusiones incuestionables:

La primera es que incluso llegando a aceptar la posición de la Corte de que con las enmiendas al art. 104 CRE no se modifica nada sino que sólo se concreta lo que ya existía en otros artículos del texto constitucional, podemos decir que lo que la Corte está haciendo aquí es cerrar la tensión o contradicción existente en la propia Constitución entre una interpretación ampliada de la participación (la del art. 104 incisos 3º y 4º) y una interpretación restringida de la misma [la de los arts. 135[362], 104 inciso 6º, o el Capítulo IV del Título V (Régimen de competencias)] en favor de la restrictiva, eliminando el margen de discrecionalidad de jueces que aprovechando los resquicios o potencialidades técnicas que ofrece el texto pretendan hacer una interpretación expansiva y progresista del derecho de consulta.

---

362 Como hemos referido anteriormente, esta disposición se aplicaría más bien como una restricción a la iniciativa popular normativa.

La segunda, es que aunque la posibilidad de reforma constitucional sin participación ciudadana directa esté prevista en la Constitución, la decisión del gobierno y su ratificación por la Corte de optar por esta en lugar de las otras opciones participativas que también serían posibles de acuerdo el texto constitucional[363], demuestra:

- Uno, un doble estándar valorativo puesto que la argumentación de la Corte usada para justificar que la reforma del art. 104 inciso cuarto, no restringe derechos, y según la cual "todas" las disposiciones constitucionales (incluidas por tanto, las referidas a la reforma constitucional) deben ser comprendidas e interpretadas a la luz de la integralidad de un texto constitucional, donde la participación protagónica de la ciudadanía en la toma de decisiones tiene un papel fundamental; no parece serles de aquí de aplicación.
- Y, dos, ello denota una falta de voluntad clara de hacer efectivo un modelo democrático de "mandar obedeciendo" y de respeto permanente exhaustivo a la soberanía popular puesto que la decisión de reforma constitucional no participativa plantea problemas desde el punto de vista de la teoría constitucional democrática. La actuación del parlamento debe estar siempre limitada por el principio de la soberanía popular. La soberanía reside en el pueblo y no en el parlamento que es sólo su representante, por eso, en aquellos supuestos donde ya se ha pronunciado *directamente* la soberanía popular, como es el caso de una aprobación de la Constitución el 28 de septiembre de 2008 por vía de referéndum, los parlamentos no pueden actuar libremente, sino que necesitan de ratificación popular. Esto hace que la posibilidad de reforma de la Constitución, expresión directa de la voluntad popular, por parte del parlamento sin preguntarle a la ciudadanía, en el presente caso sea inaceptable, de lo contrario la diferencia entre poder constituyente y poderes constituidos desaparece[364].

---

363 La tramitación de la reforma constitucional por la vía del art. 441.2 no es incompatible con la opción de que el Presidente de la República pueda, en base al art. 104, convocar a consulta popular si lo estimara conveniente.

364 Existen dentro de la doctrina constitucional, autores que afirman que la reforma constitucional sin participación popular es plenamente compatible con un mode-

De todo lo anterior se puede deducir que la voluntad del Estado no sería desarrollar una concepción constituyente de los derechos de participación sino una formalista.

4. EL DESARROLLO DE UNA CONCEPCIÓN RESTRINGIDA DE LA PLURINACIONALIDAD E INDIVIDUALISTA DE LA PERSONA

En los países de la zona andina, la participación como derecho constituyente está íntimamente ligada a dos aspectos: una concepción

---

lo de supremacía del poder constituyente y participación protagónica del pueblo. Autores como Frochot consideran que el poder constituyente en el ejercicio de su facultades soberanas, del mismo modo que organiza y establece las atribuciones y competencias de los poderes constituidos, puede crear también un procedimiento y un poder especial (el poder de reforma), capaz de ordenar y regular las trasformaciones futuras de la Constitución. El propio poder constituyente que es libre y soberano decide en este caso, como diría Frochot, estatuir su propia limitación. El poder constituyente tiene capacidad libremente para autolimitarse. Con ello, en lugar de definir el poder de reforma como un poder constituido y limitado, se ha desarrollado en la doctrina y la práctica legislativa su consideración como poder constituyente soberano, compatibilizándose la democracia protagónica y participativa con la reforma constitucional sin ratificación popular (Citado por P. de la Vega, *La reforma constitucional y la problemática del poder constituyente*, Tecnos, Madrid, 1985, pp. 62-63). En respuesta a la tesis de Frochot, autores como Burckhardt han procedido a preguntarse si ¿puede el poder constituyente proceder a su propia limitación? y han encontrado la respuesta en Rousseau. En El contrato social, este última argumenta la imposibilidad del soberano de autolimitarse. El soberano puede perfectamente afirmar "yo quiero actualmente lo que quiere tal persona (el legislativo) o al menos lo que dice querer", no obstante, lo que no puede afirmar es: "yo querré también lo que esa persona quiera en el futuro" ya que "es absurdo que su voluntad se encadene cara al porvenir, y se ponga a depender de otra voluntad ajena a la suya". La sociedad cambia permanentemente y muy rápido. El soberano de hoy no es el mismo que el de hace 5 años atrás. Por tanto, aunque el soberano presente quisiera autolimitarse para conceder competencias soberanas al legislativo, ¿hasta qué punto ello puede tener un carácter vinculante para el soberano futuro? Con el surgimiento de la noción de Poder Constituyente nació, a la vez, la creencia de que el Poder Constituyente de hoy no podía condicionar el Poder Constituyente de mañana (W. Burckhardt, "Verfassungs und Gesetzesrecht" en *Politisches Jahrbuch der Schweizerischen Eidgenossenschaften*, t. XXVI, 1910, pp. 38 y ss. Citado por P. de la Vega, *La reforma constitucional y la problemática del poder constituyente*, op. cit., p. 71).

ampliada del reconocimiento constitucional de la plurinacionalidad y una concepción de la persona como ser social.

Si bien ambos aspectos están previstos en la Constitución ecuatoriana, la concepción que de estos dos aspectos ha desarrollado el Estado ecuatoriano es inversa a la planteada. Esto es una concepción restringida de la plurinacionalidad y una concepción de persona de tendencia individualista.

Un ejemplo que muestra, de manera concentrada, el mantenimiento por parte del Estado ecuatoriano de esta visión restringida de la plurinacionalidad a la vez que la concepción aislada o individualista de la persona, sería la sentencia de la Corte Constitucional, de 30 de julio de 2014, sobre el caso La Cocha (Sentencia No. 113-14-SEP-CC).

Veamos las dos concepciones existentes sobre la plurinacionalidad y la persona y el por qué la concepción de ellos desarrollada por el Estado impide la conformación de los mecanismos de participación como derecho constituyente, reduciéndolos a derechos constitucionales.

4.1. Las concepciones de la plurinacionalidad

Las nociones de Estado plurinacional (en su concepción ampliada) y participación constituyente están íntimamente ligadas entre sí. Ambas son interdependientes, dialécticas y se necesitan la una a la otra para poder ser efectivas. El desarrollo del Estado plurinacional genera la implementación de nuevas formas participativas constituyentes, a la vez que estás son las que permiten que el Estado adopte la forma de plurinacional.

¿Por qué decimos que el desarrollo del Estado plurinacional, en su concepción ampliada, genera la puesta en práctica de la participación como derecho constituyente?

La plurinacionalidad es un concepto plural que se encuentra en construcción tanto teórica como práctica. Podemos hablar de dos conceptos de plurinacionalidad: uno restringido y otro ampliado.

En el primer caso, el de la concepción restringida, la plurinacionalidad es solo un reconocimiento cultural a la diversidad de pueblos y nacionalidades. La plurinacionalidad se construye sobre la lógica de que ante el problema de un sector de la población que no participa de la cultura hegemónica "mestiza-occidental", se les reconocen un conjunto de derechos a la diferencia como mecanismo de integración e igualación. Ante una situación de desigualdad estructural, la igualdad se consigue a través de la diferencia, pero sin que ello suponga modificar sustancialmente la lógica liberal de funcionamiento general del Estado y la sociedad. La plurinacionalidad es aquí solo una estructura parcializada del Estado, se quiere construir una parte del Estado dedicada a atender "lo indígena". La plurinacionalidad sería aquí solo para "los indígenas" o "los afroecuatorianos". Esta consiste exclusivamente en autonomías, en diversidad separada[365].

Esta forma de plurinacionalidad es, en realidad, una falsa igualación. Se trata del llamado principio de "inclusión del contrario", basado en la construcción de la igualdad aunque sin la eliminación de la jerarquía. El reconocimiento estatal del otro se hace a partir de la premisa: "Si nosotros tenemos derecho, otras culturas deben tenerlo también". Sin embargo, en tal razonamiento, nuestros propios valores y concepciones "modernos" continúan siendo el punto de referencia[366].

Frente a esta concepción restringida a lo cultural, autores como los bolivianos Luis Tapia, Oscar Vega o Raúl Prada[367] han construido un concepto ampliado de plurinacionalidad. El concepto parte vinculado al problema y reclamos de reconocimiento de identidad, territorio, tierras y de aquellos otros órdenes sociales, procesos productivos y

---

365 Vid. A. Acosta, "El complejo desafío de la construcción del Estado plurinacional. Reflexiones para el debate", en K. Arkonada (coord.), *Un Estado, mucho pueblos. La construcción de la plurinacionalidad en Bolivia y Ecuador*, Icaria, Barcelona, 2012, p. 12.

366 Sobre ello, véase L. Dumond, *Essais sur l'individualisme. Une perspectiva anthropologique sur l'idéologie moderne*, Senil, Saint Amand (Cher), 1991, pp. 140-141.

367 Véase L. Tapia, *Una reflexión sobre la idea de un Estado plurinacional*, Enlace, La Paz, 2008; L. Tapia, *La condición multisocietal; multiculturalidad, pluralismo y modernidad*, Muela del diablo/CLACSO, La Paz, 2002; O. Vega, *Errancias. Aperturas para el buen vivir*, Muela del Diablo/CLACSO, La Paz, 2010; O. Vega, "Estado plurinacional", en *Constitución política del Estado. Anotada, concordada y comentada*, Centro de Estudios Constitucionales, Universidad Católoica Boliviana San Pablo, La Paz, 2013; R. Prada, *Horizontes del cambio: Estado Plurinacional y socialismo comunitario*, en I. Errejón y A. Serrano (coord.), *¡Ahora es cuando, carajo! Del asalto a la transformación del Estado en Bolivia*, El viejo topo, Madrid, 2011, pp. 145-168.

formas de gobierno político organizados todo ellos en torno a una estructura y práctica de carácter comunitarista y asamblearia ajena a la forma estatal. Reconocimiento que afecta no sólo a las comunidades indígenas en sentido estricto sino a la multiplicidad de formas cultural organizativas existentes (sindicatos agrarios, comités de los regantes, juntas vecinales, asociaciones civiles, etc.) y que en Bolivia se agrupan bajo la denominación de lo "indígena originario campesino".

No obstante, la plurinacionalidad en su concepción ampliada no se agota en este reconocimiento formal sino que plantea a la vez, la incorporación de todas estas prácticas participativo-comunitaristas a la organización y al operar del Estado, transformándolo de raíz, de manera que la pluralidad de prácticas civilizatorias se "inter-penetren", "influyan" y "limiten", tanto en la vida cotidiana de los ciudadanos como en la propia estructura central del Estado. No se trata ni de eliminar ni de, como señala Boaventura de Sousa Santos, ponerle parches al actual Estado. No se plantea una simple sumatoria de las ideas indigenistas y de los movimientos sociales como complemento a las actuales estructuras de Estado. No se propone una yuxtaposición de propuestas y visiones indígenas, movimentistas y liberales. El Estado Plurinacional no es un Estado híbrido. Tiene que ser otro Estado en términos de otra sociedad y otra propuesta de vida. De esto se desprende que la plurinacionalidad implica otro proyecto de país[368].

Así pues, en tanto que el desarrollo del Estado plurinacional genera la implementación de nuevas formas participativo-comunitaristas transformadoras de planificación y ejecución de políticas, a la vez que estás son las que permiten que el Estado, en clave intercultural, adopte la forma de plurinacional, es que afirmábamos al inicio que Estado plurinacional (en su concepción ampliada) y participación como derecho constituyente están íntimamente ligadas entre sí. No puede existir uno sin lo otro.

368 B. De Sousa Santos, *Refundación del Estado en América Latina, perspectivas desde una epistemología del Sur*, Plural, La Paz, 2010.

4.2. *Las concepciones de la persona*

Fueron los primeros textos constitucionales surgidos de las revoluciones liberal-burguesas las que constitucionalizaron al individuo. Sin embargo, éstas no se referían a "lo humano" del individuo sino a una noción abstracta de sujeto que servía para definir una unidad personificada de normas. Como estableció Kelsen "la así llamada persona física no es [...] un hombre, sino la unidad personificada de las normas jurídicas que atribuyen deberes y derechos al hombre mismo [...] la llamada persona física es una persona jurídica, en el sentido de un puro centro de imputación de situaciones jurídicas"[369]. El individuo era reconocido aunque no en "lo humano" sino como ente con capacidad de adquirir derechos y contraer obligaciones, lo que implicaba una "despersonalización del sujeto".

Ello tenía una función y explicación clara, la idea de un sujeto jurídico abstracto, sin tomarse en cuenta su condición de "humano" evitaba que la propia noción de "dignidad" vinculada a este último pudiera actuar como límite a la propiedad.

El paso del constitucionalismo liberal temprano al constitucionalismo social de la segunda mitad del siglo XX implicó el tránsito del individuo a la persona. El sujeto deja de construirse sobre una unidad abstracta para pasar a hacerlo sobre la condición humana. Se personaliza el sujeto de derechos. Se pasa de una fundación metafísica del sujeto a otra basada en la realidad material del mismo.

Esta transición queda claramente expresada en la relación instituida, por los propios textos constitucionales, con el principio de dignidad o el derecho a la libre construcción de la personalidad[370].

---

369 H. Kelsen, *Teoría pura del derecho*, UNAM, México, 1982, pp. 182 y ss.

370 La Constitución italiana aprobada el 22 de diciembre de 1947 hace explícita referencia al principio de dignidad en los arts. 3, 36 y 41, y más concretamente en el art. 32. Un año después, el 10 de diciembre de 1948, la Asamblea General de Naciones Unidas aprueba la Declaración Universal de Derechos Humanos, cuyo art. 1 integra de manera significativa la antigua fórmula del s. XVIII de la Declaración francesa ("los hombres nacen y permanecen libres e iguales en derechos") afirmando que "todos los seres humanos nacen libres e iguales en *dignidad* y derechos". El 8 de mayo de 1949, la Ley fundamental alemana se abre con las palabras: "La dignidad humana es intocable. Es deber de todo poder estatal respetarla y protegerla". En consecuencia, la dignidad se establece como

No obstante, como establece Stefano Rodotà, esta construcción de la dignidad y la condición humana propia del constitucionalismo social podía expresarse de dos maneras distintas: como dignidad individual y concéntrica (hacia adentro) o como dignidad "social" y excéntrica (hacia afuera). Los ejemplos paradigmáticos de estas dos formas distintas de construir la persona, señala el autor, son las Constitución de la República italiana de 1947 y la de la República alemana de 1949.

En cuanto a la Constitución de la República alemana, de la redacción del artículo 1.1 ("*La dignidad humana es intangible. Respetarla y protegerla es obligación*") en conexión con el art. 2.1. ("Toda persona tiene el derecho al libre desarrollo de su personalidad siempre que no viole los derechos de otros ni atente contra el orden constitucional o la ley moral de todo poder público"), se desprende que la constitucionalización de la persona pone el énfasis alrededor de un cuerpo reconstruido en su unicidad, que tiene valor de manera aislada y por sí mismo[371].

Por el contrario en la Constitución de la República italiana, de la redacción del art. 3 ("Todos los ciudadanos tienen la misma dignidad social y son iguales ante la ley [...] Corresponde a la República remover los obstáculos de orden económico y social que, limitando el derecho a la libertad y la igualdad de los ciudadanos, impiden el pleno desarrollo de la persona humana y la participación efectiva de todos los trabajadores en la organización política, económica y social del país") en conexión con el art. 2 ("La República reconoce y garantiza los derechos inviolables del hombre, ora como individuo ora en el seno de las formaciones sociales donde aquél desarrolla su personalidad y exige el cumplimiento de los deberes inexcusables de solidaridad política, económica y social") se desprende que la constitucionalización de la persona pone el énfasis y se construye desde la imprescindible mediación entre la existencia individual y colectiva[372].

---

un nuevo e ineludible denominador común que diseña un nuevo estatuto de la persona y un nuevo marco de los deberes constitucionales (S. Rodotà, *El derecho a tener derechos*, Trotta, Madrid, 2014, pp. 173-174).

371 Ibíd. p. 149.

372 Ibíd.

En consecuencia, mientras en la Constitución alemana la persona se reconoce desde el aislamiento individual, en la Constitución italiana se reconoce desde un poderoso nexo social. Para la primera, la persona es una realidad aislada e individual, no escindible. Para la segunda es una realidad compuesta, "dividual", construida sobre las relaciones con las que la persona está conectada[373]. Como señala Becchi "mientras en la Constitución alemana *dignidad* es un valor absoluto que afecta abstractamente a la persona *in se* y *per se*, en la Constitución italiana es un valor relativo que afecta a su concreta posición en el tejido social"[374].

Así pues, si bien el constitucionalismo de la segunda mitad del s. XX implica el paso del sujeto abstracto a la persona, esta persona puede construirse constitucionalmente de dos maneras distintas. Sólo cuando se construye desde la segunda de las formas descritas, como sujeto social, se rompe la idea de participación como mera suma de individuos que disponen del derecho individual al sufragio y a la opinión, y es substituida por la idea de acción colectiva, que es la forma propia de la participación como derecho constituyente.

4.3. *La sentencia de la Corte Constitucional en el caso La Cocha: la apuesta del Estado ecuatoriano por la concepción restringida de la plurinacionalidad e individualista de la persona*

Un análisis de la reciente praxis política y judicial del Estado ecuatoriano nos permite ver que la opción de éste no ha sido el desarrollo de la concepción ampliada de plurinacionalidad sino más bien la restringida. Y si bien en algunos momentos se ha privilegiado el desarrollo de la forma social de persona desde un punto de vista jurisprudencial, sobre todo se ha potenciado la individualista. En particular, la tensión entre formas comunitarias plurinacionales/forma estatal y sujeto social/sujeto individuo, ha sido resuelta en una buena parte de casos, desde 2008 en adelante, a favor de lo estatal y lo individual. Ello es otro de los elementos que contribuye a que los mecanismos

---

373 Ibíd.

374 P. Becchi, *Il principio di dignitá umana*, Morcelliana, Brescia, 2009, p. 37.

constitucionales de participación instaurados por el texto de 2008 hayan acabado convertidos en derechos constitucionales y no en derechos constituyentes.

Un ejemplo de esta tensión entre lo estatal y lo comunitario por un lado, y lo individual y lo comunitario por el otro, lo encontramos en el debate político y la sentencia del caso La Cocha de 2010, resuelto por la Corte Constitucional en julio de 2014. Este caso hace referencia a la convivencia entre el derecho oficial y el indígena comunitario[375].

La Constitución y el derecho internacional reconocen la justicia indígena y la imposibilidad de la justicia ordinaria de volver a juzgar casos ya resueltos por la primera. No obstante, después de que mayo de 2010 la Asamblea General Comunitaria de La Cocha hubiera enjuiciado y resuelto el caso, la Fiscalía, el Ministro de Gobierno, la Policía, entre otras instituciones del Estado, deciden, vulnerando el

375 Los hechos de este caso fueron los siguientes: El 9 de mayo de 2010, cinco jóvenes de la Comunidad Indígena de Guantopolo asesinaron a una persona de la Comunidad Indígena de La Cocha durante el desarrollo de una fiesta en el territorio de la Nacionalidad Kichwa de Panzaleo del Ecuador, específicamente en el centro urbano de la parroquia Zumbahua de la Provincia de Cotopaxi. Tanto la Comunidad de La Cocha como la Comunidad de Guantopolo forman parte de la Nacionalidad Kichwa de Panzaleo. Frente a la denuncia del caso y previo acuerdo de las autoridades de las dos comunidades indígenas involucradas, de la familia de la víctima y de los presuntos victimarios, la comunidad de La Cocha asumió la competencia del caso. Los cinco jóvenes denunciados se sometieron a la justicia indígena y aceptaron las decisiones que la Asamblea General Comunitaria de La Cocha les impuso. A los primeros 4 acusados se les impusieron las siguientes medidas de reparación, corrección y rehabilitación: una indemnización de cinco mil dólares a favor de la familia del fallecido, quienes deciden entregar dicha cantidad a la comunidad para la compra de equipos y materiales en su beneficio; prohibición del ingreso a las fiestas sociales y culturales de la parroquia Zumbahua por el lapso de cinco años; expulsión de la comunidad de los implicados por dos años y rehabilitación por parte de familiares; baño de agua y ortiga por treinta minutos; cargar un quintal de tierra. Al quinto acusado, autor material del asesinato: vuelta a la plaza y perdón público, cargando un quintal de tierra desnudo; baño de agua y ortiga por cuarenta minutos; consejos por parte de los dirigentes indígenas; trabajo comunitario por cinco años, con seguimiento y evaluación; indemnización a la madre del difunto con mil setecientos cincuenta dólares. Sobre ello, véase R. Llasag, "Avances, límites y retos de la administración de justicia indígena en el Ecuador, año 2010: El Caso La Cocha", en *Develando el desencanto. Informe sobre derechos humanos Ecuador 2010*. Programa Andino de Derechos Humanos/UASB, Quito, 2010.

principio de prohibición de doble enjuiciamiento, no respetar la decisión de la justicia indígena e inician proceso penal tanto contra los cinco acusados en el caso, como contra las autoridades de la justicia indígena que habían enjuiciado el caso, por delito de secuestro sobre los cinco jóvenes.

Ello abrió un debate sobre las competencias de la justicia indígena cuya manifestación más reciente ha sido la Sentencia de la Corte Constitucional de 30 de julio de 2014 (Sentencia No. 113-14-SEP-CC) resolviendo una acción extraordinaria de protección (signada con el código 0731-10-EP) presentada por el hermano de la víctima para realizar un control de constitucionalidad de las decisiones adoptadas por la Comunidad de La Cocha, y donde la Corte también opta por reducir el alcance de la justicia indígena comunitaria[376] en favor del Estado[377].

En su sentencia, la Corte determina que, en el enjuiciamiento del caso, la Asamblea General Comunitaria de la Cocha había respetado el principio de debido proceso, con participación de las mujeres indígenas y aplicando las sanciones previstas en su propio derecho, las que eran aceptadas y conocidas por toda la Comunidad. Sin embargo, en la página 34 de la sentencia, la Corte señala que cuando la justicia indígena conoce un caso que afecta al derecho a la vida, ésta "*no juzga ni sanciona la afectación a la vida, en tanto bien jurídico protegido y derecho subjetivo de la persona, sino que lo asume, lo juzga y lo sanciona en tanto genera un conflicto múltiple entre las familias y en la comunidad, que debe ser resuelto con el fin de restaurar la armonía*

---

376 La Constitución reconoce la posibilidad de las autoridades de los pueblos, nacionalidades y comunidades indígenas de ejercer "funciones jurisdiccionales, con base en sus tradiciones ancestrales y su derecho propio, dentro de su ámbito territorial, con garantía de participación y decisión de las mujeres" (art. 171 CRE). Además, el art. 76.7.i) añade que los casos resueltos por la jurisdicción indígena no podrán volver a juzgarse por la justicia ordinaria.

377 La Corte Constitucional agrupó las nueve pretensiones alegadas y procedió a responderlas en función de dos preguntas: 1. ¿Las autoridades indígenas adoptaron decisiones bajo competencias habilitadas, aplicando procedimientos propios, dentro de los parámetros constitucionales y de la protección de derechos humanos reconocidos por las convenciones internacionales?; 2. ¿Las instituciones y autoridades públicas respetaron a la comunidad indígena implicada en el proceso de juzgamiento en examen, en especial, las decisiones de la justica indígena?

de la comunidad; en este sentido, no se juzga el atentado contra la vida considerada individualmente [...] sino en función de las afectaciones que este hecho provoca en la vida de la comunidad"(cursiva nuestra)[378]. En resumen, lo que viene a decir la sentencia es que el objeto del juicio en la justicia indígena es el bien jurídico comunidad o dicho de otra forma, el sujeto entendido como ser social o en su dimensión excéntrica, pero no la vida como bien jurídico en sí mismo o el sujeto entendido como ser individual o en su dimensión concéntrica.

Así pues, y partiendo de una interpretación liberal individualista de la persona constitucionalizada como un cuerpo reconstruido en su unicidad, que tiene valor de manera aislada y por sí mismo, la sentencia abala que el caso deba volver a ser enjuiciado por la Justicia ordinaria puesto que la justicia indígena, al entender el sujeto no de manera individual sino como conjunto de relaciones sociales, no lo había hecho. La Corte Constitucional establece: "*[...] en caso de que ocurra un delito contra la vida dentro de una comunidad o territorio indígena, el Estado garantizará, al igual que en el resto del territorio nacional, que el mismo sea juzgado y sancionado de conformidad con las leyes propias del Derecho Penal Ordinario*" (cursiva nuestra).

De lo anterior se desprenden dos conclusiones:

- En primer lugar, la sentencia pondría de manifiesto la posición del Estado de limitar el reconocimiento de lo plurinacional a lo cultural, pero no a lo social, jurídico, político y económico, ámbitos que continúan siendo concebidos como exclusivos del aparato estatal. El texto marca una diferencia entre las jurisdicciones ordinaria e indígena, encargando a la justicia ordinaria el tratamiento de ciertos delitos considerados graves y a la justicia indígena delitos y aspectos menores de la convivencia en la comunidad.
- En segundo lugar, continúa predominando el desarrollo de una concepción de persona como realidad aislada e individual, no

---

378 *http://www.corteconstitucional.gob.ec/images/stories/pdfs/Sentencias/0731-10-EP.pdf*; véase sobre todo, el voto salvado del juez Marcelo Jaramillo, el cual avanza respecto de la sentencia, en el sentido de proponer una interpretación intercultural del derecho a la vida en sentido colectivo.

escindible, sobre ésta como realidad compuesta, "dividual", construida sobre las relaciones con las que está conectada.

Este desarrollo de la concepción restringida de plurinacionalidad y con acento individualista de persona, acaba dando lugar a que la relación Estado-comunitarismo sea inversa a la que sería propia de la participación como derecho constituyente: es desde la incorporación de las prácticas comunitaristas de las asociaciones comunales, pueblos indígenas, movimientos sindicales, etc., en clave intercultural al seno del Estado, desde donde se abre la puerta a una nueva ciudadanía colectiva participativa transformadora, no a la inversa. La incorporación de prácticas estatales y jurídicas tradicionales al seno de los movimientos comunitarios que históricamente han operado desde formas no estatales ni centrales, solo conduce a su desaparición y al de su potencial práctico de transformación.

En resumen, visto el análisis concreto de cada uno de los nuevos derechos de participación y los límites de su desarrollo legislativo, así como algunas otras limitaciones políticas, culturales, jurisprudenciales, etc. de los mismos, llegamos a la conclusión manifestada al inicio de este trabajo, consistente en afirmar que si bien existe en el texto constitucional de 2008 la base jurídica suficiente para poder desarrollar un modelo donde la participación adquiera un carácter constituyente, su desarrollo normativo, despliegue práctico y condicionantes político-culturales han acabado vaciando tales derechos de su carácter constituyente, convirtiéndolos en estrictos derechos constitucionales.

Made in the USA
Monee, IL
04 November 2026

67385354R00144